内蒙古自治区

内蒙古科技大学 | 文库
INNER MONGOLIA UNIVERSITY OF SCIENCE & TECHNOLOGY

The Study on the Development of Resource-based Cities' Low-Carbon Economy

——A Case of The Resource-based Cities in Inner Mongolia Autonomous Regions

资源型城市低碳经济发展研究
——以内蒙古为例

段永峰 / 著

经济管理出版社
ECONOMY & MANAGEMENT PUBLISHING HOUSE

图书在版编目（CIP）数据

资源型城市低碳经济发展研究——以内蒙古为例/段永峰著. —北京：经济管理出版社，2016.4
ISBN 978-7-5096-4285-6

Ⅰ.①资… Ⅱ.①段… Ⅲ.①城市经济—节能—经济发展—研究—内蒙古 Ⅳ.①F299.272.6

中国版本图书馆 CIP 数据核字（2016）第 051846 号

组稿编辑：丁慧敏
责任编辑：张　艳　丁慧敏
责任印制：黄章平
责任校对：超　凡

出版发行：经济管理出版社
　　　　　（北京市海淀区北蜂窝 8 号中雅大厦 A 座 11 层　100038）
网　　址：www. E-mp. com. cn
电　　话：（010）51915602
印　　刷：北京易丰印捷科技股份有限公司
经　　销：新华书店
开　　本：787mm×1092mm/16
印　　张：13.5
字　　数：256 千字
版　　次：2016 年 4 月第 1 版　2016 年 4 月第 1 次印刷
书　　号：ISBN 978-7-5096-4285-6
定　　价：46.00 元

前　言

21世纪以来，全球气候变暖、自然灾害频发、能源日益枯竭和环境的不断破坏，严重影响了人类的生存和正常的生产、生活。为实现人与自然的和谐发展，我们必须改变现有的生产和生活方式，节约能源，保护生态环境，即摒弃20世纪传统粗放型发展模式，采取集约型发展模式。2003年英国率先提出了"低碳经济"概念，希望国际社会能够走上发展经济与减少碳排放的双赢道路。2009年9月，在联合国气候变化峰会上胡锦涛做出承诺，中国将把应对气候变化纳入国民经济和社会发展计划，并采取强有力的措施。2010年我国制定2020年控制温室气体排放的行动目标，预计到2020年我国单位国内生产总值二氧化碳排放比2005年下降40%~45%。2012年我国提出建设美丽中国的目标，2015年进一步提出实现蓝天常在、绿水常流和永续发展的目标。

在城市快速的发展过程中，自然资源的约束、环境承载能力的限制、人民福利改善的滞后等因素严重制约了城市的发展。城市迫切需要向可持续、低碳、绿色和人与自然和谐发展的方向转型，特别要向以自然资源开采、加工为主导产业的城市——资源型城市转型。资源型城市作为基础能源和重要原材料的供应地，为我国经济社会发展做出了突出贡献，伴随着资源产业生命周期的转换，资源型城市必将面临产业转型的严峻考验。2013年11月12日，国务院印发的《全国资源型城市可持续发展规划(2013~2020年)》，指出推进我国资源型城市可持续发展是我国现代化建设的重大战略，对我国能源资源安全、经济结构转变、新型工业化和环境友好型社会建设具有重要意义；规划将我国262个资源型城市划分为4个类型，分别是成长型、成熟型、衰退型和再生型，并明确指出各类城市的发展方向和重点任务：规范成长型城市有序发展；推动成熟型城市跨越发展；支持衰退型城市转型发展；引导再生型城市创新发展。作为节能减排的重中之重，资源型城市应积极承担责任，建立节能减排的长效机制，因地制宜探索低碳转型之路，以发展低碳经济、促进节能减排。

低碳经济是以低能耗、低污染、低排放为基础的经济模式，其实质是能源高效利用、清洁能源开发、追求绿色GDP的问题，核心是能源技术和减排技术创新、产业结构和制度创新以及人类生存发展观念的根本性转变，是人类社会继农业文明、工业文明之后的又一次重大进步。资源型城市如何发展低碳经济，实现经济社会可持续发展的问题迫切需要得到解决。尽管低碳经济越来越受到关注，但迄今为止资源型城市低碳转型尚未形成系统性成果。本书以内蒙古为分析对象，分析了内蒙古的资源型城市低碳经济发展的现状和碳排放情况、资源型城市低碳经济发展效率和低碳经济发展过程中存在的问题和制约因素，从打造低碳产业体系、构建城市低碳能源利用体系、因地制宜建立长效的节能减排机制、发展低碳战略性新兴产业等角度探索资源型城市的转型之路，旨在推动资源型城市发展低碳经济，实现资源型城市经济社会的可持续发展，也为其他资源型城市的低碳转型提供必要的理论支撑。

在本书的写作过程中，内蒙古科技大学经济与管理学院的有关领导给予了大力的支持与鼓励，同时也与有关学者和专家进行了十分有益的讨论和交流，笔者得到了非常重要的启迪，在此表示诚挚的谢意。

在本书的写作过程中，笔者还参阅了国内外有关研究资源型城市、现代评价理论和低碳经济的大量文献，对于所引用和参阅的文献都尽可能地在书后一一列出。如有疏漏，敬请原作者谅解，在此对所有被引用和参阅文献的作者表示衷心的感谢。

经济管理出版社的丁慧敏编辑对书稿字斟句酌，认真修改，为本书的出版辛苦付出，本书能够顺利出版，与她的热情帮助是分不开的，笔者在此也致以诚挚的谢意。

本书的出版得到了内蒙古自治区哲学社会科学研究基地——呼包银榆经济区研究中心的资助，在此一并表示感谢。

段永峰

2015 年 11 月 18 日于内蒙古科技大学

目　录

第一章　绪　论

第一节　研究背景与意义

一、研究背景

20 世纪 50 年代以来，随着工业化进程的不断加快和经济的快速发展，温室气体排放迅猛增加，生态环境受到巨大的破坏，人类赖以生存和发展的环境也日渐恶化，严重阻碍着人类可持续发展的脚步。全球公认气温升高的主要原因是人类生产生活所不断排放的温室气体，其中，造成"温室效应"的温室气体之一——二氧化碳，其主要来源于化石能源的利用过程，从工业革命至今，人为造成的二氧化碳排放量已经增加了 1/3，是影响气候变化的长期因素。进入 21 世纪后，为应对日益频繁的生态灾害，实现经济的可持续发展，各国政府广泛而深入地开展低碳经济研究和实践，同时低碳经济发展已经成为全球公认的合理的发展模式。

2003 年英国政府出台《能源白皮书》，在考虑经济发展中能源需求和《京都议定书》中缔约国义务的基础上，通过降低国家发展对化石能源的依赖，实现对温室气体排放的控制。2008 年英国通过《气候变化法案》，成为世界上第一个发展低碳经济的国家，同年宣布了"环境能源革新技术开发计划"，为率先开发降低二氧化碳排放的新技术提供了支持。日本于 2008 年 9 月提出"福田蓝图"，指出"低碳社会是日本发展的目标"，表明日本的"低碳社会"战略已经形成。美国、欧盟、俄罗斯、印度等主要经济体先后颁布实施了各自的低碳经济发展战略。我国 2007 年首次提出"建设生态文明"的科学理念，将低碳经济发展上升为国家行为、政府行为、全民行为。时任国务院总理温家宝同志也在"夏季达沃斯论坛"上表示"中国将坚持节约资源和保护环境，走绿色、低碳、可持续的发展道路，显著提高资源利用效率和应对气候变化能力"。"十二五"期间，把非化石能源占一次能源消费比重提高到 11.4%，单位国内生产总值能源消耗和二氧化碳分别降低 16% 和 17%，主要污染物排放总量减少 8%~10%。"十二五"期间是我国能源转型的首要 5 年，对能源结构调整具有重要意义，在 2009 年，我国政府向国际社会做出"在 2015 年能源排放比 2005 年下降 40%~45%"的承诺。要完成这个目标，需要从开源、节流两个方面，借助多个行业的配合才能实现，能源结构调整迫在眉睫。2010 年我国首先在广东、辽宁、湖北、陕西、云南、天津、重庆、深圳、厦门、杭州、南昌、贵阳、保定等省市开展低碳试点工作，并提出首批低碳经济试点地区需要通过研究运用市场机制来实施对温室气体排放量的控制，借助技术创新以及对传统产业的升级，生产结构的调整，实施发展低碳经济模式下的建筑、交通等有利于降低温室气体排放量的新发展任务，同时提倡绿色生活及消费方式。2012 年 11 月，我国进一步提出了建设美丽中国的目标。2015 年我国政府工作报告明确指出二氧化碳排放强度要降低 3.1% 以上，化学需氧量、氨氮排放都要减少 2% 左右，二氧化硫、氮氧化物排放要分别减少 3% 左右和 5% 左右；积极应对气候变化，扩大碳排放权交易试点；积极发展循环经济，大力推进工业废物和生活垃圾资源化利用；一定要实现蓝天常在、绿水常流、永续发展的目标。从国际、国内一系列的政府主动行为不难看出，气候变化已经成为世界性的发展难题，低碳经济带来的生态文明将成为远古文明、农耕文明、工业文明之后新型的文明形态。目前世界各地以城市为单位实践低碳经济理念，发展低碳经济。这不仅是紧跟时代潮流的行为，更是加快转变经济发展方式、及时调整产业结构、实现经济持续健康发展的战略性选择。

资源型城市作为特殊的城市，是依托矿产和能源的开发与经营，逐步发展起来的城市，其凭借本地区优越的资源禀赋，长期致力于发展矿产开采及其加工业，为国家建设提供大量矿物能源和原材料，为区域经济的发展提供一个新的经济增长极，在国家的社会经济中占有重要地位。就产业结构而言，资源型城市的资源型产业地位突出，在工业中占有较大份额。我国资源型城市绝大多数兴起于计划经济时代，伴随着大规模的工业化进程应运而生，在我国城市化和工业化的进程中具有举足轻重的地位。在 262 个资源型城市中，煤炭型城市 63 个，金属型城市 20 个，石油型城市 9 个，森林型城市 21 个，其矿产资源开发的增加值占全部工业增加值的比重是 25% 左右，比全国的平均水平高了一倍多。资源型城市"一业独大"或者"一矿独大"的产业格局产生了"挤出效应"，导致其他接续替代产业发展滞后。资源的生命周期性使得资源型城市很容易因资源枯竭而出现经济衰退现象，再加上资源使用不合理、管理不完善等其他原因，这一进程还会加快。资源型城市经济衰退将会引发一系列社会问题，如失业工人激增和社会保险基金入不敷出等。因此，资源型城市必须及时进行产业转型，摆脱对资源的单纯依赖，合理调整产业结构，培育发展接续主导产业，保持城市经济的平稳运行，从而实现资源型城市的可持续发展。

内蒙古自治区的经济曾迅速发展，发展速度连续8年居全国第一，而这主要得益于高耗能的资源产业的迅速发展，特别是煤炭和有色金属行业。地处我国中西部的内蒙古自治区，能源矿产资源丰富，在当今世界上已查明的140多种矿产中，内蒙古现已发现的矿产种类就有128种，储量居全国前10位的有56种，22种列前3位，7种居全国首位。内蒙古作为我国的能源和化工基地，先后形成了以"草原钢城"著称的包头市、以"羊煤土气"著称的鄂尔多斯市、煤城乌海市和赤峰市、石油重镇锡林浩特市、被国务院列为第二批32个资源枯竭城市之一、位于兴安盟西北部的森林资源型城市阿尔山市，以及东北三省能源、有色金属和原材料的供应地——通辽、呼伦贝尔、锡林郭勒等。在这些资源型城市中，被广大学者关注的鄂尔多斯市拥有储量丰富的能源矿产资源和化工资源，煤炭储量占全国的1/6，而且煤炭种类齐全，石油、天然气是该市近年来发现的新型资源，已探明油气储量11亿立方米，加之其原有的羊绒业的优势，基本形成了以能源、纺织、化工、建材等为支柱的产业格局，已迅速崛起为内蒙古新型的工业城市。内蒙古自治区最大的工业城市——包头市，是"一五"时期国家投资建设的重工业基地，矿产资源种类繁多，储藏量丰富，尤以金属矿产得天独厚，其中稀土不仅是包头市的优势矿种，也是国家矿产资源的瑰宝。包头市充分利用工业化、城市化优势，全力壮大企业集团，着力打造钢铁、铝业、装备制造、电力、煤化工、稀土六大基地，围绕"工业双翼"，即以特种钢铁及深加工为一翼，以机械制造、成套设备为另一翼来发展，工业经济发展成为内蒙古经济实力最强的盟市。国家西部大开发和振兴东北老工业、城镇化的进程，无疑为内蒙古拥有丰富有色金属成矿条件的赤峰市和拥有大量煤炭资源的呼伦贝尔市、锡林郭勒盟等资源型城市提供了广阔的发展舞台。在转变经济发展方式，大力发展低碳经济、循环经济、绿色经济，促进人类与生态和谐发展的大背景下，发展低碳经济是资源型城市成功转型的关键，也是资源型城市可持续发展的重要途径之一。

资源型城市的产业转型问题得到了党中央和国务院的高度重视，中共十六大报告、中共十七大报告、国家"十二五"规划、中共十八大报告以及国家"十三五"规划都从不同角度多次提到资源型城市的产业转型问题。2013年《全国资源型城市可持续发展规划》的出台，从宏观层面上指导资源型城市产业转型，并有针对性地制定和实施了产业转型政策支持措施。各个资源城市在产业结构、发展空间、经济体量、资源禀赋、科技支持等方面有较大的差距，不同地区要立足本地实际，通过构建和发展特色低碳产业，增强现有环境总体承载能力，实现低碳经济模式下的较快发展，从而破解产业升级、脱贫致富、缩短差距等发展难题，形成一条具有本地特色的低碳经济发展之路。因此，通过本书的研究，在充分借鉴国内外低碳经济实践基础上，全面分析内蒙古资源型城市低碳经济发展的现实、特征和效率，立足内蒙古资源型城市现有条件，从经济发展基本面提出内蒙古资源型城市低碳经济的发展路径，为内蒙古资源型城市低碳经济发展进行理论创新。

二、研究意义

工业革命推动了世界经济史无前例的发展，同时也带来了生态环境恶化，生态平衡被破坏，甚至引发自然灾害，对人类社会持续健康发展提出了严峻的考验。随着全球碳排放量与日俱增，气候变化愈演愈烈，国际社会呼吁出台相应对策来应对全球环境危机，在全球范围内倡导低碳减排，推动全球低碳发展。在工业化、城市化以及国际化高速发展进程中，我国作为世界上最大的发展中国家，通过降低碳排放量发展低碳经济，实现经济可持续发展，是必然要经历的发展阶段。我国多数资源型城市处于工业化和城市化并行、快速发展的阶段，目前面临着诸如产业结构不合理、经济效益低下、能源消耗巨大等弊端，与我国可持续发展的目标相悖。

在调整产业结构、推动产业升级、大力发展低碳经济的大背景下，我国资源型城市面临严峻的资源、能源和生态环境等问题，选择走低碳发展道路为资源型城市转型发展指出了新的道路，资源型城市当前最紧迫的任务就是加快转型的步伐，尽快进入低碳发展模式。当然任何资源型城市的低碳发展都会困难重重，面临巨大的发展压力。由于我国不同地区所处的发展阶段差异比较明显，在低碳经济过程中所面临的问题也不尽相同，因此，需要结合不同地区的具体发展情况，尤其是各地区在各自发展过程中的碳排放情况，才能更好地为未来发展低碳经济提供合理的建议措施。要从战略的高度重视资源型城市的低碳可持续发展问题；从建设和谐社会这一要求出发，帮助资源型城市解决低碳可持续发展中的困难和问题；从实现现代化的宏伟目标出发，努力提升区域之间、城乡之间的协调发展水平。本书以内蒙古资源型城市大量的实证数据为依据，从理论与实践、过去和现在等多视角对内蒙古资源型城市经济的低碳发展进行了较为全面的分析和研究，探讨了实现内蒙古资源型城市低碳转型科学发展的对策思路。展开对这方面的研究，具有重要的理论意义和现实意义。就现实意义而言，通过对资源型城市深入的调研，从定性和定量两方面入手，有助于为资源型城市转型提供依据，实现资源型城市社会经济的可持续发展。

对于转型中的资源型城市，摆在其面前的主要任务是通过国家的扶持，再造产业优势，全面解决经济、社会、生态和文化等各方面的问题。就目前我国的情况来讲，不断推进低碳城市可持续发展，加快转变经济发展方式，构建和谐社会，具有重大意义。一是进行低碳经济的转型，不仅是为了构建资源节约型社会，也是构建环境友好型社会可持续发展的必然需求。二是发展低碳经济有利于调整我国能源消费结构，降低含碳量较高的能源使用量，促进新型清洁能源行业的发展，同时有利于促进新能源的开发，进一步解决资源利用率低、高耗能、环境污染等可持续发展问题。三是将低碳经济模式作为主导发展模式，有利于促进产业创新与技术创新，并且能够完善节能减排的技术开发，助和谐社会一臂之力。

三、国内外研究现状

（一）国外研究现状

1. 国外资源型城市研究现状

国外对资源（枯竭）型城市的研究主要集中在加拿大、澳大利亚和美国等发达国家，研究内容集中在资源型城市发展过程中所产生的社会问题、心理问题、矿区生命周期理论、工矿城市的兴起与衰落、资源枯竭型城镇的振兴等方面。最早是英国学者奥隆索于20世纪20年代初提出了"矿业城镇"的概念，加拿大著名地理学家英尼斯于20世纪30年代对资源型城市进行了首创性研究。随着世界各国资源型城市及地区所面临的问题日益突出，关于资源型城市转型的研究也逐步涌现。

20世纪30~80年代，国外对资源型城市的研究重点集中于社会学、心理学及城市发展周期等问题，着重于研究社会发展不稳定原因及其引发的各种社会问题、对资源型社区发展进行评估等。如Robinson首次对加拿大的资源型地区进行全面评估，以寻找影响这些地区社会发展的不稳定因素；Warren等研究了工矿城市社区的社会互动（Social Interaction），发现若社区中的社会单位没有较强的互动水平，则社区对区内生活环境的控制能力较弱；Lucas全面阐述了单一工业社区的生活与工作模式，提出单一产业城镇或地区发展的四阶段理论，即建设阶段、雇用阶段、过渡阶段和成熟阶段。

20世纪80年代以后，经济结构、产业结构及劳动力市场等产业经济学与区域经济学的理论方法被广泛应用于资源（枯竭）型城市可持续发展的研究中，使其研究呈现出多样化的趋势。如Bradbury发展了Lucas关于资源型城镇的生命周期理论，提出了第五、第六两个阶段（即城市走向完全衰退的两个阶段）：衰退阶段、完全放弃。同时他认为资源型城市与其所服务工业中心城市之间存在一定的剥削关系。欧费奇力格认为布莱德伯里（Bradbury）等的模型过于简单，指出在资源区与工业中心间往往存在着不同利益集团的斗争博弈，认为资源区自身初始条件较差，资源只有在外界资本与劳动力使之转化为工业投入品时才拥有价值，因此外来投入部门分享利润是理所应当的。

Hayter 和 Barnes 通过研究发现加拿大资源型工业已经经历了两个劳动力市场分割阶段，前一阶段与福特主义生产相适应，后一阶段与灵活的专业化生产相适应。Randall 和 Ironside 全面评述了资源型城镇的研究成果。

国外在解决资源型城市衰退转型问题上的方式方法也不尽相同，美国、加拿大、澳大利亚主要采取放任态度，依靠市场为主导的转型模式；日本、法国、德国鲁尔采取以政府为主导的转型模式，通过实施产业政策调整相关行业结构；苏联和委内瑞拉采取自由放任式转型模式；有以资源开发为基础，致力于发展下游加工业，形成一个实现资源深度加工利用产业群的产业延伸模式；也有以资源开发所积累的资金、技术和人才为基础，借助外力建立一个基本不依赖原有资源的产业群的产业更新模式。而欧盟国家主要依靠政府干预，通过关闭矿井、招商引资、工业结构调整和引进人才等众多措施以期实现资源型城市的转型。

2. 国外低碳经济研究现状

国外现有主要的低碳经济研究成果主要可以归纳为：一是低碳经济与经济增长，研究重点在碳排放的影响因素，碳排放与经济增长的关系及碳减排对行业发展的影响等；二是低碳经济实现的制度安排，研究主要集中为对碳税（Carbontax）和碳交易（Carbontrading）的讨论。在低碳经济方面人们对碳排放量及其影响要素分析一直是学者们研究的热点之一，Salvador Enrique Puliafito，Ugur Soytas，Paul B. Stretesky，Michael J. Lynch，Xingping Zhang 和 Xiaomei Cheng 等分别采用不同的模型对人口、GDP、能源消耗与碳排放量的相互关系进行研究，结果表明：碳排放量的影响因素不仅包括 Kaya 公式所揭示的人口、GDP 和能源消耗，还包括国际贸易，两国的商品贸易为碳排放创造了一种转移机制。

从长期来看，经济增长与碳排放量也不存在因果关系，而能源消耗是碳排放量的重要影响因素。目前，世界能源需求的 80%~85% 来源于化石燃料，80%~90% 的碳排放来源于化石燃料能源消耗，因此化石燃料能源所产生的碳排放是碳排放研究的重点，碳排放的测算方法主要有实测法、物料衡算法和排放系数法，学术界应用最多的是排放系数法。不同的机构和学者确定碳排放系数的标准也各不相同，如表 1-1 所示。

表 1-1　各类能源的碳排放系数

单位：万吨标准煤

机构（实验室）名称	煤炭	石油	天然气
政府间气候变化专门委员会	0.7559	0.6185	0.4483
美国能源部/能源情报局	0.702	0.478	0.389
美国橡树岭国家实验室	0.720	0.585	0.404
日本能源研究所	0.756	0.586	0.449

机构（实验室）名称	煤炭	石油	天然气
国家科委气候变化项目	0.726	0.583	0.409
国家发改委能源研究所	0.7476	0.5825	0.4435
国家环保局温室气体控制项目	0.748	0.583	0.444
中国工程院	0.68	0.54	0.41
中国电子工业协会煤炭	0.702	0.478	0.389

由于低碳经济是在全球气候恶化的背景下提出的，为实现经济发展中的"低碳"，现在主要的制度安排是征收碳税、碳交易制度和清洁发展机制。碳税是针对二氧化碳排放所征收的税，最早由芬兰于1990年开征，欧洲各国相继开始征收，近年来，日本、加拿大、瑞士等国也纷纷开征碳税。碳交易是为促进全球温室气体减排，减少全球二氧化碳排放所采用的市场机制，即把二氧化碳排放权作为一种商品，从而形成了二氧化碳排放权的交易，其兴起于《京都议定书》所制定的减排机制。清洁发展机制是《京都议定书》中唯一涉及发展中国家的机制，并且《京都议定书》还承认了森林碳汇（Carbonsink）对减缓气候变暖的贡献，并要求加强森林可持续经营和植被恢复及保护，允许发达国家通过向发展中国家提供资金和技术，开展造林、再造林碳汇项目，将项目产生的碳汇额度用于抵消其国内的减排指标。

（二）国内研究现状

20世纪80年代末以来，随着我国资源型城市衰退问题日益凸显，我国通过国家自然科学基金和国家社会科学基金等各种基金资助资源型城市经济转型的相关课题，以促进资源型地区经济转型研究。研究的问题主要包括资源型城市的形成及其衰退成因、生态环境与社会可持续发展问题及经济转型的思路的政策对策等。

1. 资源型城市现状及其存在的问题研究

由于资源型城市对资源的高度依赖性，在其发展中会遇到很多特殊的问题。夏永祥和沈滨认为，资源型城市由于资源枯竭会面临机器设备的闲置和再利用、劳动者就业、城市经济总量下降和区域经济萧条以及环境污染严重和生态破坏等问题。张以诚指出，我国矿业城市存在产业结构重型化、经济效益差和基础设施建设滞后等问题。王六芳指出，我国资源型城市存在产业结构畸形、经济结构失衡、用人成本高和环境被严重污染等一系列问题。张米尔和武春友指出，我国资源型城市转型面临区位、产业、环境、产权、体制、财力和人才等障碍，这些障碍也是资源型城市经济发展和转型面临的基本问题。焦华富和赵静指出，资源型城市主要是在资源开发的基础上兴起的，资源型城市存在对资源的依赖性高、发展过程的周期性和产业结构单一的问题。张永凯认为，资源枯竭对于处于衰退期的资源型城市来说是"釜底抽薪"，是制约其转型的根本症结所在；单一的产业结构是制约资源型城市转型的普遍障碍；政企职责不分成为资源型城市转型的体制性障碍；生态环境的恶化也使资源型城市转型面临的困难更多、挑战更大。资源型城市经济发展存在的突出问题可以归纳为产业结构不合理、生态环境恶化、资金和人才短缺以及高新技术产业发展滞后等。

2. 资源型城市衰退的形成机理及其成因研究

刘云刚认为，随着国家发展政策的转变，城市传统发展体制和机制的滞后以及资源相对枯竭、区位和环境的变化等可能是导致资源型城市衰退的主要原因。戈银庆认为，资源型城市在产业选择上形成了一定程度的"产业锁定"，导致因资源型产业不景气引发的"多米诺骨牌效应"，进而对城市发展和社会稳定产生全面冲击。刘学敏从发生学的视角研究，认为资源型城市的产生本身就是依托于某一种自然资源而产生的，其产业结构单一具有必然性。陈才从资源型城市发展历程与国家体制的角度考察，认为资源型城市衰退机制的直接原因是以往照搬苏联模式建设的资源型城市已不再适应当代中国市场经济的发展。孙淼、丁四保认为，资源型城市衰退主要是由于资源型城市在我国体制变迁过程中缺失了"过渡阶段"而缺乏原始资本积累，从而引发的体制方面的不公平待遇。袁庆明构建了资源枯竭型"公地悲剧"模型，阐述了资源型城市发展衰退的必然趋势，同时提出消费者的需求不断增加、生产的技术不断提升及较低的社会平均工资水平加速了资源型城市走向衰退。

3. 资源型城市社会可持续发展问题研究

郝莹莹关于东北地区资源型城市的研究得出，经济发展的困境诱发了资源型城市的诸多社会问题，其中最主要的是失业和社会保障问题，而导致失业问题突出的主要原因是资源型城市经济增长缓慢，致使就业能力减弱等。李雨潼认为，资源型城市经济增长乏力、资本密集型产业比重高和劳动力市场发育程度低等，是造成其就业困难的基本原因，资源枯竭型城市的就业问题，是资源枯竭型城市必将面临的重大问题。刘云刚认为，失业问题的解决往往成为衰退型资源型城市恢复人气的关键和转型的标志，对于持续衰退的城市和地区来说，可利用经济、政策手段鼓励当地居民外出，限制当地居民居住建设用地扩大，进行经济性移民来缓解失业。于言良提出建立城市资源枯竭预警系统制度，在资源型城市走向枯竭前便公布信息，以避免城市居民的恐慌，便于职工提早寻找就业机会，也便于企业提早了解经济发展动向，寻找新的经济增长点。汪晓文等从经济、社会、资源环境承载力三个层面进行研究资源型城市社会发展现状及存在的问题，强调经济层面的转型是城市转型的根本，而实现社会、生态层面的转型是成功转型的保证。

4. 资源型城市的产业结构调整与优化研究

资源型城市发展出现"瓶颈"的根本原因就是产业结构不合理,以资源型产业为发展动力,资源型城市转型的核心和热点就是产业转型,推动整个城市的经济发展模式、思想观念、社会生活方式等的转型。

在资源型城市产业转型模式方面:赵秀峰认为,资源型城市应加快产业延伸与扩展,要提高资源利用率和资源的加工精度及附加值。张米尔在国际比较和转型背景研究的基础上,提出了资源型城市转型有产业延伸模式、产业更新模式和产业复合模式。仁锦鸾等以唐山市为个案研究对象,提出了其在发展中应充分利用科研资源及区位优势条件。

在资源型城市转型中接替产业的选择方面:张米尔提出,将基于主体投资特征与项目机会的匹配度以及投资主体特征与项目成功因子的匹配度两者的项目机会选择的匹配矩阵方法,用于产业转型中的投资决策。胡碧玉等对西部资源型城市转型中接续和替代产业的选择和培育进行了研究,认为西部经济发展水平较高地区的资源型城市接续和替代产业应主要选择高新技术产业,现代农业以及金融、保险、贸易等新兴服务业;西部经济欠发达地区的资源型城市接续和替代产业应选择技术密集型的高加工度产业,高新技术产业;西部经济落后地区的资源型城市接续和替代产业应选择农业、能源和原材料工业,并适时发展一些具有比较优势和特色的产业如旅游业等。刘剑平等提出了以动态基准、产业发展潜力基准和关联度基准等资源型城市为主导产业的选择评价体系,并用波士顿矩阵和 GE 矩阵作为资源型城市主导产业的选择方法。

要改变资源型城市刚性的产业结构,必须摆脱依赖资源发展经济的惯性思维模式,结合本地实际,因地制宜地选择接续和替代产业,大力发展非资源型产业和第三产业。

5. 资源型城市经济转型研究

进入 21 世纪以来,我国资源型城市经济转型面临了一系列问题,资源型城市的转型发展显得困难重重,资源型城市转型面临的形势异常严峻。一般认为,资源型城市转型主要有三种方式:一是利用资源优势,在原有资源开发基础上,对资源型产业进行纵向发展,扩展原有产业链,提高资源的附加值。二是寻找新的发展资源,实行资源转化,培育和发展新产业。三是前两者的结合。

龚晓菊、张震认为,对于资源型城市而言,可以大力推动投资少、回报快、无污染又可极大增加就业的流通产业作为先导产业。孟文通过分析德国鲁尔及我国河南焦作的转型案例,认为可以通过发展服务业调整产业结构,使资源型城市逐步降低甚至摆脱对资源的依赖。张华见强调构建生态经济产业结构、消化和转移就业、改善生态软环境、增强城市吸引力等生态环境建设措施将有助于生态系统整体实现自我增值,使区域经济实现高速发展。刘剑平、陈松岭等认为，资源型城市转型主导产业的选择与培育是资源型城市成功转型的核心与关键问题。于言良强调资源型城市经济转型中还应注重树立城市品牌形象、重塑城市品牌价值。姜春海提出政府应该建立资源开发补偿、衰退产业援助和替代产业扶持三个机制，以支持资源枯竭型城市产业转型。孙淼、丁四保指出，体制改革是解决资源型城市发展障碍的根本办法，强调体制改革是一个系统工程，需要各级政府的共同努力及中央与地方政府的密切配合。赵海归纳概括了国外资源型城市成功转型的做法，即产业链延伸、新型产业植入和新主导产业扶持，分析了我国资源型城市转型过程中应注意的问题。于立、孟韬、姜春海指出，资源枯竭型国有企业必然面临资源枯竭和体制转换的双重困难，其退出障碍已经构成资源型地区和城市经济与社会问题的重要根源，能否顺利退出是世界性的难题，也是中国经济发展和社会稳定的关键。龙如银和周德群分析了矿业城市可持续发展的系统结构及其特征，并对矿业城市可持续发展系统内各子系统的协同度和可持续发展调控机制进行了探讨。沈镭、万会等认为，在资源型城市转型过程中应当实施特殊的区域开发政策，促进资源型城市与区域之间融合互补发展，加快资源型城市的城乡二元经济结构转换。张米尔、武春友等提出要从国民经济和社会发展的战略高度重视资源枯竭型城市的产业转型问题；实施制度创新，挖掘制度变迁的利益；改善投资环境，发挥区域比较优势；积极开展国际合作；加强职业培训，鼓励个人创业等。

国内学者也采用 DEA 法、因子分析法、主成分分析法等定量研究方法对国内资源型城市转型进行了评价。陶晓燕运用主成分分析法对河南省 5 个地级市的产业转型能力进行评价并总结了产业转型的经验。郭存芝等借助因子分析及实证检验的方法得出影响资源型城市可持续发展的主要因素。段永峰等则在 DEA 模型的基础上，对内蒙古自治区 10 个资源型城市进行综合评价及技术和规模有效性评价，得出内蒙古资源型城市低碳经济的发展情况。

资源型城市经济转型是一个系统工程，它需要社会各个方面的共同努力。此外，资源型城市经济转型还是一个长期工程，不可能"毕其功于一役"。

6. 资源型城市产业转型评价研究

随着资源型城市转型的逐步深入，对资源型城市转型成效、可持续发展度的评价研究也日益受到关注。

吴冠岑等从经济、社会、环境、资源四大方面构建起资源型城市转型评价体系。刘剑平等在构建指标体系时，在共性指标的基础上依据资源型城市发展阶段和资源禀赋提出了具有个性的指标体系。潘竟虎等以资源型城市嘉峪关市为例，利用生态足迹和生态承载力的理论和方法，对其可持续发展状况及程度进行了评价和度量。牛菲等对比分析了资源型城市可持续发展主要的评价方法，并给出各个方法的优缺点，展望资源型城市可持续发展评价方法的研究方向。张团结等选取替代产业发展的资源自有率、替代产业带动当地失业劳动力就业率、替代产业的资本投资利润率和替代产业可持续发展性（即环境污染的治理成本）四因素，建立了替代产业在资源型城市发展的产业契合度模型，评价资源型城市产业转型的效果。刘晓荣等构建分层评价模型，以加权平均法对白银市可持续发展状态进行综合评价。

7. 资源型城市循环经济研究

循环经济是实现资源型城市可持续发展的有效途径。建立科学合理的资源型城市循环经济发展水平指标体系，并采用适当的方法对其能力进行评价和预测，是衡量资源型城市政府政绩的一个重要依据。王诚指出，"循环经济"发展模式正是实现资源型城市经济发展、资源开采、环境保护"共赢"，解决资源开采利用、环境污染治理和矿区生态恢复的最佳选择。曹兰芳认为，发展循环经济是缓解资源约束矛盾的根本出路。龙如银等对循环经济模式下的技术创新特征和资源型城市技术创新存在的问题进行了分析，构建了面向循环经济的资源型城市技术创新路径选择模型，并从创新理念、创新项目选择、创新体系完善三个方面详细地阐述了资源型城市技术创新的战略选择。胡晓晶等结合循环经济的优势提出在资源型城市产业转型中大力发展循环旅游经济。徐建中、刘淼群在充分理解循环经济内涵的基础上，针对资源型城市发展现状，系统科学地提出了资源型城市循环经济评价体系。

8. 低碳经济和低碳城市内涵及其发展方式研究

低碳城市的本质是人与环境的和谐发展，即在城市的发展过程中实现经济增长和降低碳排放是低碳城市建设的目标。低碳城市建设是一个涉及经济、社会和管理等多方面、多主体、多目标的问题，低碳城市建设过程中要以低碳经济为基础，在保持适当经济增长的前提下，实现能源高效利用，遵循低污染、低排放、高效益等特征。庄贵阳、鲍健强、苗阳等国内学者从不同角度对低碳经济的内涵进行了探讨，认为低碳经济是为减少温室气体排放所做努力的结果，是经济发展方式、能源消费方式、人类生活方式的一次新变革，其目标是实现人类可持续发展。国内学者夏堃堡、金石、付允、汪云林、戴亦欣和李克欣等从低碳经济的概念出发，对低碳城市内涵进行了研究，大致可以认为，低碳城市是通过技术的改进和人们生活方式的改变，在城市中实现经济生产的低碳化和社会生活的低碳化，从而有力改善城市的生态环境。

付允、侯军岐等认为，低碳经济是经济发展的新模式，它是以低能耗、低污染、低排放和高效能、高效率、高效益为基础，以低碳经济为发展方向，以节能减排为发展方式，以碳中和技术为发展方法的绿色经济发展模式；低碳经济实质上是提高能源效率和改善清洁能源结构，核心是能源技术创新和制度创新。赵卓、肖利平、杨芳等认为，技术创新对于推动新能源产业以及低碳经济的发展具有举足轻重的作用，技术创新是发展低碳经济的动力和核心；低碳经济发展模式必然要求技术创新朝着节能、减排、增效的方向发展。牛桂敏指出，发展低碳经济是转变经济发展方式的内在要求，制度创新是发展低碳经济的必然要求。

我国诸多学者进行了相关的研究并指出，我国发展低碳经济实现低碳转型，应从三个层面上来解决问题：一是政治层面，气候变化问题是一个全球性问题，任何一个国家都不能单独解决，必须依靠世界各国协商、谈判，采取集体一致的行动，这是首要的前提，中国最大的原则是坚持发展中国家和发达国家"共同但有区别"的责任。二是技术项目层面，借助于碳金融（Carbon Finance）和资本市场力量以促进技术创新。三是碳交易层面，从制度上建立体制和机制并建立中国的交易平台和代理机构，逐步实现国际化；同时建立碳资源储备。我国学术界初步达成的基本观点是低碳经济是指经济增长与二氧化碳排放趋于脱钩（Decoupling）的经济，即在保持经济现有增长速度的前提下，最大限度减少化石能源消耗，进而实现二氧化碳减排的目标。低碳经济发展体系包括低碳产业体系、低碳能源体系、低碳技术体系三个方面，即通过普及清洁能源，以技术进步提高能源效率，实现以低能耗、低污染、低排放为基础的经济发展。它是一种比循环经济要求更高、对资源环境更为有利的经济发展模式，是实现经济、环境、社会和谐统一的必由之路。它通过低碳技术研发、能源高效利用以及低碳清洁能源开发，实现经济发展方式、能源消费方式和人类生活方式新变革，加速推动人类由现代工业文明向生态文明的重大转变。

对于资源型城市政府而言，必须放眼长远，及时做出长期规划。既要注重市场机制作用的发挥，又要注重科学引导、循序渐进地推动资源型城市的持续和谐发展。

综上所述，我国关于资源型城市转型的研究成果十分丰富，这些理论成果对我国各类资源型城市转型实践具有相当重要的指导意义及实践价值。尽管如此，从我国资源型城市可持续发展战略转型的实践需要出发，这些研究还存在一些有待改进的地方，具体来说有以下几点：

（1）在研究对象上，大量关于资源型城市的研究成果都是从煤炭、石油等行业发展或者矿区建设的角度探讨资源型城市的发展问题，研究重心几乎都集中在资源型产业而不是资源型城市，缺乏定量分析，想要对资源型城市转型效果进行科学评价，需通过建立相应的衡量竞争力的指标体系，缺乏对资源型城市可持续发展转型的系统性研究。

（2）在研究方法上，已有的研究成果多为叙述性的论述，缺乏对具体资源型城市的资源、生态环境、社会、政治、经济、文化等方面的发展现状及问题的全面深入的研究。

（3）在对策建议上，目前我国对资源型城市发展的对策研究仍滞留在表层或者某一侧面，只有对资源型城市可持续发展过程中的法律及政策进行全面、系统的分析与把握，才能形成其战略转型的法制与政策框架及行动指导。

（4）在理论与实际结合方面，我国对资源型城市的研究相对滞后于其转型实践的需要，由于缺乏具体的科学理论指导，已有的转型实践还带有一定的盲目性，这就需要我国学术界在资源型城市可持续发展战略转型理论方面有所创新。

第二节　研究方案

一、研究思路

本书总体研究思路为：以低碳经济及资源型城市可持续发展理论为出发点，定性分析内蒙古资源型城市发展现状和存在的问题；通过评价指标体系的选择，采用 DEA 法、熵值法、TOPSIS、灰关联分析法和因子分析法对内蒙古资源型城市低碳经济发展、主导产业选择、转型效率及低碳经济发展效率进行定量分析，并通过实证分析验证所建立的评价指标体系和采用的评价方法的可行性。

二、研究方法

（一）文献分析法

按照研究的主要目的和研究课题需要，通过多种途径学习、收集、整理有关各类文献资料，通过解读文献资料，对资源型城市、低碳经济、绿色经济、循环经济、生态经济、低碳城市和生态城市等诸多理论研究进行分析总结，基于多学科交叉的思路，梳理其相互关系，针对资源型城市的特点开展探索研究。

（二）理论分析和实践分析相结合的方法

在分析低碳经济相关理论和内蒙古资源型城市低碳经济发展路径的基础上，结合内蒙古资源型城市低碳经济发展实践，对内蒙古资源型城市碳排放水平、低碳经济发展效率、转型效率进行了初步的测算和深入分析，并构建了转型能力评价指标体系。

（三）对比分析方法

对比研究是实证研究的重要手段。主要运用定性和定量分析的方法，采取横向对比低碳经济发展的经验和模式，从中找出值得借鉴的经验，从而探究资源型城市在转型时面临的困难、发展模式、发展策略和实践经验。并立足内蒙古资源型城市现有条件，运用 DEA 有关模型、因子分析法和熵权法等方法对内蒙古资源型城市低碳经济发展、转型效率及转型能力进行了评价，为内蒙古资源型城市发展低碳经济提供经验借鉴和建议。

三、研究内容

本书从低碳经济发展相关理论出发，主要通过借鉴与研究低碳经济实践和资源型城市可持续发展等方面的成果，以内蒙古资源型城市资源禀赋、产业结构、能源消耗和发展目标等作为研究要素，从内蒙古资源型城市低碳经济发展现状和发展效率入手，结合内蒙古资源型城市低碳经济发展面临的主要问题，提出内蒙古资源型城市低碳经济发展走产业转型、提高资源利用率、改善能源消费结构、发展低碳战略性新兴产业和扩大碳汇的发展思路，使内蒙古资源型城市走上低碳可持续的发展道路。

全书共分为十个章节，具体为：第一章主要叙述研究背景和意义，现有研究文献综述，介绍研究方法、思路和结构。第二章主要介绍资源型城市的概念、界定和分类。第三章主要介绍低碳经济相关理论和实践研究，包括低碳经济概念和相关发展理论。第四章主要介绍使用的评价方法，DEA 法的基本模型，包括 CCR、BCC 和超效率 DEA 等，以及其他评价方法。第五章主要论述内蒙古资源型城市经济发展现状及其发展效率。第六章主要分析了内蒙古资源型城市能源消耗和碳排放量的核算。第七章主要分析了内蒙古资源型城市低碳经济发展的现状和低碳经济发展评价。第八章主要分析了内蒙古资源型城市低碳经济转型的评价，包括内蒙古资源型城市转型效率、内蒙古资源型城市低碳经济转型及其影响因素的分析和内蒙古资源型城市转型能力的评价。第九章主要分析了内蒙古资源型城市发展低碳经济的转型过程中低碳主导产业的选择及战略性新兴产业的选择。第十章提出了提升内蒙古资源型城市低碳产业的对策建议，培育发展战略性新兴产业的建议等内容。

第二章　资源城市概述

第一节　资源型城市概述

一、资源

资源是一切可被人类开发和利用的物质、能量和信息的总称，它广泛地存在于自然界和人类社会中，是一种自然存在物，能够给人类带来财富。资源有狭义和广义之分。狭义的资源指自然资源，一般指天然存在的自然物，包括土地、矿产、森林资源、水、生物和海洋等资源，尤其是在工业进程中对资源型城市发展起主导地位的矿产资源和森林资源，既包括煤、石油、天然气、地热等能量矿产资源，铜、铁、铬、锰、锡等金属矿产资源，也包括硫、磷、硼、盐类等非金属类矿产资源和森林资源。广义的资源不仅包括各种自然资源，还包括经济、人力、信息、科技、旅游和环境等资源。本书所指资源主要指狭义的资源，特别是不可再生资源。

二、资源型产业

资源型产业可以界定为从事不可再生矿产资源和森林资源开发的产业，相当于国际标准产业分类的第二大项以及中国国民经济行业分类的 B 类，具体包括固体矿、液体矿和气体矿藏的开采，即煤炭采选业、石油和天然气开采业、黑色金属矿采选业、有色金属矿采选业、非金属矿采选业、其他矿采选业和木材、竹材采选业。

三、资源型城市的概念

资源型城市，也称"资源性城市"和"资源指向型城市"等。对于资源型城市的概念，理论界目前也没有形成一致意见，国内学者对于资源型城市从不同角度进行了界定，比较有代表性的有以下八个：

（1）郑伯红认为，资源型城市是一种职能专门化的城市，主要是指那些依靠资源开发而发展起来，或者因为资源开发而重新焕发生机的城市。

（2）张米尔、武春友认为，资源型城市是在工业化进程中，随着资源大规模开发过程而发展或兴建起来的特殊型城市。

（3）赵景海认为，资源型城市是依托于矿产资源、森林资源等自然资源，并以资源的开采和初级加工为支柱产业的具有专业性职能的城市类型。

（4）王青云从发生学和功能学两个方面来界定资源型城市。从发生学角度看，资源型城市一定是因自然资源的开采而兴起或发展壮大的城市；从功能学角度看，资源型城市一定要承担为国家输出资源性产品的功能。

（5）张秀生、陈先勇认为，资源型城市的重要或主要功能是向社会提供资源型产品如矿产品、初加工产品等。

（6）樊杰认为，煤炭资源型城市的划分标准是煤炭产业在当地工业总产值中的比重大于或等于10%。

（7）周长庆认为，资源型城市的划分标准是采掘或采伐工业产品在工业总产值中的比重达到了10%。

（8）周一星认为，矿业从业人口比大于矿业从业人口比算术平均值和标准差的城市为矿业城市。

综合以上学者的观点，资源型城市的定义可以从功能学和发生学的角度来界定。从发生学的角度进行界定，资源对于该类型城市至关重要，其兴起或者发展壮大主要依赖于自然资源的开采和利用。如果从功能学的角度进行界定，则该类型城市的城市功能相对特殊，它们大多能够为社会或国家提供资源型产品而导致资源型产业在产业结构中占据主导地位。对上述标准进行综合，国家发展和改革委员会（简称国家发改委）对资源型城市进行了定义：资源型城市是指凭借自然资源的开采和开发而兴起或发展壮大起来的城市，在产业结构中，资源型产业地位突出，在工业中占有较大份额。这里所谓的自然资源主要以矿产资源为主，同时也包括森林资源、石油资源等，资源型产业含义较为广泛，不仅是指矿产资源的开采开发，还包括矿产资源的进一步初级加工，如钢铁工业和冶金工业就是典型的矿产资源加工工业。从各种不同形式的定义中可以看出，成为资源型城市必须同时具备四个基本条件：①是一座城市；②城市是因不可再生资源的开发而形成或兴盛起来的；③城市要以该不可再生资源的开发或初级加工为主导产业；④城市的兴衰与该不可再生资源的开发密切相关，对该不可再生资源形成高度依赖。

四、资源型城市的界定

20 多年以来，对于资源型城市的界定标准一直是国内学术界的重要研究课题。胡魁对矿业城市的界定提出了标准，即满足下述之一者就可称为矿业城市：①地级行政区矿业产值大于 1 亿元，县级和镇级矿业产值大于 4500 万元；②矿业产值占国内生产总值的比重大于 5%；③矿业从业人员大于 6000 人；④著名的老矿业城市、发展态势迅猛的新型矿业城市、统计数据明显接近的矿业城市，其数据虽然低于前三项指标，也予以特别保留。陈耀认为，煤炭资源型城市的界定标准是煤炭采选产业的总产值超过 1 亿元，并且煤炭采选产业占当地工业总产值的比重大于 7%。王青云提出界定资源型城市的四个标准：①采掘业产值占工业总产值的比重在 10% 以上；②对县级行政单位来说采掘业产值应大于 1 亿元，对地（市）级行政单位来说应大于 2 亿元；③采掘业从业人员占全部从业人员的 5% 以上；④对县级行政单位来说，采掘业从业人员规模应超过 1 万人，对地级行政单位来说应超过 2 万人。一般同时满足以上四个指标才可确定为资源型城市。2002 年，国家计委宏观经济研究院提出的资源型城市的界定标准包括四条，同时满足四条标准才能界定为资源型城市。四条标准分别是：采掘业产值占工业总产值的比重大于 10%；采掘业产值的规模，县级市应在 1 亿元以上，地级市应在 2 亿元以上；从事采掘业的人员占全部从业人员的比重应大于 5%；采掘业从业人员的规模，县级市应在 1 万人以上，地级市应在 2 万人以上。2004 年 8 月，在"资源枯竭型城市经济转型与可持续发展研讨会"上，专家们提出衡量资源型城市的标准有两条：①资源型产业产值占工业产值的比重为 5%~15%；②资源型产业从业人员占全部从业人员的比重为 15%~30%。2010 年高天明等综合国内学者研究成果，认为我国资源型城市的界定标准为：采掘业从业人口比重≥10% 或矿业产值占 GDP 比重≥6%。

从上面的界定标准来看，资源型城市的界定标准主要有以下几点：

其一，产值依存度。产值依存度主要是指城市经济对某个产业的依存程度，可以用如下指标来反映：资源开采和加工业的增加值与国民生产总值（GDP）比值、工业增加值与国民生产总值（GDP）的比值以及资源开采和加工业的产值在工业总产值中的比重等。

其二，就业依存度。就业依存度主要用来衡量城市就业对某个产业的依存程度，具体的主要指标有：资源开采和加工业的就业人数在城市全部就业人数中的比重、资源开采和加工业的职工及家属的人数在整个城市人口中的比重。

其三，财政收入依存度。人们用财政收入依存度来衡量一个城市的全部财政收入与某一个产业的依存程度。财政收入依存度主要依据资源型产业提供的财政收入在城市全部财政收入中的比重大小来体现。

其四，城市产业集中化系数。一个城市的产业在城市的集中程度通常用城市产业集中化系数来表现，这一系数的大小反映为该产业的规模比重大于全国平均比重。系数大于1表明城市中这个产业的集中化和专业化程度处于全国平均水平之上，则该城市的主导产业就是以这个产业为主。如果一个城市的主导产业是资源型产业，那么这个城市可以归为资源型城市类型。

对于中国资源型城市的界定标准，国家发展和改革委员会和国土资源部也分别做出了不同的指标体系，它们依据以下指标对资源型城市进行界定，如表2-1所示。

表2-1 资源型城市界定标准表

判断标准	国家发展和改革委员会	国土资源部
矿业产值占工业总产值的比重	大于10%	大于5%
矿业产值规模	县级市超过1亿元	县级市超过0.45亿元
	地级市超过2亿元	地级市超过1亿元
矿业从业人员占全部从业人员的比重	5%以上	
矿业从业人员规模	县级市超过1万人	大于6000人
	地级市超过2万人	

结合定性分析方法，国家发展和改革委员会确定了地级资源型城市共计126个，其中，四川和山西最多，各有10个，黑龙江和安徽次之，各有9个，山东、河南、甘肃和云南各有7个，辽宁、吉林和陕西各有6个，河北、江西和内蒙古各有5个。我国资源型城市详细地区分布如表2-2所示。

表2-2 我国资源型城市详细地区分布

省（市、自治区）	城市数量	城市名	省（市、自治区）	城市数量	城市名
山西	10	大同市、朔州市、阳泉市、长治市、晋城市、忻州市、晋中市、临汾市、运城市、吕梁市	四川	10	广元市、南充市、广安市、自贡市、泸州市、攀枝花市、达州市、雅安市、阿坝藏族羌族自治州、凉山彝族自治州
黑龙江	9	黑河市、大庆市、伊春市、鹤岗市、双鸭山市、七台河市、鸡西市、牡丹江市、大兴安岭地区	安徽	9	宿州市、淮北市、亳州市、淮南市、滁州市、马鞍山市、铜陵市、池州市、宣城市
山东	7	东营市、淄博市、临沂市、枣庄市、济宁市、泰安市、莱芜市	河南	7	三门峡市、洛阳市、焦作市、鹤壁市、濮阳市、平顶山市、南阳市
云南	7	曲靖市、保山市、昭通市、丽江市、普洱市、临沧市、楚雄彝族自治州	甘肃	7	金昌市、白银市、武威市、张掖市、庆阳市、平凉市、陇南市
辽宁	6	阜新市、抚顺市、本溪市、鞍山市、盘锦市、葫芦岛市	吉林	6	松原市、吉林市、辽源市、通化市、白山市、延边朝鲜族自治州

续表

省（市、自治区）	城市数量	城市名	省（市、自治区）	城市数量	城市名
陕西	6	延安市、铜川市、渭南市、咸阳市、宝鸡市、榆林市	河北	5	张家口市、承德市、唐山市、邢台市、邯郸市
内蒙古	5	包头市、乌海市、赤峰市、呼伦贝尔市、鄂尔多斯市	江西	5	景德镇市、新余市、萍乡市、赣州市、宜春市
贵州	5	六盘水市、安顺市、毕节市、黔南布依族苗族自治州、黔西南布依族苗族自治州	湖南	4	衡阳市、郴州市、邵阳市、娄底市
福建	3	南平市、三明市、龙岩市	广西	3	百色市、河池市、贺州市
新疆	3	克拉玛依市、巴音郭楞蒙古自治州、阿勒泰地区	江苏	2	徐州市、宿迁市
湖北	2	鄂州市、黄石市	广东	2	韶关市、云浮市
浙江	1	湖州市	青海	1	海西蒙古族藏族自治州
宁夏	1	石嘴山市			

其中，我国地级资源型城市中煤炭城市有 65 个，占 54%；森工城市有 21 个，占 17.5%；有色冶金城市有 12 个，石油城市有 9 个，黑色冶金城市有 8 个，其他城市 5 个，分别占 10%、7.5%、7%、4%。

五、资源型城市的特点

依据资源型城市发展的过程和产业结构，资源型城市的主要特点有：

（1）城市形成具有突发性。资源型城市的形成没有一般城市漫长的经济、文化等积累和准备的过程，只要存在丰富的资源开采和进一步加工，在政府政策、资金、技术和设备等物资的支持下，最长不超过几十年就能建设并完备一座资源型城市。但是我国资源型城市的发展长期受到计划经济的影响，使城市经济发展受到了一定的阻碍。

（2）资源的高度依赖性。资源型城市一般是在以矿产资源为主的采掘业的基础上发展起来的，因而经济发展具有严重依赖自然资源的特征，主要表现在两个方面：一是资源的存在性是工业和资源型城市得以发展的必要条件。二是矿产资源的储量、品质和禀赋直接影响着资源型城市主导企业的效益和生命周期，城市中的其他产业也都依附和服务于资源型产业。到开采后期，如不实施经济转型，则会出现"矿竭城衰"的局面。

（3）经济、产业结构具有单一性。资源型城市是依靠资源而兴起的城市，其经济发展对资源的依赖性较大，导致资源型产业在产业结构中所占比重较大，占有主导地位。因此，资源型城市产业结构较单一，主要集中在资源产业及与其相关产业，而对高新技术产业、服务业等低污染的行业投入较少，发展相对滞后。按照西方经济学"资源陷阱"理论,产业结构的单一性这一特点在资源型城市发展初期尤为突出。其产业结构中,第二产业比重较大,占据主导地位,产值通常可以占到GDP的60%左右,而第一产业、第三产业的发展却相对落后,不能形成第一产业、第二产业、第三产业协调发展的格局。产业的前向关联和后向关联比较弱,呈现投资规模大、周期长、产业链偏短、生产消耗高、产出水平低和经济效益差的特点。由于这种产业结构的单一化和低度化,以及协调性差、相关性低等特点,资源型城市的产业整体功能往往比较薄弱,城市的经济弹性和回旋能力低,加之资源的不可再生性以及资源开发受条件限制等诸多因素影响,随着资源枯竭或者主导产品的需求减少,资源型城市的这一特性严重制约了城市经济的可持续发展,同时给资源型城市转型带来了较多困难。

因为资源型城市的产业结构较为单一,城市就业结构也相对单一。第二产业的劳动力就业比例远高于一般城市水平,职工多集中在资源型产业相关行业中,据统计,煤炭型城市阜新、辽源、大同、鹤岗、淮南、淮北、萍乡、七台河、平顶山、铜川的煤炭开采和加工产业的从业人员几乎都占城市职工总数的1/3左右,石油型城市东营和大庆的石油行业从业人员占城市职工总数的比重分别为55%和25%,金属型城市铜陵和白银的采掘业和加工业从业人员平均约占城市职工总数的34%。大部分资源型产业从业人员属于简单劳动者,技能单一,文化程度相对低,不容易改行,一旦实施产业转型,城市就会面临巨大的失业压力。

(4)资源型城市的城市功能较弱。从历史和能源发展等方面来看,资源型城市长期处于一种"大企业,小政府",企业与政府共同管理城市的状态。有些资源型城市是先有企业后有城市,城市长期受到企业的影响,企业的社会功能也不断扩大,企业经济与地方经济各自为政,缺乏协调性,从而导致资源型城市管理失衡,城市功能大大减弱。同时,由于资源分布的特性,导致资源型城市的空间布局较松散,资源型城市的布局一般存在点多、线长、面广的特点,实际建成区比较小,不少资源型城市城内夹杂着良田、菜地等非城市景观,集聚度低。尤其是煤炭资源型城市,由于受到随矿建城模式的影响,形成了大分散、小集中、百里煤城、城乡交错的格局。城镇分散,布局失调,功能弱化的弊端日益显现。对城市功能的发挥影响较大。资源型城市对城市建设普遍重视不足,投入较少,造成了基础设施建设一般比较落后的状况。第三产业的发展滞后也使得城市服务功能不健全,造成城市的生产、生活和文化功能均不够完善,严重阻碍了城市经济社会的全方面发展。资源型城市只有努力提升城市的综合竞争力,才能在日趋激烈的竞争中取得优势,为城市的广阔发展做好准备。

(5)环境污染破坏严重,生态环境修复困难。资源型城市大多是以煤炭、石油、钢铁等资源的开采及深加工为主,其产业属于典型的工矿经济,在生产和加工过程中,排出大量对空气、水等自然资源具有破坏性的污染物，使生态环境日益恶劣，治理也较困难，这些问题给资源型城市转型带来了较大的制约性。城市的生存和发展过度依赖于对自然资源的开采，而对自然资源的过度开采又加速了自然资源的枯竭，破坏了生态环境。资源的开发和利用对环境造成的伤害不仅是污染问题，更重要的是这种污染和破坏在很大的程度上是不可修复的，例如，资源开采过程中对地表植被的破坏引发的水土流失、矿产开采后尾矿废矿造成的堆积、对农田的占用和破坏以及地下水开采引发的土地"三化"问题等，这些问题对于环境的破坏将长期存在，很难恢复。任何地区的生态环境都自成一个循环系统，这个系统存在环境容量，也具有弹性系数，对一定范围内的开采开发活动具有自我修复能力，但这种容量和弹性是有限度的，超出了自然能够承载的量而不采取适当的治理和修复工作，必然会造成生态系统的崩溃，资源型城市在如何走可持续发展道路的问题上必须重视这一点。

（6）城市功能的双重属性。资源型城市作为生产力的一种空间存在形式，具有城市与基地的双重属性：它既具备一般城市的共同属性，即地区行政中心、经济中心、文化中心、交通中心和信息中心；又具有特殊属性，即一种或数种资源和产品优势，使资源型城市又成为国家的重要工业基地。

六、资源型城市的作用

资源型城市的形成，也带动了经济的发展。新中国成立以来，我国众多的资源型城市在社会主义现代化建设中做出了重大贡献。资源型城市的作用主要表现在以下几个方面：

（一）提供了大量的矿物原料

1949 年后，我国相继建立了克拉玛依、大庆等石油基地，大同、平顶山等煤炭基地，鞍山、攀枝花等钢铁基地，白银、金川等有色金属基地，从而形成了我国能源与原材料的强大供应系统。我国煤炭、钢铁、水泥产量居世界第一位，10 种有色金属、石油、化工矿产品产量居世界前列。其中，这类城市还为国家提供了 94% 的煤炭、90% 以上原油、80% 以上的铁矿石、70% 以上天然气。这充分说明，资源型城市已经成为我国矿物能源和原材料的主要供应地。

（二）增强了国家经济实力

资源型城市对我国的经济发展和社会稳定，对增强国家经济实力具有举足轻重的作用。例如仅在 1999 年，全国资源型城市国内生产总值达到 30417 亿元，占全国 GDP 的 37.3%，人均 GDP 为 9817 元，相当于全国人均 GDP 的 1.5 倍。资源型城市以占全国 24.7% 的人口提供了 37.7% 的国内生产总值，这是一个很大的贡献。能源、原材料开采业和加工业总产值 2895 亿元，占当年全国工业总产值的 81%，占当年全国 GDP 的 3.5%，由于能源、原材料开采业和加工业的巨大后续效应，能源、原材料开采业和加工业产值及矿产品加工业产值约占 GDP 的 30%。资源型城市向国家缴纳了大量利税，为增强国家财力做出了重要贡献。

（三）促进了区域经济发展

资源型城市的兴起和发展，改善了我国的区域经济格局，在促进区域经济协调发展方面发挥了重要作用；资源型城市多分布在荒无人烟或人口稀少的穷乡僻壤，这些城市的发展和区域辐射带动作用，促进了当地的脱贫致富；资源型城市是一个区域物质财富、精神财富高度聚集的场所，是一个人、财、物聚集中心和市场中心，它所固有的辐射力、吸引力和综合服务能力，对区域经济和社会发展具有巨大的带动作用。目前，西部地区能源、原材料开采业和加工业产值占其工业产值的 18% 左右，青海、新疆两省（自治区）矿产总值的比重更是高达 50% 以上。

（四）提供了大量就业机会

资源型城市的兴起为社会提供了大量的就业机会。据统计，全国仅资源型城市中的能源、原材料开采业和加工业职工就约有 800 多万人。如甘肃嘉峪关，能源、原材料开采业和加工业人口占地区总人口的比重为 70% 左右；山西义马，能源、原材料开采业和加工业人口占地区总人口的比重为 50% 左右。由于资源型产业的发展带动与促进了矿产品加工工业和服务业的发展，为扩大整个社会就业做出了重要的贡献。全国资源型城市吸纳了大量就业人口，这对改善人民群众的物质文化生活、促进社会稳定发挥了重要的作用。

（五）加快了城市化进程

新中国成立之初，我国城市化水平还不高。随着一大批矿产地的发现和勘探开发成功，先后建立了大庆、包头、金昌、嘉峪关、克拉玛依、大同、淮南、淮北、阳泉、乌海、本溪、鞍山等众多的资源型城市，从而大大加快了我国的城市化进程。

随着西部大开发战略的实施，内蒙古还将逐步形成一批资源型城市，如鄂尔多斯的上湾镇就是因神府—东胜煤田的开发而形成的一座新型资源型城市。资源型城市无论是过去、现在还是将来，在促进我国城市化进程方面都将起到积极的作用。

第二节　资源型城市的形成过程及其发展规律

　　城市形成发展的过程是本地区域内生产要素的集聚、耦合、优化和调整过程。一般来说，它是随着区域经济、社会的发展而逐步形成，大多数经历了"农业持续发展—加工业的发育、发展、聚合、兴盛—服务业的兴起—城市的繁荣"这一漫长而复杂的历史演进过程。城市及其主导经济的不同形成过程，铸就了不同城市及其经济内在的本质特征。资源开发型工业的兴起与发展，推动了资源型开发基地，而资源型开发基地的进一步发展形成了"资源型城市"。不同类型的资源型城市有不同的形成过程。

一、有依托资源型城市的形成过程

　　考察我国一些资源型城市的形成，实际上是城市功能的转型过程。这些城市在很早以前就存在，它们和其他城市一样，大多经历了"农业的持续发展—人口的自然聚集—手工业和商业的发展—其他服务业工商业的进一步繁荣—城市功能和性质趋于稳定"这样一个缓慢而复杂的过程。某个时期，因为发现并大规模开发矿产资源，迅速崛起的资源开发型工业逐步成为经济的主体，城市的主要功能和服务范围围绕资源工业进行，原先已有的城市功能和性质发生位移和突变，转换为资源开发工业服务的"资源型城市"，如云南的个旧市和新疆的库尔勒市，需要说明的是，这类资源型城市在形成之前，其性质和功能是不尽相同的，有的是交通枢纽城市，有的是旅游城市，有的还是综合型城市，等等。因此，这类资源型城市的形成过程可以概括为"城市—资源开发工业的兴起、发展、繁荣—其他产业的发展—城市的扩展和转型—资源型城市的形成"。

二、无依托资源型城市的形成过程

　　与有依托资源型城市的形成过程有所不同的是，无依托资源型城市的形成更具有研究价值。从前文的讨论中我们可以看到，有的资源型城市在形成之前，其社会生产力已经正常发展，生产要素的布局也是相对协调的；而资源型城市的形成过程，实际上主要是已有生产要素的调整优化和重新组合、布局。但是，对于无依托资源型城市来说，其形成过程却主要是"外界"社会生产要素的"进入"。因为，在资源型城市形成之前，这些地方基本上荒无人烟，生产十分落后，生产效率低下，有的甚至没有真正意义上的现代社会生产力。如果说与资源型城市有关的只不过是沉睡了几千万年的矿产资源——虽然还不能成为完全意义上的劳动对象生产资料，在生产力"三要素"劳动者、劳动工具和劳动对象中，仅有一个。没有"外界的强力介入"，无法改变当地的社会经济面貌，更不可能有资源型城市的形成，如甘肃的金昌市、嘉峪关市，四川的攀枝花市等。

这类无依托资源型城市形成可以概括为"高山峡谷或荒漠戈壁—资源开发型工业的兴起、发展、繁荣—其他产业的发展—城市的扩展和转型—资源型城市的形成"。其形成和有依托资源型城市的不同之处是它们的形成基础和起点、发展轨迹。

上述两种资源型城市的形成，有的学者概括为自然和非自然两种。资源型城市的产生有它的客观性，这种客观性可以从两个方面来理解。

（1）自然产生，一个地方有煤或有石油，或者有铜、铁、镍、铝等矿产资源，随着人们对矿产资源的开采，慢慢形成了城市。例如玉门市，可以看到矿业开采过程中慢慢形成的轨迹和痕迹，也就是说，随着矿产的开采和规模的不断扩大，人群聚集的过程，特别是进入工业革命以后，慢慢出现正规的城市，这是一个自然的过程。

（2）非自然产生，也可以说人类为了进一步改造自然，促进经济发展，而进行矿产资源开发，在一定的体制条件下，人为创造出来的这样一些城市，特别是我国刚成立时，在高度统一集中的计划经济体制下，这类城市非常典型。

三、资源型城市的发展规律

（一）资源型产业的发展规律

资源型城市是依托资源开发而兴起或发展壮大的城市，资源型城市的发展演化必然受到资源型产业发展规律的影响。在研究资源型城市发展演化机理之前，有必要先研究资源型产业的特点与发展规律。由于资源有限性、生产成本不断上升和资源产业衰退性的特点以及自然资源产品存在"投入—成长—成熟—衰退"的规律，资源型产业发展规律和产品发展规律相似，呈倒"U"形，如图2-1所示。

从图2-1可以看出：在资源产业开发初期，即B之前，自然资源开采规模较小，以零星分散状态为主，还未进行大规模工业化开采；在B-C时期，主要以机械化大规模开采为主，同时不断地扩大再生产，发挥规模效益；在C-D时期，是一段较长的生产稳定期，此阶段处于高度繁荣。在D点之后，资源产业出现衰退的趋势，如果没有逐步实现产业的转移，最后将从衰退期进入枯竭期，导致资源型城市的经济衰退。

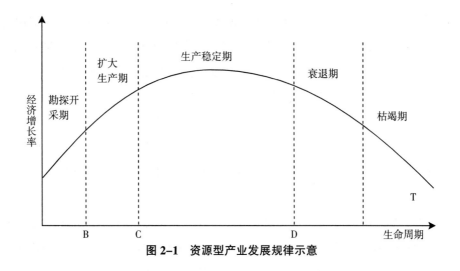

图 2-1 资源型产业发展规律示意

（二）资源型城市的发展规律

资源型城市由于具有资源优势而得以发展，但其同样受到资源经济发展轨迹和资源产品市场变化的影响。由于资源具有不可再生性和优势递减性，资源经济的发展必然要经历一个从勘探到开采、高产稳产（鼎盛）、衰退直至枯竭的过程。如果资源型城市在发展过程中不能减少对资源型产业的依赖程度、培育非资源支柱产业和第三产业的发展，实现城市经济的资源接续和产业接替，那么资源型城市的发展过程必然与资源经济的发展过程相似。依据资源型城市的形成和发展过程，可将资源型城市的发展过程划分为兴起期、成长期、繁荣期和衰退期 4 个不同的发展时期，如图 2-2 所示。

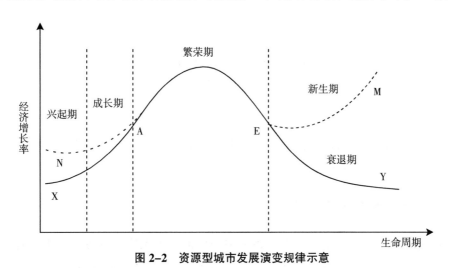

图 2-2 资源型城市发展演变规律示意

依据资源型城市形成的特点，可以将资源型城市的形成分为两种情况：①在大规模开采矿产资源前已经存在城市主体（用虚线 NA 表示）。随着对矿产资源的开发，资源经济逐渐在城市中占主导地位而形成资源型城市。②在大规模开采矿产资源前不存在城市主体（用曲线 XA 表示）。随着矿产资源的大规模开采，进行了大量基础设施的建设，并吸引了大批劳动力的到来，最后形成资源型城市。资源型城市的兴起，是资源开发、自然地理条件及经济技术条件等多方面因素综合作用的结果。

资源型城市随着资源产业的迅速发展进入快速成长的阶段，在这一阶段，大量的人力、物力和财力集中投入城市各个方面的建设当中，以期为资源型产业的进一步发展提供更好的基础环境。资源型产业的持续发展及其带来的外部经济性推动着城市的继续成长。

资源型城市在经历前期的快速成长后，各个方面也日渐趋于完善，进入成熟期（繁荣期）。在 AE 阶段基础设施进一步完善，国家和区域内的投资加大，城市人口进一步扩大，资源型城市进入繁荣期。但由于资源开发程度的加深，地质条件好、品位高的富矿逐渐被开采完毕，资源型产业收益递减，处于成熟期的资源型城市也随之面临着许多前所未有的困难，以致在发展上出现停滞。

随着自然资源的不断开采，资源型产业在经历一段时间的稳产之后，开始进入减产期，资源型产业逐渐萎缩，走向衰亡。而 E 点表示：随着自然资源的衰竭，城市经济随之衰竭。城市经济功能随经济效益下降出现困难，到 E 点时会出现两种情况：①资源型城市经济再次腾飞，在到达 E 点前，已经培育了可替代资源及其他替代产业，在资源衰竭时，经济仍然呈现出繁荣的景象（虚线 EM 表示）；②资源型城市出现衰退，随着资源经济的没落，城市经济迅速瓦解，出现"矿竭城衰"的局面（曲线 EY 表示）。

第三节   资源型城市的分类

采取不同的分类方法，对资源型城市的分类就会得到不同的结果，总结起来资源型城市大致可以分为以下几种。

一、按城市形成原因分类

按照城市形成原因的差异，可以将资源型城市分为无依托资源型城市和有依托资源型城市两种类型。甘肃玉门、辽宁抚顺、安徽淮北以及四川攀枝花等都是无依托资源型城市，这一类城市因为发现了矿产并且逐步勘查开发后才从无到有逐渐兴起。有依托资源型城市指的是城市原先就已经存在，但是因为发现了矿产资源，在原有城市的基础上，通过矿产的勘查和开发而再度繁荣，并且具有了资源型城市的特征和功能。山西大同、江西德兴、新疆库尔勒等城市就是因矿业的开发而使得城市重新焕发生机。

二、按资源种类分类

按照城市所产的资源种类和主导产业的不同，资源型城市可以分为煤炭型城市、金属型城市、森林型城市、石油型城市、非金属型城市五种。在我国资源型城市中，煤炭型城市最多，达65个，占比54%；森林型城市共有21个，占比17.5%；金属型城市20个，占比17%，其中有色金属型城市和黑色金属型城市分别有12个和8个，占比分别为10%和7%；石油型城市9个，占比7.5%；非金属型城市5个，占比4%。如表2-3所示。

表2-3　我国资源型城市的种类及其比重

城市类型	数量	城市名	比例（%）
煤炭型城市	65	唐山、邯郸、邢台、武安、大同、阳泉、长治、晋城、朔州、古交、霍州、孝义、介休、高平、原平、乌海、赤峰、满洲里、东胜、霍林郭勒、抚顺、阜新、兖州、北票、辽源、鸡西、鹤岗、双鸭山、七台河、淮南、淮北、永安、萍乡、丰城、乐平、高安、枣庄、新泰、龙口、滕州、邹城、肥城、平顶山、鹤壁、焦作、义马、汝州、登封、资兴、涟源、合山、广元、达州、绵竹、六盘水、开远、铜川、韩城、哈密、宣威、耒阳、华蓥、石嘴山、调兵山、徐州	54
有色冶金型城市	12	葫芦岛、铜陵、德兴、冷水江、乐昌、凭祥、东川、个旧、白银、金昌、阿勒泰、阜康	10
黑色冶金型城市	8	本溪、马鞍山、攀枝花、迁安、漳平、大冶、郴州、临湘	7
石油型城市	9	锡林浩特、大庆、盘锦、东营、濮阳、潜江、玉门、克拉玛依、库尔勒	7.5
森林型城市	21	牙克石、根河、阿尔山、敦化、珲春、松原、临江、和龙、伊春、铁力、白山、桦甸、蛟河、舒兰、黑河、五大连池、尚志、海林、宁安、穆棱、虎林	17.5
其他非金属型城市	5	莱州、招远、灵宝、云浮、福泉	4

三、按城市行政级别分类

按城市行政级别划分，资源型城市中地级市有126个，县级城市有120个，市辖区（开发区）16个，如表2-4所示。

四、按人口规模分类

按照城市划分标准，非农人口在100万以上的为特大城市，人口在50~100万的为大城市，人口在20~50万的为中等城市，人口在20万以下的为小城市。据此，资源型城市也可以划分为特大型资源型城市、大型资源型城市、中型资源型城市和小型资源型城市。

表 2-4 我国资源型城市按行政级别分类

行政级别	数量	城市名	比例（%）
地级市	126	张家口、承德、唐山、邢台、邯郸、大同、朔州、阳泉、长治、晋城、忻州、晋中、临汾、运城、吕梁、包头、乌海、赤峰、呼伦贝尔、鄂尔多斯、阜新、抚顺、本溪、鞍山、盘锦、葫芦岛、松原、吉林、辽源、通化、白山、延边、黑河、大庆、伊春、鹤岗、双鸭山、七台河、鸡西、牡丹江、大兴安岭、徐州、宿迁、湖州、宿州、淮北、亳州、淮南、滁州、马鞍山、铜陵、池州、宣城、南平、三明、龙岩、景德镇、新余、萍乡、赣州、宜春、东营、淄博、临沂、枣庄、济宁、泰安、莱芜、三门峡、洛阳、焦作、鹤壁、濮阳、平顶山、南阳、鄂州、黄石、衡阳、郴州、邵阳、娄底、韶关、云浮、百色、河池、贺州、广元、南充、广安、自贡、泸州、攀枝花、达州、雅安、阿坝、凉山、六盘水、安顺、毕节、黔南、黔西南、曲靖、保山、昭通、丽江、普洱、临沧、楚雄、延安、铜川、渭南、咸阳、宝鸡、榆林、金昌、白银、武威、张掖、庆阳、平凉、陇南、海西、石嘴山、克拉玛依、巴音郭楞、阿勒泰	48.1
县级市	120	鹿泉、任丘、青龙、易县、涞源、曲阳、古交、霍州、孝义、霍林郭勒、阿尔山、锡林浩特、北票、调兵山、凤城、大石桥、宽甸、义县、九台、舒兰、敦化、汪清、尚志、五大连池、武义、青田、巢湖、颍上、龙海、平潭、东山、瑞昌、贵溪、德兴、星子、大余、万年、龙口、莱州、招远、平度、新泰、昌乐、登封、新密、巩义、荥阳、灵宝、永城、禹州、安阳、钟祥、应城、大冶、松滋、宜都、潜江、保康、神农架、浏阳、临湘、常宁、耒阳、资兴、冷水江、涟源、宁乡、桃江、花垣、高要、连平、岑溪、合山、隆安、龙胜、藤县、象州、东方、昌江、琼中、陵水、乐东、铜梁、荣昌、垫江、城口、奉节、云阳、秀山、绵竹、华蓥、兴文、清镇、开阳、修文、遵义、松桃、安宁、个旧、开远、晋宁、易门、新平、兰坪、香格里拉、马关、曲松、潼关、略阳、洛南、玉门、玛曲、大通、灵武、中宁、和田、哈密、阜康、拜城、鄯善	45.8
市辖区（开发区）	16	井陉矿区、下花园区、鹰手营子矿区、石拐区、弓长岭区、南票区、杨家杖子开发区、二道江区、贾汪区、淄川区、平桂管理区、南川区、万盛经济开发区、万山区、东川区、红古区	6.1

五、按产业结构分类

根据主导产业的特点，可以把资源型城市划分为采掘型城市、加工—采掘型城市以及采掘—加工型城市。采掘型城市的主导产业以采掘业为主，加工—采掘型城市以资源加工业为主导产业，采掘—加工型城市的主导产业则是采掘业和加工业同步发展。

六、按发展阶段分类

国务院印发了《全国资源型城市可持续发展规划（2013~2020 年)》（以下简称《规划》）。这是我国首次出台关于资源型城市可持续发展的国家级专项规划。《规划》首次界定了全国 262 个资源型城市，并根据资源保障能力和可持续发展能力差异，将资源型城市划分为成长型、成熟型、衰退型和再生型四种类型。

（一）成长型

在成长型资源型城市中，依据行政级别可分为地级行政区、县级市和县，其中地级行政区有 20 个，占全国资源型城市的 7.6%，县级市有 7 个，县有 4 个。成长型资源型城市占全国资源型城市的 11.8%，具体名单如下：

地级行政区包括朔州、呼伦贝尔、鄂尔多斯、松原、贺州、南充、六盘水、毕节、黔南、黔西南、昭通、楚雄、延安、咸阳、榆林、武威、庆阳、陇南、海西、阿勒泰。

县级市包括霍林郭勒、锡林浩特、永城、禹州、灵武、哈密、阜康。

县包括颍上、东山、昌乐、鄯善。

（二）成熟型

在成熟型资源型城市中，依据行政级别可分为地级行政区、县级市和县（自治县、林区），其中地级行政区有 66 个，占全国资源型城市的 25.2%，县级市有 29 个，县（自治县、林区）有 46 个。成熟型资源型城市占全国资源型城市的 53.8%，成熟型资源型城市占比最大，可见我国大部分资源型城市处于成熟型。成熟型资源型城市具体名单如下：

地级行政区有 66 个，包括张家口、承德、邢台、邯郸、大同、阳泉、长治、晋城、忻州、晋中、临汾、运城、吕梁、赤峰、本溪、吉林、延边、黑河、大庆、鸡西、牡丹江、湖州、宿州、亳州、淮南、滁州、池州、宣城、南平、三明、龙岩、赣州、宜春、东营、济宁、泰安、莱芜、三门峡、鹤壁、平顶山、鄂州、衡阳、郴州、邵阳、娄底、云浮、百色、河池、广元、广安、自贡、攀枝花、达州、雅安、凉山、安顺、曲靖、保山、普洱、临沧、渭南、宝鸡、金昌、平凉、克拉玛依、巴音郭楞。

县级市有 29 个，包括鹿泉、任丘、古交、调兵山、凤城、尚志、巢湖、龙海、瑞昌、贵溪、德兴、招远、平度、登封、新密、巩义、荥阳、应城、宜都、浏阳、临湘、高要、岑溪、东方、绵竹、清镇、安宁、开远、和田。

县（自治县、林区）有 46 个，包括青龙、易县、涞源、曲阳、宽甸、义县、武义、青田、平潭、星子、万年、保康、神农架、宁乡、桃江、花垣、连平、隆安、龙胜、藤县、象州、琼中、陵水、乐东、铜梁、荣昌、垫江、城口、奉节、秀山、兴文、开阳、修文、遵义、松桃、晋宁、新平、兰坪、马关、曲松、略阳、洛南、玛曲、大通、中宁、拜城。

（三）衰退型

在衰退型资源型城市中，地级行政区有 24 个，占全国资源型城市的 9.2%，县级市有 22 个，县（自治县）有 5 个。衰退型资源型城市占全国资源型城市的 25.6%，可见我国大约有 1/4 的资源型城市处于衰退期，衰退型资源型城市具体名单如下：

地级行政区有 24 个，包括乌海、阜新、抚顺、辽源、白山、伊春、鹤岗、双鸭山、七台河、大兴安岭、淮北、铜陵、景德镇、新余、萍乡、枣庄、焦作、濮阳、黄石、韶关、泸州、铜川、白银、石嘴山。

县级市 22 个，包括霍州、阿尔山、北票、九台、舒兰、敦化、五大连池、新泰、灵宝、钟祥、大冶、松滋、潜江、常宁、耒阳、资兴、冷水江、涟源、合山、华蓥、个旧、玉门。

县（自治县）5 个，包括汪清、大余、昌江、易门、潼关。

市辖区（开发区、管理区）16 个，包括井陉矿区、下花园区、鹰手营子矿区、石拐区、弓长岭区、南票区、杨家杖子开发区、二道江区、贾汪区、淄川区、平桂管理区、南川区、万盛经济开发区、万山区、东川区、红古区。

（四）再生型

在再生型资源型城市中，地级行政区有 16 个，占全国资源型城市的 6.1%，县级市有 4 个，县有 3 个。再生型资源型城市占全国资源型城市的 8.8%，再生型资源型城市在我国资源型城市中占比最小，可见我国资源型城市转型压力之大。再生型资源型城市具体名单如下：

地级行政区有 16 个，包括唐山、包头、鞍山、盘锦、葫芦岛、通化、徐州、宿迁、马鞍山、淄博、临沂、洛阳、南阳、阿坝、丽江、张掖。

县级市有 4 个，包括孝义、大石桥、龙口、莱州。

县有 3 个，包括安阳、云阳、香格里拉。

综上所述，本章在介绍资源型城市概念、界定的基础上，分析了资源型城市的基本特征、形成过程的特点，并按照不同的分类方法，对资源型城市进行了分类，重点介绍了根据资源保障能力和可持续发展能力的差异，将资源型城市划分为成长型、成熟型、衰退型和再生型四种类型，为以后分析资源型城市低碳经济选择和发展奠定基础。

第三章　低碳经济理论概述

第一节　低碳经济理论概述

全球气候变化不仅是一个单纯的环境问题，更是一个发展问题。气候变化作为不可持续的因素，威胁了人类赖以生存的生态环境，严重危害了社会经济的发展。发达国家的经验告诉我们，在经济快速发展的过程中，通过实施正确的经济和环境政策，努力提高能源利用率、优化和调整能源消费结构、减少二氧化碳排放，换言之就是发展低碳经济，就可以有效减缓经济发展带来的环境污染问题，最终实现经济发展与环境保护之间的双赢关系。对于发展中国家来说，可持续发展追求的是经济增长方式的转变：由粗放式发展转变为集约发展，提倡高质量的、适度的经济增长。而低碳经济作为一种可持续发展方式，它是在可持续发展理念的基础上，提高能源利用率的经济发展模式，是以人类社会的全面发展作为最终目的，真正代表了可持续发展方式，不仅是可持续发展的内在要求，同时也是可持续发展的必经之路。作为可持续发展战略不可缺少的组成部分，低碳经济的发展将对可持续发展产生积极影响。选择低碳经济的发展方式，意味着温室气体的排放水平随着减排措施和行动的实施持续下降，从而增强气候变化的应对能力，有利于社会经济平稳快速的发展。

一、低碳经济内涵和外延

（一）低碳经济的内涵

"低碳经济"这一说法最早出现在 2003 年英国的能源白皮书《我们能源的未来：创建低碳经济》。当时该书指出，要通过减少温室气体的排放量而把英国从根本上变成一个低碳经济的国家，但是关于低碳经济的概念并没有做出明确界定。从低碳经济提出到现在，国际上尚无明确统一的定义，其主要内涵是相对现有"高碳经济"模式的一个相对概念。英国环境专家鲁宾斯德认为，低碳经济的核心是在市场机制基础上，通过政策措施和制度框架的制定和创新，推动提高可再生能源技术、节约能源技术、温室气体减排技术、能效技术的开发和运用，促进整个社会经济向高能效、低能耗和低碳排放的模式转型。我国学术界关于低碳经济的内涵界定存在狭义和广义之分，狭义上的低碳经济是指相对于传统的高碳排放而言低碳排放标准；广义上的低碳经济实际上是包括能源、环保、金融、网络等行业在内的一个全方位的范畴。我国环境与发展国际合作委员会（CCICED）在报告中指出，低碳经济是一种后工业化社会出现的经济形态，旨在将温室气体排放降低到一定水平，以防止各国及其国民受到气候变暖的恶劣影响，并最终维护可持续的人类居住环境。低碳经济是以低耗能、低排放、低污染为基础的经济模式，其实是提高能源利用效率，重点是技术创新、制度创新和发展观的转变，逐步减少单位 GDP 的碳排放量。低碳经济是一种正在兴起的经济模式，具体体现在工业、能源结构、交通以及建筑等方面。发展低碳经济，是一场涉及生产模式、生活方式、价值观念的全球性革命。

综上所述，低碳经济的基本含义可以概括为：以可持续发展理念为指导，以技术创新为核心、以制度创新为保障、以产业转型为载体、以清洁能源利用为动力，全面减少传统化石能源消耗，走以低能耗、低排放、低污染为特征的发展道路，实现经济社会健康发展、生态环境有效保护、生活水平全面提高的"多赢"经济发展模式。是在与经济、社会相协调发展的前提下，通过技术的、制度的和组织的创新，尽可能以最大限度来减少温室气体的排放，缓解全球气候变化，进而实现经济与社会的可持续发展。另外，低碳经济又是低碳经济形态的一类总称。由于低碳经济目标的实现过程要涉及低碳的能源、产业、消费等一系列低碳发展的形态，因此低碳经济既是一类经济形态的总称，也是一种经济发展模式。

（二）低碳经济的外延

从低碳经济"实现发展中的二氧化碳动态均衡"的内涵出发，低碳经济外延主要包括低碳产业、低碳工业、低碳农业、低碳城市和碳源碳汇五大方面的内容。

1. 低碳产业

低碳产业主要针对传统产业而言，是通过限制高碳产业的市场准入，实现降低能耗、减少碳排放和控制污染的目的，主要包括知识密集型和技术密集型产业、现代服务业以及旅游业等相关产业。在发达国家中，低碳产业已经占到 GDP 的相当比重，以高新科技产业、现代金融服务业、旅游观光业等为主要代表的低碳产业所占 GDP 比重往往超过 90%。对于发展中国家，以低碳产业作为产业结构调整的大方向，对于推动低碳经济发展，实现经济社会长期可持续发展，具有十分重要的作用。

2. 低碳工业

低碳工业主要针对传统高碳工业而言。就目前而言，高碳排放的传统工业难以为继，在传统工业中，主要能源是化石燃料提供的，其形成的一整套工业体系完全建立在化石能源保障基础之上。从产业发展进程看，传统工业必然向低碳产业不断转移。发达国家虽然拥有较强的经济实力，较先进的技术储备，较深厚的生态文化，但其低碳工业的发展仍采取"渐进式"的发展过程。先通过产业转移优化发展空间，并利用节能、减排、循环等技术创新，对国家现有的传统工业产业进行低碳化改造，以确保已有的制造业优势地位。作为发展中国家，在低碳工业领域面临更多的资金、技术难题，也只能走技术改造的发展之路，通过宏观性的产业结构调整，逐步淘汰现有过剩的高能耗产业，积极限制高能耗产业的新布局和新投入，集中优势资源、资金，以合理的低碳财税鼓励政策吸引社会资金投入，逐步构建自身的低碳工业体系。

3. 低碳农业

尽管传统农业使用大量化肥，但同样依赖巨大的化石能源消耗，不仅化肥在生产过程中表现出来的高碳排放弊端亟须改变，其过度使用带来的土壤污染、水质污染、食品污染，也会造成巨大的社会问题。

发展低碳农业，必须在农业生产全过程实现碳排放的自然平衡和有效中和。一方面要全面降低以化石能源为材料的各类化肥和农药的使用；另一方面要通过农业生产结构整合，调整耕作生产方式，最大限度发挥农业循环利用效能，将各类生物质能源，作为低碳农业发展的能源支柱。

4. 低碳城市

低碳城市即开发低碳的居住、生活、工作空间，提供低碳化的公共交通、公共文化、公共环境系统。在实际中，主要由个体家庭和公共空间低碳化构成。

低碳城市在空间结构上表现为两个方面，即公共空间和个人空间。在公共空间方面，主要是实现城市日常运行的低碳化，表现在城市空间布局低碳化、低碳交通体系建设、低碳交通工具使用、低碳出行生活习惯养成、低碳市政设施日常运行等。在个人空间方面，主要是家庭装饰低碳化、家用电器低碳化、生活方式低碳化等。低碳城市不仅注重各个环节的低碳化改造，还注重城市运行各环节的低碳化连接，最终降低城市运行碳排放量。

5. 碳源碳汇

按照低碳经济的内涵，低碳经济应该包括减少绝对量和减少相对量两个方面。因此发展低碳经济要综合应用"减法"和"加法"，实现两条腿走路。加大森林碳汇力度就是在"加法"上做文章，减少碳源排放就是在"减法"上做文章。

"碳汇"（Carbon Sink）在应对全球气候变化的实践中，越来越受到国际社会的重视和关注，在国际间一系列碳排放关系调整协议中，多次将发展森林碳汇作为各个国家履行国际义务、减少工业碳源二氧化碳排放的重要手段。在现代碳汇体系中，除森林碳汇外，还包括产业碳汇、生态碳汇等，从经济的角度讲，扩大森林面积，强化生态保护，是减少二氧化碳排放绝对量最有效的途径之一。

需要强调的是，由于低碳经济由发达国家为实现减排目标提出，是发达国家实现减排目标的重要途径和经济手段，其划定的总量减排目标并不能完全作为世界其他国家必须遵循的基本原则和刚性目标。作为发展中国家，由于处于相对落后的发展阶段，其历史和人均碳排放量较低，且经济发展有强烈的内在要求，难以也不应该承担与发达国家相同的减排义务。但就当今世界发展趋势而言，"低碳"和"经济"已经成为共同目标，发展中国家完全可以在发展过程中采用高效低排放的技术和节约的消费模式和行为，走出一条与高能耗、高污染的传统发展思路不同的新思路。

二、低碳经济的要素

低碳技术、低碳能源、低碳产业、低碳城市和低碳管理是低碳经济的 5 个构成要素。

（一）低碳技术是低碳经济发展的动力

科学技术是第一生产力。低碳技术是解决日益严重的生态环境和资源能源问题的根本出路。低碳技术涉及化工、石油、电力、建筑、冶金等多个领域，包括煤的清洁高效利用、可再生能源和新能源开发、传统技术的节能改造、CO_2 捕集和封存等。这些低碳技术将成为低碳经济发展最为重要的物质基础和强大的推动力。

（二）低碳能源是低碳经济发展的核心

低碳经济的实质就是用低的能源消费、低的排放和低的污染来保证国民经济和社会的可持续发展。低碳能源是指高能效、低能耗、低污染、低碳排放的能源，包括可再生能源、核能和清洁煤，其中可再生能源包括太阳能、风力能、水力能、海洋能、地热能及生物质能等。发展低碳经济就是要改变现有的能源结构，使现有的高碳能源结构逐渐转向低碳的能源结构。

（三）低碳产业是低碳经济发展的载体

经济发展载体用于承载、传递和催化经济数量的增长和经济质量的提升。经济发展不同阶段应有不同的经济发展载体与之相对应，低碳经济发展的载体是低碳产业。低碳经济发展的水平取决于低碳产业承载能力的大小（低碳产业发展规模的大小、质量的好坏）。低碳产业的发展将带动现有高碳产业的转型发展，催生新的产业发展机会，形成新的经济增长点，促进经济发展。

（四）低碳城市是低碳经济发展的平台

低碳城市是指在经济社会发展过程中，以低碳理念为指导，以低碳技术为基础，以低碳规划为抓手，从生产、消费、交通和建筑等方面推行低碳发展模式，实现碳排放与碳处理动态平衡的城市。它以碳中和、碳捕捉、碳储存、碳转化、碳利用和碳减排为手段。通过组织机制创新、激励机制创新、治理机制创新、制约机制创新和评价机制创新可以实现低碳城市的平台作用。

（五）低碳管理是低碳经济发展的保障

低碳管理包含发展目标的明确、法律规章的完善、体制机制的创新和科技创新的推动等方面，它是低碳经济发展的保障。借鉴国际发达国家的低碳管理经验与启示，结合自身的低碳管理实际与存在的问题，如何合理构建完善的低碳管理制度与体系，如何将低碳管理规则转变为政府、企业和个人自觉践行低碳生活方式，是强化低碳管理面临的现实问题。

三、低碳经济的特征

与以往的经济形态相互比较和对照，低碳经济作为一种前沿的经济发展模式具有先进性、创新性、目标性和阶段性四个主要特征。

（1）先进性，即低碳经济的发展理念较之以往的传统经济具有先进性。传统经济具有"三高"的特征，即高能耗、高排放、高污染，对生态环境产生了严重影响，随着能源资源的日益枯竭，高碳经济的发展模式无法继续下去。低碳经济则强调更高的能源利用效率，即每单位能源消费（碳排放）所产生的 GDP 或附加值更高。同时，减排不抑制经济发展，不降低生活质量，也不会降低社会福利水平。

（2）创新性，即低碳经济的发展模式较之以往的经济形态具有创新性。低碳经济强调在提高能源效率的同时，降低二氧化碳等温室气体的排放强度。前者要求在消耗同样能源的条件下人们享受到的能源服务不降低；后者要求在排放同等温室气体情况下人们的生活条件和福利水平不降低，这两个不降低需要通过能效技术和温室气体减排技术的研发和产业化来实现。通过技术创新来实现低碳化的目标，势必会带动并形成社会各个行业的新技术研发应用的创新潮流。

（3）目标性，发展低碳经济的目标是将大气中温室气体的浓度保持在一个相对稳定的水平上，不至于因全球气温上升而影响人类的生存和发展，从而实现人与自然的和谐发展。

（4）阶段性，即低碳经济的发展周期与传统经济相对照具有一定的阶段性。与传统经济一样，低碳经济归根结底是一种经济形态。在当今的气候环境和能源条件下，低碳所代表的提高能源利用率、开发新能源、调整经济发展结构，贴合了人类的发展要求。如果低碳经济发展顺利，新能源能够满足社会发展的需求，气候环境问题也得到了较好的解决，那么，经济发展的核心目标必然会发生转移和改变。因此说，低碳经济具有一定的阶段性，在度过了当前的发展阶段之后，将会产生出更高的经济发展目标和追求。

四、低碳经济的模式

从低碳经济的内涵、外延来看，可以认为其本质是产业带动的产业生产力和生态生产力的融合。在这个融合过程中，必须全面整合生产低碳化和消费低碳化两个方面的内容，并以此为基础，发展各具特色的发展模式。从世界范围来看，主要有三种流行模式。

(一) 技术节能模式

在技术节能模式中，主要有两种观点，分别从需求、消费两方面阐述技术节能模式下的低碳经济发展。一是"诱致性技术创新"。这种模式最先由英国经济学家约翰·布克斯对此进行研究，认为其与资本市场一样，生产要素及能源价格的上涨将会引导新技术向更低能源价格方向发展，使新技术自动流向传统能源的改造、提升、替代等领域，最终促进低碳经济发展。二是"诱致性消费倾向"。这种观点认为随着生活要素及能源的价格上升，消费者自然会自觉使用更高效的产品，主动淘汰高能耗、高污染产品，最终促进低碳经济在社会生活方面的进步。

(二) 结构节能模式

在结构节能模式中，提出调整不同产业的能源配置强度，使国民经济产出成为一种低碳经济的优先选择，最终促进低碳经济发展。主要的举措有三个：一是促进产业整合。推动第三产业比重不断提升，不断降低能源、资源在经济发展中的投入比重，使技术密集、资本密集产业成为经济发展主导，逐步淘汰初级产品生产。二是促进产业结构优化。以工业、交通运输、市政建设为重点，强化产业内部能源供给整合，逐步淘汰能源消耗大的落后产能。三是促进减排效能传送。针对各国在发展基础、产业体系、资源占有等方面存在的不同情况，通过产业链的优化组合，以能耗优劣作为产业布局的传导链条，促进全球主要产业的低碳化发展。

(三) 能源代替模式

低碳经济的主要目的是保持经济发展的同时减少化石能源消耗。从能源结构讲，改变现有以化石能源为主的能源结构无疑是最有效、最直接的办法。在宏观经济层面，主要分析劳动力、资本、新能源三大要素与能源代替之间的关系，通过寻找三大要素与低碳经济的最佳结合，促进低碳经济的发展。

五、发展低碳经济的意义

人口、资源、环境的协调发展是当今世界发展的趋势，也是我国的一项基本国策。人口、资源、环境既是影响一个国家乃至世界经济发展的重要因素，也是制约社会可持续发展的重要因素。从某种意义上说，国民经济与社会能否持续、稳定、协调发展，根本取决于生态环境状况和资源永续利用程度。

低碳经济就是要提高能源效率和清洁能源结构，以能源技术和制度创新为核心，合理安排当地产业结构，最大限度地减少煤炭和石油等高碳能源的消耗，建立低能耗、低污染的基本经济结构。实际上，低碳城市经济发展就是要在目前达到的最低限度的能源消耗和二氧化碳排放的前提下，保持城市经济的稳定快速发展。

首先，发展低碳经济是资源型城市转型的必然选择。资源型城市长期依赖的传统优势产业是资源消耗大、环境污染严重的能源、原材料等重大工业，其中以不可再生自然资源为主，再加上资源型城市发展方式粗放、资源利用率低、产业链短、能耗大、附加值不高、环境污染严重，经济和能源结构的"高碳"特征十分突出。低碳经济表现为生产的低能耗、低污染，资源的高利用率和高循环率，使原材料等资源在生产过程中能得到充分利用，使大多数污染物内化于生产过程，提高资源的综合利用水平，把经济活动对自然资源的需求和生态环境的影响降低到最小程度，有效地解决了经济发展与环境保护的突出矛盾。因此，资源型城市发展低碳经济能够促进能源结构调整、工业产业结构和消费结构的调整及优化。不仅如此，资源型城市发展低碳经济能延长产业链、提高产品利用率，以最小的资源代价换取最大的经济效益，从而缓解资源供需矛盾，推进资源优势向经济优势转化。

其次，发展低碳经济是资源型城市转换经济发展方式、实现可持续发展的必然要求。资源型城市的传统经济发展模式给资源、环境带来了巨大压力，表现为耕地减少、不可再生资源储蓄量减少、生态破坏，城市可持续发展受到了严峻挑战。低碳经济在本质上就是可持续发展经济，是生态经济可持续发展的新模式。

最后，发展低碳经济就是资源型城市培育新的经济增长点、优化产业结构的助推器。发展低碳经济就是对现代经济运行与发展进行一场深刻的能源经济革命。这是发展低碳经济的根本方向。因此，作为与当代生态文明相适应的新的经济模式，必将催生一系列新产业的诞生，并将逐步成为 21 世纪国际经济竞争的制高点。资源型城市经济转型必须选择新的经济增长点，实现产业结构多元化和高级化，从而为城市可持续发展提供新的产业支撑，低碳产业的兴起无疑为资源型城市转型提供了新的导向和路径，它将成为改变资源型城市产业结构，重置产业配置并在发展中均衡经济增长与环境保护的关系，减少环境污染的长远契机。

第二节　低碳经济理论基础

发展低碳经济已成为不可逆转的时代潮流。虽然各国发展低碳经济的实践时间还不长，但有关低碳经济的理论探索已有了较为丰硕的成果。主要的理论基础有可持续发展理论、生态经济学、循环经济理论和绿色经济理论等。

一、可持续发展理论

"可持续发展"又叫作"持续发展"，起源于生态学，其概念最早于 1972 年于斯德哥尔摩举行的联合国人类环境研讨会上正式讨论且提出。1987 年联合国世界环境与发展委员会的报告《我们共同的未来》中，这样定义可持续发展："既满足当代人的需要，又不对后代人满足其需要的能力构成危害的发展。"这一定义后来得到广泛接受，并在 1992 年联合国环境与发展大会上取得共识。其后被广泛应用于经济学和社会学范畴，是一个涉及经济、社会、文化、技术和自然环境的综合的动态的概念。

从联合国世界环境与发展委员会对可持续发展的定义中能够看出，可持续发展既要达到发展经济的目的，又要保护好人类赖以生存的大气、淡水、海洋、土地和森林等自然资源和环境，使子孙后代能够永续发展和安居乐业。可持续发展的核心是发展，但要求在严格控制人口、提高人口素质和保护环境、永续利用资源的前提下进行经济和社会的发展。发展是可持续发展的前提；人是可持续发展的中心体；可持续发展才是真正的发展。可持续发展理论对"可持续发展"内涵的界定，认为可持续发展定义包括两个基本要素或两个关键组成部分："需要"和对需要的"限制"。满足需要，先要满足贫困人口的基本需要。对需要的"限制"主要是指对未来环境需要的能力构成危害的限制，这种能力一旦被突破，必将危及支持地球生命的自然系统（大气、水体、土壤和生物）。

作为将人类全面发展与持续发展高度概括的可持续发展观，其本意是鼓励增长，核心是发展——以发展经济、消除贫困、改善和提高人类的生活质量为目的。经济发展在可持续发展理念的指导下，提倡节能减排，既注重速度的增长，又重视效率的增长，既强调数量的提高，也讲究质量的发展。主张发展要与社会的进步相协调，以保护自然为前提，以改善环境为起点，注重运用新兴的生产与消费模式，注重清洁生产与文明消费。鉴于资源的有限性和不可再生性，我们在分配地球上的有限资源时需用公平的原则来处理好区域间与全球的利益需求和发展关系、处理好当代人与子孙后代的利益需求和发展关系。我们不仅要留一套先进的生产管理技术和成熟的经济发展模式给子孙后代，还要留一个和谐稳定的生态环境给他们。

可持续发展涉及可持续经济、可持续生态和可持续社会三方面的协调统一。要求人类在发展中讲究经济效率、追求社会公平和关注生态和谐，最终达到人类的全面发展。它将环境问题与发展问题有机地结合起来，已经成为一个有关经济社会发展的全面性战略。

二、生态经济学

生态经济学（Ecological Economics），又称环境经济学，最早被称为污染经济学或公害经济学，是由生态学和经济学融合而成的一门交叉学科，是从自然和社会双重角度观察和研究客观世界的学科。报据学术界的定义，生态经济学是研究生态系统和经济系统的复合系统的结构、功能及运动规律的学科，即生态经济系统的结构及其矛盾运动发展规律的学科，是生态学和经济学相结合而形成的一门边缘学科。

生态经济学作为一门独立学科，是20世纪60年代后期正式创建的。"二战"以后，科学技术的持续发展、劳动生产率的不断提高以及世界经济的快速增长，充分显示了人类干预和改造自然的能力在逐渐增强。然而与此同时出现了大量的环境污染和生态退化问题，并随时间推移从局部向全局、从区域向全球扩展，不仅威胁着人类的生存状态，而且也制约着社会的进一步发展。随着研究的不断深入，人们开始逐渐认识到，单纯从生态学或经济学角度来解释和研究这些问题，是难以找到答案的，只有将生态学和经济学有机结合起来进行分析，才能从中寻求既发展社会经济又保护生态环境的解决之策，于是生态经济学就应运而生了。蕾切尔·卡逊在1962年发表的《寂静的春天》一书中，首次真正结合经济社会问题开展生态学研究。几年后，美国经济学家肯尼斯·鲍奈丁在《一门科学——生态经济学》一书中正式提出"生态经济学"的概念，即"太空船经济理论"等。1980年联合国环境规划署召开以"人口、资源、环境和发展"为主题的会议，会议充分肯定了上述四者之间的关系是密切相关、互相制约、互相促进的，并指出，各国在制定新的发展战略时对此要切实重视和正确对待。同时，环境规划署在对人类生存环境的各种变化进行观察分析后，1981年《环境状况报告》将"环境经济"确定为第一主题。从此，"生态经济学"开始成为一门新兴学科，其理论性强、应用性强、操作性强的学科特点，受到人们的普遍关注。

三、循环经济理论

"循环经济"（Cyclic Economy）理论最早由美国学者波尔丁提出，是"生态经济学"的继承和发展。循环经济理论以"3R"（Reduce、Reuse、Recycle）即减量化、再利用、资源化为原则，以资源循环高效利用为目标，以物质闭路循环和能量梯次使用为特征，是一种按照自然生态系统循环和能量流动循环为动力的经济模式。

循环经济强调的是资源的高效利用，并通过循环利用在保持经济发展的过程中降低或杜绝污染物排放，也就是将废弃元素纳入经济发展全过程，以此保持在经济发展中自然环境和人类社会的动态平衡，实现可持续发展。循环经济将传统生产方式的"资源—产品—废弃物"单向直线变成"资源—产品—废弃物—资源—产品"的循环体系，尽可能减少资源消耗，全面降低环境成本，最终赢得最大的经济、社会效益。

可以说，循环经济理论是实现人类可持续发展的一种有效选择，提出了新的经济观、价值观、生产观、消费观，形成了"资源—产品—再生资源"的反馈式社会生产流程，坚持把生产、生活产生的废弃物品全部纳入自然生态系统循环，构建新的经济运行方式，是低碳经济有效的路径选择。

四、绿色经济理论

绿色经济（Green Economy）的概念在英国经济学家皮尔斯1989年出版的《绿色经济蓝皮书》中首次提出，强调经济、社会、环境和谐发展，并通过以市场为导向的产业经济结构调整，实现低碳化发展的社会要求。

绿色经济理论自诞生以来，就呈现出快速发展的趋势。1990年，外国学者雅可布与帕斯特等结合劳动力、土地、资本三大经济学基本要素研究，从绿色经济的角度对三大要素进行了丰富和完善，并将社会组织成本纳入考虑。主要是强调劳动力不仅是生产要素，其健康程度、知识水平、劳动技巧等也是人力资源的重要组成部分。土地资源不仅是生产要素，更是不可或缺的生态资本、自然资本。社会组织不仅包括地方政府、社会团体、商业机构，还包括各类法律、政治形态、社会契约等内容，也是生产资本的重要构成。各个经济要素不只是一类要素单纯的自然组合，而且是以整体形态出现的创造力的总成，是人类生产力的重要体现。

在国际上从事绿色经济研究的机构中，以英国绿色经济研究所（Green Research Institute，GRI）最为著名，其出版发行的《绿色经济学杂志》（*The Journal of Green Economics*）最为权威，每年召开的绿色发展研讨会议是绿色经济发展的重要节会。根据

GRI 的研究，将绿色经济定义为一种方法，主要支持人与自然和谐共处，相互触动，并在互动中同时满足各自需要的经济学方法。

绿色经济理论还提出了一系列正确处理人与自然和谐关系的理论，指出只有当经济基础与自然生态系统之间的相互联系处于合理状态时，才能实现人类社会最终长远发展的梦想，任何破坏这种联系、扭曲这种联系的行为都将受到自然的惩罚。

绿色经济与传统产业经济的区别在于：传统产业经济是以破坏生态平衡、大量消耗能源与资源、损害人体健康为特征的经济，是一种损耗式经济；而绿色经济则是以维护人类生存环境、合理保护资源与能源、有益于人体健康为特征的经济，是一种平衡式经济。在具体的经济实践中，绿色经济理论提出了"开发需求、降低成本、加大动力、协调一致、宏观有控"五项准则，无论是对于区域经济低碳化改造，还是对于国家低碳经济发展，都有十分重要的借鉴意义。

五、脱钩发展理论

脱钩发展（Decoupling Development）就是经过一段时间的演变，原来具有依赖关系的某两者之间将不再存在依赖关系。脱钩（Decoupling）理论最早由德国学者提出，指在工业化之初，物质消耗总量随经济总量的增长而增长，但在以后的发展过程中，在某个特定时期呈现逆向变化，从而出现物质消耗降低的同时经济保持增长的现象。脱钩理论与模型的基本思想在于揭示经济增长与经济增长对环境的压力关系。近年来，脱钩理论进一步拓展到能源与环境、农业政策、循环经济等领域，并取得了阶段性成果。

当前的脱钩理论主要用来分析经济发展与资源消耗之间的对应关系。一国或地区工业化中后期，在经济增长中环境破坏程度日益下降，能实现较低的污染排放保持较高经济社会发展的实践效果，并在宏观层面达到经济发展与碳排放脱钩的目的，进而促进低碳经济发展，发展低碳经济的关键在于通过能源替代、促进经济增长与碳排放脱钩。在可持续发展框架下，坚持把提高能效作为核心，不断降低能源消费强度和碳排放强度，努力减少二氧化碳排放增长率，实现碳排放与经济增长逐步脱钩。

六、碳汇理论

碳汇概念最早出现在 1992 年发表的《联合国气候变化框架公约》中，最初主要指森林碳汇。根据研究，森林每增加 1 立方米的储集量，平均吸收 1.83 吨二氧化碳，释放氧气 1.62 吨。单位面积森林吸收固定二氧化碳的能力达到每公顷 150.47 吨。

作为低碳经济间接减少碳排放的重要手段，各国学者对碳汇在低碳经济中的研究不断加强，主要有碳汇发生学、碳汇伦理学和碳汇市场等理论。

(一) 碳汇发生学

碳汇发生学指出，碳作为地球最主要的元素之一，是地球生物体系代谢发展有序进行的重要保障，其本身具备自然稳定性，也是地球基本保持16℃恒温的先决条件。碳元素作为一种稳定的自然资源，同时也应该成为一种生产要素，形成可以量化的生产资产，应建立国际性的碳排放交易机制，以确保生产过程中实现碳平衡。其理念根本表现为：通过碳汇经济运作，转变发展方式，将大自然的价值数量化、有形化、货币化，以确保人类生态安全。

(二) 碳汇伦理学

碳汇伦理学认为，实现人与人、人与自然的和谐发展，关键是建立公平的生态环境，主要包括三个方面：一是必须确定生态环境自身所具备的内在价值。二是在确定的生态环境内在价值中，全体人应有公平享受其内在价值的生产、生活权利。三是任何人开发和利用环境资源，应该承担相应的自然补偿责任，开展相应的净化和补偿工作。

碳汇伦理学指出，发展碳汇是将社会效益和经济效益进行有机结合的重要措施，需要采取政府主导、市场运作的发展机制，制定明确的碳汇计量检测标准，健全生态效益补偿机制，使碳元素在发展中实现有补充的动态平衡。

(三) 碳汇市场

与碳汇理论密切相关的就是碳汇交易（碳交易形成碳汇市场），并成为一种新兴的交易平台。世界各地学者对碳汇市场进行了广泛研究和创新，并在世界各地形成了具有较大影响的知名碳汇交易市场。全球首个以减排为贸易内容的市场平台是芝加哥气候交易所，其核心理念是"用市场机制解决环境问题"，开展的交易包括二氧化碳、氧化亚氮、甲烷、六氟化硫、全氟化物、氢氟碳化物六种温室气体。欧洲、加拿大和英国等都先后建立了碳汇交易市场。

七、环境库兹涅茨曲线

环境库兹涅茨曲线是用于阐明经济发展对环境污染程度影响的一种理论曲线，它是通过人均收入与环境污染指标间的演化转变模拟来说明的，换言之，在经济发展过程中，环境状况是先恶化而后逐步改善。对这种关系的理论解释主要围绕三个方面展开：经济规模效应与结构效应、环境服务的需求与收入的关系和政府对环境污染的政策与规制。对此，有人将收入对环境的影响归结为三种效应：结构效应、规模效应和消除效应。

结构效应是围绕人们对于环境服务的消费倾向而展开的。在经济发展之初，对于那些人均收入水平较低且正处于脱贫线或者经济起飞阶段的国家，关注的焦点是如何摆脱贫困和取得迅速的经济增长，加之发展初始阶段的环境污染程度较轻，人们对环境服务不太重视，因此对环境的保护容易被忽视，从而引起环境状况的恶化。随着经济的发展，国民收入的提高，产业结构的变化，国民的消费结构也发生了变化，人们对环境质量的需求增加，便开始关注环境的保护问题，环境恶化的现象逐步减缓直至消失。

规模效应就是在人均收入增加的同时，经济规模日益扩大，在产出提高的同时废弃物增加和经济活动副产品废气排放量增长，环境的质量水平不断恶化。经济的发展也使经济结构产生变化——产业结构的升级需要技术的支撑，技术进步使原来污染严重的技术被较清洁的技术取代，从而又改善环境的质量。正是由于规模效应与技术效应两者之间的权衡牵制，才出现了第一次产业结构在升级时使得环境污染加深，而第二次产业结构在升级时使得环境污染减轻，因而环境与经济发展之间的关系呈现出倒"U"形曲线。由此可见，结构效应暗含着技术效应。

而消除效应是从政府对环境所实施的政策、规制与手段来说明的。在经济发展初期，国民收入较低，政府财政收入有限，且整个社会的环境意识较薄弱，因此，政府对环境污染的控制力较弱，环境受污染的状况随经济的增长而恶化。但是，当国民经济发展到一定程度后，政府财力增强且管理能力加强，在许多环境法规出台并执行之后，环境污染的程度逐步被控制。仅就政府对环境污染的治理能力而言，环境污染与收入水平是呈单调递减关系的。

第三节　低碳经济评价理论

目前常用的碳排放量指标主要是二氧化碳排放量和人均二氧化碳排放量。二氧化碳排放量是指某一时期内某单位或区域生产、生活所排放的二氧化碳的总和。但是由于区域不同，人口数目不同，二氧化碳排放量存在地区性差异，并不能直接用于比较不同地区的低碳经济发展水平，因此通过计算人均碳排放量，消除了人口因素对于碳排放总量的影响，可以更加直观地比较不同区域低碳经济发展水平。

一、Kaya 恒等式

Kaya 恒等式由日本学者 Yoichi Kaya 在 IPCC 研讨会上首次提出。Kaya 恒等式指出一个国家（或地区）二氧化碳排放量的增长，取决于人口、人均国内生产总值、能源强度（单位国内生产总值能耗）和能源结构四个因素的贡献。Kaya 恒等式建立起了经济、政策和人口等因素与人类活动之间的联系。Kaya 恒等式的基本公式可以表示为：

$$CO_2 = \frac{CO_2}{PE} \times \frac{PE}{GDP} \times \frac{GDP}{POP} \times POP \qquad \text{式 (3.1)}$$

式（3.1）中，CO_2 为二氧化碳排放量；PE 为能源消费总量；GDP 为国内生产总值；POP 为国内人口总量；CO_2/PE 表示能源结构的碳强度；PE/GDP 表示单位国内生产总值的能源强度；GDP/POP 表示人均国内生产总值。

在影响二氧化碳排放的四个因子当中，碳强度与能源种类有关；在能源消费量对碳排放的影响中，煤炭、石油、天然气对碳排放具有直接的影响，消费越多，碳排放的增加就越多。人口对二氧化碳排放也具有影响，人口持续增长会使得环境更加恶化，能源消耗的压力也越来越大，从而造成了森林碳汇能力的下降。一个国家要发展经济，就不可避免地会伴随大量的能源消耗，也会导致二氧化碳排放量的增加。

二、碳排放强度分析

二氧化碳排放强度是指单位国内生产总值的二氧化碳排放量，用来衡量一个国家经济发展与二氧化碳排放量之间的关系，如果一国在经济增长的同时，每单位国民生产总值所带来的二氧化碳排放量在下降，那么说明该国实现了低碳的发展模式。

二氧化碳排放强度计算公式为：

$$S = CO_2/GDP \qquad \text{式 (3.2)}$$

式（3.2）中，S 为二氧化碳的排放强度；CO_2 为二氧化碳的排放量；GDP 为国内生产总值。结合二氧化碳排放量的计算公式可知，人均二氧化碳排放量变化的影响因素主要有能源排放强度、能源结构、能源效率以及经济发展。

三、对数平均迪氏指数法

B. W. Ang 和 F. L. Liu 在 2000 年提出对数平均迪氏指数法，也称对数平均 Divisia 指数法（Logarithmic Mean Divisia Index Method，LMDI）。2004 年该作者在论文中通过对比研究认为这是最优的能源分解方法。LMDI 因具有全分解、无残差、易使用，以及乘法分解与加法分解的一致性、结果的唯一性、易理解等优点而在众多分解技术中受到重视，目前在许多领域得到广泛应用。

根据 LMDI 分解法，乘法分解模式下则有：

$$D_{act} = \exp\left(\sum_{ij} \frac{(C_{ij}^t - C_{ij}^0)/(\ln C_{ij}^t - \ln C_{ij}^0)}{(C^t - C^0)/(\ln C^t - \ln C^0)} \ln\left(\frac{Q^t}{Q^0} \right) \right) \qquad \text{式 (3.3)}$$

$$D_{str} = \exp\left(\sum_{ij} \frac{(C_{ij}^t - C_{ij}^0)/(\ln C_{ij}^t - \ln C_{ij}^0)}{(C^t - C^0)/(\ln C^t - \ln C^0)} \ln\left(\frac{S_i^t}{S_i^0} \right) \right) \qquad \text{式（3.4）}$$

$$D_{itr} = \exp\left(\sum_{ij} \frac{(C_{ij}^t - C_{ij}^0)/(\ln C_{ij}^t - \ln C_{ij}^0)}{(C^t - C^0)/(\ln C^t - \ln C^0)} \ln\left(\frac{I_i^t}{I_i^0} \right) \right) \qquad \text{式（3.5）}$$

$$D_{mix} = \exp\left(\sum_{ij} \frac{(C_{ij}^t - C_{ij}^0)/(\ln C_{ij}^t - \ln C_{ij}^0)}{(C^t - C^0)/(\ln C^t - \ln C^0)} \ln\left(\frac{M_{ij}^t}{M_{ij}^0} \right) \right) \qquad \text{式（3.6）}$$

$$D_{emf} = \exp\left(\sum_{ij} \frac{(C_{ij}^t - C_{ij}^0)/(\ln C_{ij}^t - \ln C_{ij}^0)}{(C^t - C^0)/(\ln C^t - \ln C^0)} \ln\left(\frac{U_{ij}^t}{U_{ij}^0} \right) \right) \qquad \text{式（3.7）}$$

加法模式下则有：

$$\Delta C_{act} = \sum_{ij} \frac{(C_{ij}^t - C_{ij}^0)}{(\ln C_{ij}^t - \ln C_{ij}^0)} \ln\left(\frac{Q^t}{Q^0} \right) \qquad \text{式（3.8）}$$

$$\Delta C_{str} = \sum_{ij} \frac{(C_{ij}^t - C_{ij}^0)}{(\ln C_{ij}^t - \ln C_{ij}^0)} \ln\left(\frac{S_i^t}{S_i^0} \right) \qquad \text{式（3.9）}$$

$$\Delta C_{itr} = \sum_{ij} \frac{(C_{ij}^t - C_{ij}^0)}{(\ln C_{ij}^t - \ln C_{ij}^0)} \ln\left(\frac{I_i^t}{I_i^0} \right) \qquad \text{式（3.10）}$$

$$\Delta C_{mix} = \sum_{ij} \frac{(C_{ij}^t - C_{ij}^0)}{(\ln C_{ij}^t - \ln C_{ij}^0)} \ln\left(\frac{M_{it}^t}{M_{ij}^0} \right) \qquad \text{式（3.11）}$$

$$\Delta C_{emf} = \sum_{ij} \frac{(C_{ij}^t - C_{ij}^0)}{(\ln C_{ij}^t - \ln C_{ij}^0)} \ln\left(\frac{U_{ij}^t}{U_{ij}^0} \right) \qquad \text{式（3.12）}$$

综上所述，本章在对低碳经济进行定义后，分析了低碳经济的三个基本内涵：低能耗、低排放和低污染，以及围绕基本内涵的五个外延：低碳产业、低碳工业、低碳农业、低碳城市和碳源碳汇。并介绍了丰富的低碳经济相关理论，如可持续发展理论、生态经济理论、循环经济理论、绿色经济理论、脱钩发展理论和碳汇理论。在这些相关理论的支撑下，推动经济发展从高碳经济向低碳经济转型，各国依据本国特点形成各自独具特色的低碳经济发展模式。本章介绍了衡量低碳经济的碳排放量指标——二氧化碳排放量和人均二氧化碳排放量，并用对数平均迪氏指数法来分析碳排放的影响因素。

第四章　现代评价方法简介

第一节　DEA 基本模型

数据包络分析（Data Envelopment Analysis，DEA）是美国著名运筹学家 A. Charnes、W. W. Cooper 和 E. Rhodes 于 1978 年提出的评价多输入、多输出同类决策单元（Decision Making Unit，DMU）间相对有效性（因此被称为 DEA 有效）的方法。DEA 是一种以线性规划（Iiner Program Iining）为基础的评价方法，每个评价单元 DMU 都要各做目标函数一次，在所对应相同的限制条件下，求出可能达到的最大值，因此所求的效率值是比较公平、客观的。

第一个模型被命名为 CCR（C^2R）模型，1984 年 R. D. Banker、A. Charnes 和 W. W. Cooper 给出了一个被称为 BCC（BC^2）的模型，1985 年 Charnes、Cooper 和 B. Golany、L. Seiford、J. Stutz 给出了 CCGSS 模型，1986 年 Charnes、Cooper 和魏权龄给出了 CCW（C^2W）模型，1987 年 Charnes、Cooper、魏权龄和黄志民得到了称为锥比率的数据包络模型——CCWH（C^2WH）模型。除了上面提到的 BCC、CCGSS、CCW 和 CCWH 模型外，"窗口分析"和交叉效率评价方法使 DEA 的应用范围拓广到动态情形。上述的一些模型都可以看作是处理具有多个输入（输出越小越好）和多个输出（输入越大越好）的多目标决策问题的方法。可以证明，DEA 有效性与相应的多目标规划问题的 Pareto 有效解（或非支配解）是等价的。DEA 方法一出现就以其独有的特点和优势受到了人们的关注，不论在理论研究还是在实际应用方面都得到了迅速发展，并取得了多方面的成果，现已成为管理科学、系统工程和决策分析、评价技术等领域中一种常用而且重要的分析工具和研究手段。

DEA 方法以传统的工程效率概念和生产函数理论为基础来评价决策单元之间的相对效率，不仅可以对决策单元的有效性做出度量，而且还能指出决策单元非有效的原因和程度，给主管部门提供管理信息。从多目标规划的角度看，该对偶规划把 DEA 有效与相应的生产可能集和参数前沿面联系起来，获得的结果表明：判断一个决策单元是否为 DEA 有效，本质上是判断该决策单元输入输出数据包络面的有效部分构成，这是该分析方法被称为数据包络分析的原因所在。

DEA 方法最主要的是 CCR 和 BCC 两种模型，其中 CCR 模型同时评价了决策单元有效性和技术有效性；BCC 模型评价决策单元技术效率是否最佳，不考虑其规模是否有效。第一个 DEA 模型——CCR 是由美国著名运筹学家 A.Charnes 等以相对效率概念为基础提出的一种崭新的系统分析方法，该方法将工程效率的定义推广到多输入、多输出系统的相对效率评价中，为决策单元之间的相对效率评价提出了一个可行的方法和有效的工具，由于 CCR 模型是一个分式规划，使用 1962 年由 Charnes 和 Cooper 给出的 C^2 变换（Charnes-Cooper 变换），可将分式规范化为一个与其等价的线性规划问题。由线性规划的对偶理论，可以得到 CCR 模型的对偶模型。

1984 年，Banker 等提出了不考虑生产可能集满足锥性的 DEA 模型，一般简记为 BC^2 模型。从生产理论看，第一个 DEA 模型——C^2R 模型对应的生产可能集满足平凡性、凸性、锥性、无效性和最小性假设，但在某些情况下，把生产可能集用凸锥来描述可能缺乏准确性。因此，当从 CCR 模型中去掉锥性假设后就得到另一个重要的 DEA 模型——BCC 模型，应用该模型就可以评价部门间的相对技术有效性。

一、CCR（C^2R）模型

假设有 n 个决策单元（DMU），每个决策单元（DMU_j）都有 m 种输入和 s 种输出，有输入指标 x_i 的值 x_{ij}（i = 1，2，…，m），输出指标 y_k 的值 y_{kj}（k = 1，2，…，s），j ∈ J = {1，2，…，n}，相应的向量分别记为：X = $(x_1，x_2，…，x_m)^T$、Y = $(y_1，y_2，…，y_s)^T$、$X_j = (x_{1j}，x_{2j}，…，x_{mj})^T > 0$、$Y_j = (y_{1j}，y_{2j}，…，y_{sj})^T > 0$。决策单元 j 的效率评价指数为：

$$h_j = \frac{\sum_{r=1}^{s} u_r \times y_{rj}}{\sum_{i=1}^{m} v_i \times x_{ij}} \qquad\qquad 式（4.1）$$

式（4.1）中，变量 μ_{rj} 与 v_{ij} 是评价第 j 个决策单元时赋予第 r 种产出与第 i 种投入的权重。

总可以选取适当的权重 v、u 使其满足 $h_j \leqslant 1$（j = 1，2，…，n）。

当对第 j_0（$1 \leqslant j_0 \leqslant n$）个决策单元的效率进行评价时，以权重 v、u 为变量，以第 j_0 个决策单元的效率指数为目标，以所有决策单元的效率指数为约束，可构建如下模型。

$$
\begin{cases}
\max = \dfrac{\sum\limits_{r=1}^{s}(\mu_{rj} \times y_{rj})}{\sum\limits_{i=1}^{m}(v_{ij} \times x_{ij})} \\[4mm]
\sum\limits_{r=1}^{s}(\mu_{rj} \times y_{rj}) - \sum\limits_{i=1}^{m}(v_{ij} \times x_{ij}) \leqslant 0 \\[4mm]
\mu_{rj},\ v_{ij} \geqslant 0 \\
r = 1,\ 2,\ 3,\ \cdots,\ s \\
j = 1,\ 2,\ 3,\ \cdots,\ n
\end{cases}
\qquad 式（4.2）
$$

初始的 DEA 模型 CCR 是一个分式规划，利用 C^2 变换（Charnes-Cooper 变换）可将分式规划转化为一个等价的线性规划，以第 j 个决策单元的效率评价为目标函数，其计算效率如式（4.3）所示：

$$
\begin{cases}
\max\left[\sum\limits_{r=1}^{s}(\mu_{rj} \times y_{rj})\right] = \theta_{jj} \\[4mm]
\sum\limits_{i=1}^{m}(v_{ij} \times x_{ij}) = 1 \\[4mm]
\sum\limits_{r=1}^{s}(\mu_{rj} \times y_{rj}) - \sum\limits_{i=1}^{m}(v_{ij} \times x_{ij}) \leqslant 0 \\[4mm]
\mu_{rj},\ v_{ij} \geqslant 0 \\
r = 1,\ 2,\ 3,\ \cdots,\ s \\
j = 1,\ 2,\ 3,\ \cdots,\ n
\end{cases}
\qquad 式（4.3）
$$

利用 C^2 变化（Charnes-Cooper 变换）和对偶规划理论并引入非阿基米德无穷小量和松弛变量，也可将分式规划转化为一个等价的非阿基米德无穷小的线性规划模型：

$$
\begin{cases}
\min\ \left[\theta - \varepsilon(\hat{e}^T S^- + e^T S^+)\right] \\[3mm]
\sum\limits_{j=1}^{n} X_j \lambda_j + S^- = \theta X_0 \\[4mm]
\sum\limits_{j=1}^{n} Y_j \lambda_j - S^+ = Y_0 \\[4mm]
\lambda_j \geqslant 0,\ j = 1,\ 2,\ \cdots,\ n \\
S^+ \geqslant 0,\ S^- \geqslant 0
\end{cases}
\qquad 式（4.4）
$$

式（4.4）中，θ 为资源评价值；ε 表示阿基米德无穷小；$\hat{e} = (1,\ 1,\ \cdots)$，$T \in Em$；$e = (1,\ 1,\ \cdots)$，$T \in Es$；输入变量系数 $\lambda = (\lambda_1,\ \lambda_2,\ \cdots,\ \lambda_n)$，松弛变量 $S^+ = (S_1^+,\ S_2^+,\ \cdots,\ S_n^+)$；剩余变量 $S^- = (S_1^-,\ S_2^-,\ \cdots,\ S_n^-)$。在本节中，$\theta$ 为资源型城市的低碳经济效率，

S^+和S^-使无效的DMU_j按照水平或垂直方向延伸达到有效前沿面。当$\theta<1$时，则DMU_j为无效，说明在低碳经济系统中投入要素损耗严重，同时排放大量二氧化碳；当$\theta=1$时，且$S^+\neq0$或$S^-\neq0$时，则DMU_j为DEA弱有效，说明低碳经济系统中减少要素投入和二氧化碳排放实现经济产出不变；当$\theta=1$，且$S^+=0$或$S^-=0$时，则DMU_j为DEA有效，说明低碳经济系统中现有的要素投入和二氧化碳排放获得的产出达到最优。

二、BCC（BC²）模型

同理，根据n个决策单元的m种输入和s种输出，则BCC模型为：

$$\left\{\begin{array}{l} \max\left[\sum_{r=1}^{s}(\mu_{rj}\times y_{rj})+u_0\right]=\theta_{jj} \\ \sum_{i=1}^{m}(v_{ij}\times x_{ij})=1 \\ \sum_{r=1}^{s}(\mu_{rj}\times y_{rj})-\sum_{i=1}^{m}(v_{ij}\times x_{ij})+u_0\leqslant0 \\ \mu_{rj},\ v_{ij}\geqslant0 \\ r=1,\ 2,\ 3,\ \cdots,\ s \\ j=1,\ 2,\ 3,\ \cdots,\ n \end{array}\right. \quad\quad 式（4.5）$$

上述模型即式（4.5）的对偶规划为：

$$\left\{\begin{array}{l} \min\theta \\ \sum_{j=1}^{n}x_j\lambda_j\leqslant\theta\times x_{j_0} \\ \sum_{j=1}^{n}y_j\lambda_j\geqslant y_{j_0} \\ \sum_{j=1}^{n}\lambda_j=1 \\ \lambda_j\geqslant0 \\ j=1,\ 2,\ 3,\ \cdots,\ n \end{array}\right. \quad\quad 式（4.6）$$

通过C²变换（Charnel-Cooper变换）和对偶规划理论与松弛变量，BCC模型可转化为等价的线性规划，具体目标和约束条件如下：

$$
\begin{cases}
\min\ \left[\theta-\varepsilon(\hat{e}^{T}S^{-}+e^{T}S^{+})\right] \\[2mm]
\displaystyle\sum_{j=1}^{n}X_{j}\lambda_{j}+S^{-}=\theta X_{0} \\[2mm]
\displaystyle\sum_{j=1}^{n}Y_{j}\lambda_{j}-S^{+}=Y_{0} \\[2mm]
\displaystyle\sum_{j=1}^{n}\lambda_{j}=1 \\[2mm]
\lambda_{j}\geqslant0,\ j=1,\ 2,\ \cdots,\ n \\[1mm]
S^{+}\geqslant0,\ S^{-}\geqslant0
\end{cases}
\qquad \text{式（4.7）}
$$

式（4.7）中，θ 为技术效率值，反映了资源型城市资源效率配置是否为技术有效。当 $\theta=1$ 时，则 DMU_{j} 为 DEA 技术有效；当 $\theta<1$ 时，则 DMU_{j} 为 DEA 非技术有效。

三、超效率 DEA 模型

由于 CCR 模型方法在评价决策单元的相对效率时，计算出的效率值无法完全反映出 DMU 的优劣，最后很可能出现多个单元同时为相对有效以及无法对这些相对有效的决策单元做出进一步的评价与比较。为了弥补 CCR 和 BCC 模型的缺陷，Andersen 等于 1993 年提出了一种超效率的 DEA 模型（Supper-Efficiency DEA），使有效决策单元之间也能进行效率高低的比较，超效率方法是在传统 DEA 模型参考集（所有决策单元的线性组合）的基础上，去除待评价的决策单元。

假设有 n 个决策单元的 m 种输入和 s 种输出，对于第 j_{0} 个决策单元，面向输入的超效率综合 DEA 模型可以表示为式（4.8）：

$$
\begin{cases}
\max\left[\displaystyle\sum_{r=1}^{s}(\mu_{rk}\times y_{rk})\right]=\theta_{kk} \\[3mm]
\displaystyle\sum_{i=1}^{m}(v_{ik}\times x_{ik})=1 \\[3mm]
\displaystyle\sum_{r=1}^{s}(\mu_{rj}\times y_{rj})-\sum_{i=1}^{m}(v_{ij}\times x_{ij})\leqslant0 \\[3mm]
\mu_{rj},\ v_{ij}\geqslant0 \\[1mm]
r=1,\ 2,\ 3,\ \cdots,\ s \\[1mm]
j=1,\ 2,\ 3,\ \cdots,\ n;\ j\neq k
\end{cases}
\qquad \text{式（4.8）}
$$

超效率综合 DEA 模型的对偶模型可以表示为式（4.9）：

$$
\begin{cases}
\min\theta \\
\sum\limits_{\substack{j=1 \\ j\neq j_0}}^{n} x_j\lambda_j + S^- = \theta \times x_{j_0} \\
\sum\limits_{\substack{j=1 \\ j\neq j_0}}^{n} y_j\lambda_j - S^+ \geq y_{j_0} \\
\lambda_j\geq 0,\ S^-\geq 0,\ S^+\geq 0 \\
j=1,\ 2,\ 3,\ \cdots,\ n
\end{cases}
\qquad 式（4.9）
$$

第二节　交叉效率 DEA

近年来，学者们不断地对模型进行改进与完善，提出基于自评与他评的评价体系相结合的交叉效率方法（DEA-Cross Efficiency），Sexton 等在 1986 年提出了第一个交叉效率评价模型，也称基本交叉效率模型。在基本交叉效率模型的基础上，Doyle 和 Green 提出对抗型交叉效率模型（Aggressive Formulation）和仁慈型交叉效率模型（Benevolent Formulation）。对抗型模型的思想是在保证被评价决策单元的效率值最大的前提下，使其他决策单元的效率值之和最小而求出最优权重；仁慈型求解模型则刚好相反。虽然这两个模型可以解决交叉效率多解的弊端，但 Wang 和 Chin 提出了中性交叉效率评价方法（Neutral DEA Cross-efficiency），该方法是在满足被评价决策单元效率值最大的约束条件下，求出最有利于其单个输入效率的最优值，而不考虑其他 DMU 有利还是有害。下面介绍本节涉及的有关模型。

一、基本交叉效率模型

为了解决传统 DEA 方法的自评缺陷，Sexton 引入一种自评与他评相结合的交叉效率评价方法，交叉效率评价是基于 CCR 模型，用每一个 DMU_j（$j=1,\ 2,\ 3,\ \cdots,\ n$）的最佳输入权重 v_{ij}^* 和输出权重 μ_{rj}^* 去计算其他 DMU_k（$k=1,\ 2,\ 3,\ \cdots,\ n;\ k\neq j$）的效率值，得到基本交叉效率的评价值，然后再求出这 n 个数的平均值作为该决策单元的最终效率值。

$$
\theta_{jk} = \frac{\sum\limits_{r=1}^{s} \mu_{rj}^* y_{rk}}{\sum\limits_{i=1}^{m} v_{ij}^* x_{ik}} \qquad (i=1,\ 2,\ 3,\ \cdots,\ m;\ r=1,\ 2,\ 3,\ \cdots,\ s) \qquad 式（4.10）
$$

为了解决若干个单元的 $\theta_{kk}=1$ 的问题，可以考虑在计算交叉效率矩阵的对角元素时采用超效率 DEA 模型，通过计算得到每个决策单元的超效率评价值，并得到最优权重，依据基本交叉模型即式（4.10）进而计算得到交叉效率矩阵中的其他元素值。依据基本交叉效率的计算方式，即可得出超效率 DEA 的交叉评价的综合效率。

二、对抗型交叉效率模型和仁慈型交叉效率模型

为了解决 CCR 模型中最优权重的不唯一性，Doyle 和 Green 提出了对抗型交叉效率模型和仁慈型交叉效率模型，其模型基本公式分别为式（4.11）和式（4.12）：

$$
\left|
\begin{array}{l}
\min \sum_{r=1}^{s} \mu_{rk}\left(\sum_{j=1,j\neq k}^{n} y_{rj}\right) \\
\sum_{i=1}^{m} v_{ik}\left(\sum_{j=1,j\neq k}^{n} x_{ij}\right)=1 \\
\sum_{r=1}^{s}(\mu_{rk}\times y_{rk})-\theta_{kk}^{*}\sum_{i=1}^{m}(v_{ik}\times x_{ik})=0 \\
\sum_{r=1}^{s}(\mu_{rk}\times y_{rj})-\sum_{i=1}^{m}(v_{ik}\times x_{ij})\leq 0 \\
\mu_{rk},\ v_{ik}\geq 0 \\
r=1,2,3,\cdots,s;\ i=1,2,3,\cdots,n
\end{array}
\right.
\qquad 式（4.11）
$$

$$
\left|
\begin{array}{l}
\max \sum_{r=1}^{s} \mu_{rk}\left(\sum_{j=1,j\neq k}^{n} y_{rj}\right) \\
\sum_{i=1}^{m} v_{ik}\left(\sum_{j=1,j\neq k}^{n} x_{ij}\right)=1 \\
\sum_{r=1}^{s}(\mu_{rk}\times y_{rk})-\theta_{kk}^{*}\sum_{i=1}^{m}(v_{ik}\times x_{ik})=0 \\
\sum_{r=1}^{s}(\mu_{rk}\times y_{rj})-\sum_{i=1}^{m}(v_{ik}\times x_{ij})\leq 0 \\
\mu_{rk},\ v_{ik}\geq 0 \\
r=1,2,3,\cdots,s;\ i=1,2,3,\cdots,n
\end{array}
\right.
\qquad 式（4.12）
$$

三、基于权重交叉效率模型

为了克服 CCR 权重矩阵中权重变化范围大、伸缩性大的问题，Ramon 等提出了基于权重分布选择范围的交叉效率模型，模型公式为式（4.13）。

$$
\begin{cases}
\max \varphi_k \\[2mm]
\sum_{i=1}^{m} (v_{ik} x_{ik}) = 1 \\[2mm]
\sum_{r=1}^{s} (\mu_{rk} y_{rk}) = \theta_{kk}^{*} \\[2mm]
\sum_{r=1}^{s} (\mu_{rk} y_{rj}) - \sum_{i=1}^{m} (v_{ik} x_{ij}) \leqslant 0 \\[2mm]
z_i \leqslant v_{ik} \leqslant h_i; \quad z_0 \leqslant \mu_{rk} \leqslant h_0 \\[2mm]
\dfrac{z_i}{h_i} \geqslant \varphi_k; \quad \dfrac{z_0}{h_0} \geqslant \varphi_k \\[2mm]
z_i, \quad z_0 \geqslant 0 \\[2mm]
r = 1, 2, 3, \cdots, s; \ i = 1, 2, 3, \cdots, n
\end{cases}
\qquad \text{式（4.13）}
$$

四、中性交叉效率模型

王应明教授等提出中性交叉效率模型，模型公式为式（4.14）：

$$
\begin{cases}
\max \delta \\[2mm]
\sum_{i=1}^{m} (v_{ik} x_{ik}) = 1 \\[2mm]
\sum_{r=1}^{s} (\mu_{rk} y_{rk}) = \theta_{kk}^{*} \\[2mm]
\sum_{r=1}^{s} (\mu_{rk} y_{rj}) - \sum_{i=1}^{m} (v_{ik} x_{ij}) \leqslant 0 \\[2mm]
\mu_{rk} y_{rj} - \delta \geqslant 0; \quad \mu_{rk}, \ v_{ik}, \ \delta \geqslant 0 \\[2mm]
r = 1, 2, 3, \cdots, s; \ i = 1, 2, 3, \cdots, n
\end{cases}
\qquad \text{式（4.14）}
$$

五、超效率 DEA 交叉效率模型

为了解决若干个单元的 $\theta_{kk} = 1$ 的问题，可以考虑在计算交叉效率矩阵的对角元素时采用超效率 DEA 模型，通过计算得到每个决策单元的超效率评价值，并得到最优权重，依据基本交叉模型进而计算得到交叉效率矩阵中其他元素值。依据基本交叉效率的计算方式，即可得出超效率 DEA 交叉评价的综合效率。

第三节　其他评价方法

一、熵值法

熵（Entropy）是德国物理学家克劳修斯于 1850 年提出的，用来表示一种能量在空间中分布的均匀程度。熵是热力学的一个物理概念，是体系混乱度（无序度）的度量，用 S 表示。熵被引入信息论后，使熵的概念进一步泛化，熵越大说明系统越混乱，携带的信息越少，熵越小说明系统越有序，携带的信息越多。熵也是对不确定性的一种度量，信息量越大，不确定性就越小，熵也就越小；信息量越小，不确定性越大，熵也越大。熵值法也称熵权法，是根据熵的概念与性质，将决策者根据经验判断的主观信息与各个指标的信息量进行量化综合，根据各指标观察值所能够提供的有用信息量的多少来确定各个指标的权重，进而建立基于熵的多指标决策评价模型。

对于所讨论的 m 个方案 n 个评价指标的初始矩阵，判断矩阵显然是一种信息的载体，故可用信息熵评价所获系统信息的有序度及其效用来确定指标权重，尽量消除权重计算的人为干扰，使评价结果更符合实际。其计算步骤如下：

（1）设评价问题有 m 个被评价对象，n 个评价指标，可得原始评价信息矩阵：

$$X = (a_{ij})_{m \times n} \quad (i = 1, 2, \cdots, m; j = 1, 2, \cdots, n) \qquad \text{式 (4.15)}$$

（2）由于各因素的量纲不一定相同，且有时数值的数量级相差悬殊，因此，需对原始数据进行归一化：

$$e_{ij} = \frac{a_{ij} - \min(a_{ij})}{\max(a_{ij}) - \min(a_{ij})} \quad (i = 1, 2, \cdots, m; j = 1, 2, \cdots, n) \qquad \text{式 (4.16)}$$

（3）计算 p_{ij}（第 j 项指标在第 i 方案中指标值的比重）：

$$p_{ij} = e_{ij} \bigg/ \sum_{i=1}^{m} e_{ij} \qquad \text{式 (4.17)}$$

（4）计算 S_j（第 j 个指标的熵值）：

$$S_j = -(1/\ln m) \sum_{i=1}^{m} p_{ij} \ln(p_{ij}) \quad (j = 1, 2, \cdots, n) \qquad \text{式 (4.18)}$$

且当 $p_{ij} = 0$ 时，$p_{ij} \ln p_{ij} = 0$。

（5）计算权重 w_j（第 j 个指标的熵权）：

$$w_j = (1 - S_j) \Big/ \sum_{j=1}^{n} (1 - S_j) \qquad\qquad 式 (4.19)$$

（6）计算各被评价对象的综合评价值 v_i（第 i 个被评价对象的评价值）：

$$v_i = \sum_{j=1}^{n} w_j \times p_{ij} \quad (i = 1, 2, \cdots, m) \qquad 式 (4.20)$$

通过上面的分析可知：如果某个指标信息熵越小，就表明其指标值的变异程度越大，提供的信息量越大，在综合评价中所起的作用越大，则其权重也应越大，反之亦然。所以在具体分析过程中，可根据各个指标值的变异程度，利用熵来算出各指标的权重，再对所有指标进行加权，从而得出较为客观的综合评价结果。

二、TOPSIS 方法

TOPSIS（Technique for Order Preference by Similarity to an Ideal Solution）法又称优劣解距离法，于 1981 年首次提出，TOPSIS 是依据被评价对象与理想化目标相对接近程度的排序，来评价被评价对象的相对优劣。TOPSIS 法是一种逼近理想解（最优解和最劣解）的排序法，也是常用有效的多指标、多目标决策分析法之一。TOPSIS 法要求各效用函数具有单调递增（或递减）性，TOPSIS 法要先设定决策问题虚拟的最优解和最劣解，通过计算被评价对象与最优解、最劣解的加权欧氏距离，得出被评价对象的相对接近程度，并以此来评价各被评价对象的优劣。若被评价对象最靠近最优解同时又最远离最劣解，则认为最好；否则，认为最差。TOPSIS 法评价过程如下：

（1）构建初始数据矩阵 R。设评价体系是由 m 个评价指标对 n 个被评价对象进行评价，初始数据矩阵 R 为：

$$R = (r_{ij})_{n \times m} \quad (i = 1, 2, \cdots, n; j = 1, 2, \cdots, m) \qquad 式 (4.21)$$

即：

$$R = \begin{bmatrix} r_{11} & r_{12} & \cdots & r_{1m} \\ r_{21} & r_{22} & \cdots & r_{2m} \\ \vdots & \vdots & \ddots & \vdots \\ r_{n1} & r_{n2} & \cdots & r_{nm} \end{bmatrix} \qquad\qquad 式 (4.22)$$

式（4.22）中，r_{ij} 表示第 i 个被评价对象第 j 个评价指标的数据。指标可以分为正向指标、逆向指标和适中指标。逆向指标对地区综合竞争力起反向作用，越小越好；正向指标则越大越好；而适中指标偏向均值最好。

（2）数据归一化。评价指标同趋势化，要求所有指标变化方向一致（即所谓同趋势化），将高优指标转化为低优指标，或将低优指标转化为高优指标，通常采用后一种方式。另由于各因素量纲不一定相同，且有时数值的数量级相差悬殊，因此，需对原始数据进行归一化，使数据符合同趋势化，归一化采用式（4.23）计算：

$$x_{ij} = \frac{r_{ij}}{\sqrt{\sum_i r_{ij}^2}}$$　　　　　　　　式（4.23）

无量纲化后的数据 x_{ij} 即可形成一个规范化的矩阵：

$$X = (x_{ij})_{n \times m} \quad (i = 1, 2, \cdots, n; \ j = 1, 2, \cdots, m)$$　　　　式（4.24）

（3）依据矩阵 X 得出最优解和最劣解向量，即有限方案中最优方案 X^+ 和最劣方案 X^-。

$$X^+ = (x_{max1}, \ x_{max2}, \ \cdots, \ x_{maxm})$$　　　　　　式（4.25）

$$X^- = (x_{min1}, \ x_{min2}, \ \cdots, \ x_{minm})$$　　　　　　式（4.26）

（4）正负理想解距离与评价结果。TOPSIS 模型中，第 i 个评价样本到正理想解和负理想解的距离分别记为 D_i^+ 和 D_i^-，计算公式为式（4.27）和式（4.28）：

$$D_i^+ = \sqrt{\sum_{j=1}^m \left[(x_{maxj} - x_{ij}) \right]^2}$$　　　　　　式（4.27）

$$D_i^- = \sqrt{\sum_{j=1}^m \left[(x_{minj} - x_{ij}) \right]^2}$$　　　　　　式（4.28）

（5）计算理想解的贴近度 N_i，并依据理想解的贴近度 N_i 的大小进行排序。计算各评价对象与最优方案的接近程度，第 i 个被评价对象与理想解的接近程度为：

$$N_i = \frac{D_i^-}{D_i^- + D_i^+}$$　　　　　　　　式（4.29）

根据 N_i 的值按从小到大的顺序对各评价目标进行排列。N_i 越接近 1，表示该评价对象越接近最优水平，反之亦然。

三、熵值—TOPSIS 方法

熵值—TOPSIS 法是在熵值法与 TOPSIS 法的基础上，利用信息熵赋权的思想对指标进行赋权，并将指标标准化矩阵和指标权重代入 TOPSIS 模型，建立基于熵值—TOPSIS 法的综合评价模型。熵值—TOPSIS 法评价过程如下：

（1）构建初始数据矩阵 R。设评价体系是由 m 个评价指标对 n 个被评价对象进行评价，初始数据矩阵 R 为：

$$R = (r_{ij})_{n \times m} \quad (i = 1, 2, \cdots, n; \ j = 1, 2, \cdots, m)$$　　　　式（4.30）

即：

$$R = \begin{bmatrix} r_{11} & r_{12} & \cdots & r_{1m} \\ r_{21} & r_{22} & \cdots & r_{2m} \\ \vdots & \vdots & \ddots & \vdots \\ r_{n1} & r_{n2} & \cdots & r_{nm} \end{bmatrix}$$ 式（4.31）

式（4.30）和式（4.31）中，r_{ij} 表示第 i 个被评价对象第 j 个评价指标的数据。指标可以分为正向指标、逆向指标和适中指标。逆向指标对地区综合竞争力起反向作用，越小越好；正向指标则越大越好；而适中指标偏向均值最好。

（2）数据归一化。评价指标同趋势化，要求所有指标变化方向一致（即所谓同趋势化），将高优指标转化为低优指标，或将低优指标转化为高优指标，通常采用后一种方式。另由于各因素量纲不一定相同，且有时数值的数量级相差悬殊，因此，需对原始数据进行归一化，使数据符合同趋势化，归一化采用式（4.32）计算：

$$x_{ij} = \frac{r_{ij} - \min_i (r_{ij})}{\max_i (r_{ij}) - \min_i (r_{ij})} \quad (i=1,2,\cdots,n; j=1,2,\cdots,m)$$ 式（4.32）

无量纲化后的数据 x_{ij} 即可形成一个规范化的矩阵：

$$X = (x_{ij})_{n \times m} \quad (i=1,2,\cdots,n; j=1,2,\cdots,m)$$ 式（4.33）

（3）依据矩阵 X 得出最优解和最劣解向量，即有限方案中最优方案 X^+ 和最劣方案 X^-。

$$X^+ = (x_{max1}, x_{max2}, \cdots, x_{maxm})$$ 式（4.34）

$$X^- = (x_{min1}, x_{min2}, \cdots, x_{minm})$$ 式（4.35）

（4）熵值法熵与权重的计算。熵值法是根据各指标值的变异程度，计算指标的熵值，利用各个指标的熵值对指标加权，得到较为客观的评价结果，避免了人为因素对指标权重的影响，使权重的选取更具科学性，更符合实际。依据信息熵赋权的思想，可知第 j 个指标的熵值 H_j 权重 ω_j 的计算式为：

$$H_j = -\frac{1}{\ln(n)} \sum_{i=1}^{n} [x_{ij} \times \ln(x_{ij})]$$

$$\omega_j = \frac{1 - H_j}{\sum_{j=1}^{m} (1 - H_j)}$$ 式（4.36）

且 $0 \le \omega_j \le 1$，$\sum_{j=1}^{m} \omega_j = 1$。

（5）正负理想解加权距离与评价结果。熵值—TOPSIS 模型中，第 i 个评价样本到正理想解和负理想解的加权距离分别记为 D_i^+ 和 D_i^-，计算公式为式（4.37）和式

(4.38)。

$$D_i^+ = \sqrt{\sum_{j=1}^{m} \left[(x_{maxj} - x_{ij}) \times \omega_j \right]^2} \qquad 式（4.37）$$

$$D_i^- = \sqrt{\sum_{j=1}^{m} \left[(x_{minj} - x_{ij}) \times \omega_j \right]^2} \qquad 式（4.38）$$

（6）计算理想解的贴近度 N_i。计算各评价对象与最优方案的接近程度，第 i 个被评价对象与理想解的接近程度为：

$$N_i = \frac{D_i^-}{D_i^- + D_i^+} \qquad 式（4.39）$$

N_i 越接近 1，表示该评价对象越接近最优水平，反之亦然。

（7）依据理想解的贴近度 N_i 的大小进行排序。根据 N_i 的值按从小到大的顺序对各评价目标进行排列。

四、因子分析法

因子分析法是从研究变量内部相关的依赖关系出发，把一些具有错综复杂关系的变量归结为少数几个综合因子的一种多变量统计分析方法。多个变量的变化过程中，除了一些特定因素之外，还受到一些共同因素的影响。每个变量可以拆分成两部分，一是共同因素，二是特殊因素。因子分析法的基本思想是将观测变量进行分类，将相关性较高即联系比较紧密的分在一类中，而不同类变量之间的相关性则较低，那么每一类变量实际上就代表了一个基本结构，即公共因子。因子分析是提出多个变量的公共影响因子的一种多元统计方法，试图用最少个数的不可测的所谓公共因子的线性函数与特殊因子之和来描述原来观测的每一变量。因子分析法的具体步骤如下所述：

（1）建立规范化矩阵 X。设有 n 个变量，m 个样本，则初始数据矩阵 R 为：

$$Y = (y_{ij})_{n \times m} = \begin{bmatrix} y_{11} & y_{12} & \cdots & y_{1m} \\ y_{21} & y_{22} & \cdots & y_{2m} \\ \vdots & \vdots & \ddots & \vdots \\ y_{n1} & y_{n2} & \cdots & y_{nm} \end{bmatrix} \qquad 式（4.40）$$

（2）为了消除不同变量量纲差异等因素的影响，需要对各变量进行标准化处理，标准化采用 Z-score，计算公式为：

$$x_{ij} = \frac{y_{ij} - \mu_i}{\delta_i} \quad (i=1, 2, \cdots, n; j=1, 2, \cdots, m) \qquad 式（4.41）$$

式（4.41）中，μ_i 为第 i 个变量的均值，δ_i 为第 i 个变量的方差。标准化后均值为

0，方差为 1。

标准化（无量纲化）后的数据 x_{ij} 即可形成一个规范化的矩阵：

$$X = (x_{ij})_{n \times m} \quad (i = 1, 2, \cdots, n; j = 1, 2, \cdots, m)$$ 　　式（4.42）

即：

$$X = \begin{bmatrix} X_{11} & X_{12} & \cdots & X_{1m} \\ X_{21} & X_{22} & \cdots & X_{2m} \\ \vdots & \vdots & \ddots & \vdots \\ X_{n1} & X_{n2} & \cdots & X_{nm} \end{bmatrix}$$ 　　式（4.43）

（3）获得相关系数矩阵（协方差阵）。相关系数矩阵是因子分析直接用到的数据，根据计算出的相关矩阵可以判断变量之间的相关程度如何。一般来说，大部分相关系数大于 0.5，说明变量之间有较强的相关关系，适合做因子分析。相关系数矩阵可以借助 Stata、SAS、SPSS 等统计软件获得。

（4）确定因子个数。解相关矩阵 $R = XX'$ 的特征方程 $|R - \lambda I| = 0$，计算特征值 $\lambda_1 > \lambda_2 > \cdots > \lambda_p \geqslant 0$，则根据特征值的累积贡献率 $Q = \dfrac{\sum\limits_{i=1}^{q} \lambda_i}{\sum\limits_{i=1}^{p} \lambda_i}$（Q 取值在 0.85 以上）确定因子个数 q。

求解初始因子的方法有主成分分析法、极大似然估计法、多元回归法、不加权最小平方法和主轴因子法。本书使用 SPSS 提供的主成分分析法。

（5）提取因子。令特征向量为 U，则：

$$U = \begin{bmatrix} u_{11} & u_{12} & \cdots & u_{1p} \\ u_{21} & u_{22} & \cdots & u_{2p} \\ \vdots & \vdots & \ddots & \vdots \\ u_{p1} & u_{p2} & \cdots & u_{pp} \end{bmatrix}, \ \lambda = \begin{bmatrix} \lambda_{11} & \lambda_{12} & \cdots & \lambda_{1p} \\ \lambda_{21} & \lambda_{22} & \cdots & \lambda_{2p} \\ \vdots & \vdots & \ddots & \vdots \\ \lambda_{p1} & \lambda_{p2} & \cdots & \lambda_{pp} \end{bmatrix}$$ 　　式（4.44）

计算特征向量方程 $R = U\lambda U^T$，可得 $U^T XX^T U = \lambda$，令 $F = U^T X$，且 U 可分解为 $U = \begin{bmatrix} U_1 & U_2 \\ p \times q & p \times (p-q) \end{bmatrix}$，可解得 $X = U_1 F_1 + U_2 F_2 = U_1 F_1 + \varepsilon$，特征向量规格化处理后有 $a_{ij} = u_{ij} \sqrt{\lambda_j}$，则得出因子模型 $X = AF + \varepsilon$，即：

$$\begin{bmatrix} X_1 \\ X_2 \\ \vdots \\ X_p \end{bmatrix} = \begin{bmatrix} a_{11} & a_{12} & \cdots & a_{1q} \\ a_{21} & a_{22} & \cdots & a_{2q} \\ \vdots & \vdots & \ddots & \vdots \\ a_{p1} & a_{p2} & \cdots & a_{pq} \end{bmatrix} \begin{bmatrix} F_1 \\ F_2 \\ \vdots \\ F_p \end{bmatrix} + \begin{bmatrix} \varepsilon_1 \\ \varepsilon_2 \\ \vdots \\ \varepsilon_p \end{bmatrix}$$，且满足 $q \leqslant p$，cov $(F, \varepsilon) = 0$，其中 F 是公因子矩阵，ε 是特殊因子矩阵，A 是初始因子载荷矩阵，a_{ij} 是因子载荷，是第 i 个原有

变量在第 j 个因子变量上的负荷，反映了第 i 个变量在第 j 个主因子上的相对重要性。a_{ij} 的绝对值越大表明 x_i 与 F_j 相依程度越高，即公因子 F_j 对 x_i 的载荷量越大。

因子提取方法有主成分方法、不加权最小平方法、最大似然法等，我们使用 SPSS 软件中的主成分方法来求得因子特征值以及贡献率（特征值大于 1 和累积贡献率大于 0.85）。

（6）因子旋转。为了寻求最优的载荷矩阵，需要对载荷矩阵进行旋转，以使公因子具有直接的经济含义。经过旋转后，公因子对 x_i 的贡献没有改变，但载荷矩阵会发生变化，因此对公因子的解释也就会发生变化，每个公因子对初始变量的贡献也会随之发生变化。

因子旋转的方法有两种，一种是正交旋转，另一种是斜交旋转。正交旋转是将 A 左乘正交矩阵，这样经过旋转后的公因子彼此之间仍然不相关。而斜交旋转则放松了这一限制，旋转后的公因子彼此之间是相关的。但无论哪种形式，都要使得旋转后的载荷系数要么接近于 0，要么远离 0。只有这样，公因子才会体现出比较直观的含义。如果载荷系数都大致相同，表明公因子与每个初始变量都存在大致相同的相关关系，其含义就很难明确。H. F. Kaiser 提出的方差最大化正交旋转是应用最普遍的一种正交旋转。本书使用 SPSS 软件中的方差最大化正交旋转法。

（7）计算因子得分并排序。建立因子分析模型以后，对每个样本的地位进行综合评价。因子分析法将变量表示为公因子的线性组合。也可将公因子表示为变量的线性组合，来计量各个变量或样本的因子得分，因子得分函数为 $F_j = \beta_{j1} x_1 + \beta_{j2} x_2 + \cdots + \beta_{jp} x_p + \mu_j$。依据综合因子得分从大到小对各样本进行排名。

五、灰色关联分析法

灰色关联分析是著名学者邓聚龙教授在灰色系统理论（Grey Theory）中提出的一种评价灰色关联度的方法。灰色关联分析是一种多因素统计分析方法，也是对一个系统发展变化态势进行的定量描述和比较的方法。灰色关联分析是根据各因素变化曲线几何形状的相似程度，来判断因素之间关联程度的方法。灰色关联分析以各因素的样本数据为依据用灰色关联度来描述因素间关系的强弱、大小和次序，若样本数据反映出两个因素变化的态势（方向、大小和速度等）基本一致，则它们之间的关联度较大；反之，关联度较小。由于灰色关联分析思路清晰，可以在很大程度上减少信息不对称带来的损失，并且对数据要求较低，工作量较少。灰色关联分析被广泛应用于社会科学和自然科学的各个领域，如区域经济优势分析、产业结构调整等方面，并取得了较好的应用效果。

关联度有绝对关联度和相对关联度之分，绝对关联度采用初始点零化法进行初值化处理。当分析的因素差异较大时，由于变量间的量纲不一致，往往影响分析，难以得出合理的结果。而相对关联度用相对量进行分析，计算结果仅与序列相对于初始点的变化速率有关，与各观测数据大小无关，因此一定程度上弥补了绝对关联度的缺陷。

灰色关联分析的具体计算步骤如下：

（1）确定反映系统行为特征的参考数列和影响系统行为的比较数列。确定反映系统行为特征的参考数列和影响系统行为的比较数列。反映系统行为特征的数据序列，称为参考数列。影响系统行为的因素组成的数据序列，称为比较数列。

设参考数列（又称母序列）为 $X_0 = \{x_0(k), k=1, 2, \cdots, n\}$，比较数列（又称子序列）为 $X_i = \{x_i(k), k=1, 2, \cdots, n\}$，$i=1, 2, \cdots, m$。

（2）对参考数列和比较数列进行无量纲化处理。由于系统中各因素的物理意义不同，导致数据的量纲也不一定相同，不便于比较，或在比较时难以得到正确的结论。因此在进行灰色关联分析时，一般都要进行无量纲化的数据处理。本书使用均值化法，将原始数据进行无量纲化处理。

$$x_i(k) = \frac{x_i(k)}{\overline{x_i}} \quad (k=1, 2, \cdots, n; i=0, 1, 2, \cdots, m) \qquad 式（4.45）$$

（3）求参考数列与比较数列的灰色关联系数。$x_0(k)$ 与 $x_i(k)$ 的关联系数为：

$$\xi_i(k) = \frac{\min\limits_i \min\limits_k |x_0(k) - x_i(k)| + \rho \max\limits_i \max\limits_k |x_0(k) - x_i(k)|}{|x_0(k) - x_i(k)| + \rho \max\limits_i \max\limits_k |x_0(k) - x_i(k)|} \qquad 式（4.46）$$

记 $\Delta_i(k) = |x_0(k) - x_i(k)|$，则：

$$\xi_i(k) = \frac{\min\limits_i \min\limits_k \Delta_i(k) + \rho \max\limits_i \max\limits_k \Delta_i(k)}{\Delta_i(k) + \rho \max\limits_i \max\limits_k \Delta_i(k)} \qquad 式（4.47）$$

记 $\min\limits_i \min\limits_k \Delta_i(k)$ 为 $\Delta\min$，$\max\limits_i \max\limits_k \Delta_i(k)$ 为 $\Delta\max$。其中 $\Delta\min$ 为二级最小差，$\Delta\max$ 为二级最大差。则关联系数计算公式可以简化为：

$$\xi_i(k) = \frac{\Delta\min + \rho\Delta\max}{\Delta_i(k) + \rho\Delta\max} \qquad 式（4.48）$$

式（4.46）~式（4.48）中，$\rho \in (0, \infty)$，称为分辨系数。ρ 越小，分辨力越大，一般 ρ 的取值区间为（0，1），具体取值视情况而定。当 $\rho \leq 0.5463$ 时，分辨力最好，通常 $\rho = 0.5$。

（4）计算关联度。因为关联系数是比较数列与参考数列在各个时刻（即曲线上各点）的关联程度值，所以它取值不止一个，而信息过于分散不便于进行整体比较。因此有必要将各个时刻（即曲线上各点）的关联系数集中为一个值，即求其平均值，作为比较数列与参考数列间关联程度的数量表示。关联度 r_i 的计算式如下：

$$r_i = \frac{1}{n} \sum_{k=1}^{n} \xi_i(k) \qquad (k = 1,\ 2,\ \cdots,\ n) \qquad\qquad 式（4.49）$$

（5）关联度排序。因素间的关联程度，主要是用关联度的大小次序描述。将 m 个子序列对同一母序列的关联度按大小顺序排列起来，便组成了关联序列，记为 $\{x\}$，它反映了对于母序列来说各子序列的"优劣"关系。若 $r_i > r_j$，则称 $\{x_i\}$ 对于同一母序列 $\{x_0\}$ 优于 $\{x_j\}$，记为 $\{x_j\} > \{x_i\}$。

（6）计算灰色关联权重。灰色关联权重计算公式为式（4.50）：

$$w_i = \frac{r_i}{\sum_{i=1}^{m} r_i} \qquad\qquad 式（4.50）$$

综上所述，本章在介绍评价具有多投入、多产出特点的同类型决策单元相对有效性的非参数方法——DEA 方法和模型的基础上，介绍了 DEA 方法常用基本模型 CCR、BCC、超效率 DEA 方法和交叉效率评价的基本评价模型、对抗型交叉效率模型、仁慈型交叉效率模型和中性交叉效率模型，同时还介绍了熵值法、TOPSIS、熵值—TOPSIS 法、因子分析法和灰色关联分析法等其他现代常用评价方法。

第五章 内蒙古资源型城市经济发展现状及其分析

第一节 内蒙古经济发展现状

一、内蒙古经济发展概述

内蒙古地处我国北部边疆，地域辽阔，东西较长，面积有 118 万平方公里。内蒙古地区是少数民族聚集区，以汉族和蒙古族居多，还有回族、达斡尔族、鄂温克族、鄂伦春族等少数民族。全区有首府呼和浩特、包头、鄂尔多斯、巴彦淖尔、阿拉善盟、乌兰察布、乌海、通辽、赤峰、锡林郭勒盟、兴安盟和呼伦贝尔 12 个盟市。按经济发展可将内蒙古划分为三个区域：蒙东地区（包括呼伦贝尔、兴安盟、锡林郭勒盟、通辽和赤峰），呼包鄂经济圈（包括呼和浩特、包头和鄂尔多斯），蒙西地区（乌兰察布、巴彦淖尔、阿拉善盟和乌海）。

内蒙古矿藏资源丰富，尤其是稀土、煤、银的储量。21 世纪初，受西部大开发和振兴东北老工业基地等有利政策的影响，内蒙古经济强劲增长，经济总量持续扩大，人均收入显著提高、经济结构逐步优化，使内蒙古成为西部省区经济发展的新亮点，创造了内蒙古奇迹。经济同比增长连续多年位居全国前列。经过短短几年的建设和发展，综合经济实力和人民生活水平得到了显著的提高：全区生产总值从 1984 年的 128.2 亿元上升到 2013 年的 16832.38 亿元，30 年增长了 130 多倍，特别是 2002~2009 年，内蒙古 GDP 增速连续八年保持全国第一，8 年年均增速 17.6%（见图 5-1）。2010 年内蒙古生产总值首次超过万亿元大关，成为我国第 16 个迈入"万亿元俱乐部"的省区。通过对比内蒙古近十年的生产总值变化情况，发现内蒙古地区经济总量稳步持续增长，内蒙古人均生产总值飞速提高，2004 年之前内蒙古人均生产总值一直低于全国

平均水平，之后迅速超越全国平均值，而且有进一步拉大差距的趋势。1984 年内蒙古
人均生产总值仅为 640 元，2013 年内蒙古人均生产总值达到 67498 元，30 年增长 105
倍（见图 5-2）。2011 年内蒙古人均生产总值超越广东，排名上升至全国第六，成为人
均生产总值排名前十省区中唯一一个非东部沿海的省区，2012 年内蒙古人均生产总值
首次突破 1 万美元，达到 10189 美元。

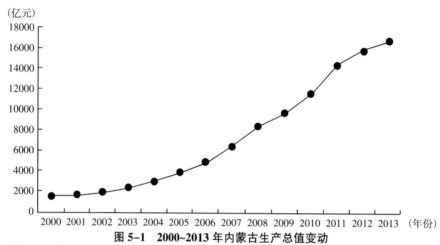

图 5-1　2000~2013 年内蒙古生产总值变动

数据来源：内蒙古自治区统计局. 内蒙古统计年鉴（2013）[M]. 北京：中国统计出版社，2014.

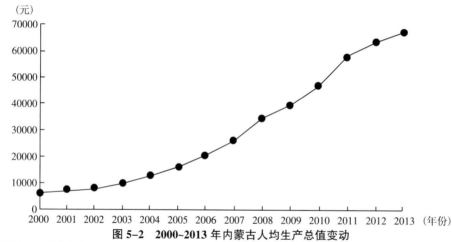

图 5-2　2000~2013 年内蒙古人均生产总值变动

数据来源：内蒙古自治区统计局. 内蒙古统计年鉴（2013）[M]. 北京：中国统计出版社，2014.

二、内蒙古产业结构发展分析

各产业在生产总值构成中所占的比重被称为产业结构。第一产业主要指农牧业，
第二产业指工业和建筑业，第三产业指服务业，内蒙古经济的快速发展推动了内蒙古
产业结构不断优化并逐步趋于合理。具体表现为第一产业比重逐渐降低，第二产业、
第三产业所占重比不断攀升。1984 年三次产业的比例为 33.5：37.2：29.5，2013 年产

业结构调整为 9.5：54.0：36.5（见图 5-3）。特别是 21 世纪以来，第一产业比重逐步降低，第二产业比重不断上升并处于经济发展的主导地位，第三产业比重略有提高。三次产业结构的巨大变化，标志着内蒙古经济已从原有的农牧型经济迈向了工业化发展的新阶段，同时三大产业内部也进行了合理化的调整。

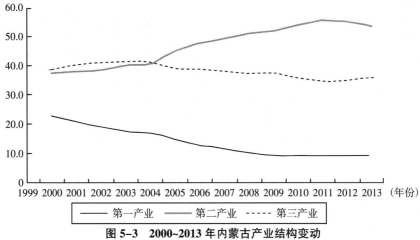

图 5-3　2000~2013 年内蒙古产业结构变动

数据来源：内蒙古自治区统计局.内蒙古统计年鉴（2013）［M］.北京：中国统计出版社，2014.

内蒙古横跨我国东中西部，是我国最大的农牧业生产基地，内蒙古的农牧产量显著增高。2003~2013 年，内蒙古的粮食产量翻了一番，由 1360.7 亿斤增加到 2773 亿斤。到 2013 年，畜牧业稳定发展，牧业年度牲畜存栏 11819.8 万头（只），增长 4.9%。以牛羊为主体的牛奶、羊肉、羊毛、羊绒等主要农畜产品的产量均居全国之首，分别占到全国总产量的 25%、16%、36%、43%。同时农牧业的科技水平显著提高。内蒙古现拥有近 40 个与农牧业紧密相关的研究所和培育中心。从生态保护、合理利用和科学种植等方面，研究适合在内蒙古种植的甜菜、马铃薯、大豆、春小麦、向日葵等优良品种的培育。

工业作为第二产业，在内蒙古的产业布局中有着重要的地位，在结构布局方面，不断趋于合理化，但仍存在不足。1984~2013 年，内蒙古轻工业产值由 36.99 亿元增加为 6951.61 亿元，重工业产值由 53.03 亿元上升为 17185.92 亿元；但是，轻重工业比例却由 2006 年的 1：3 变为 2013 年的 1：4，轻重工业的比例不断缩小，工业结构重工业成分逐渐增加，轻重失衡（见图 5-4）。因此全区经济发展仍以重工业为主。

在第三产业发展方面，1984~2013 年，第三产业生产总值从 37.48 亿元增加到 6148.78 亿元，2013 年社会消费品零售总额增长 11.8%，外贸进出口总额 120 亿美元，保险市场各项保费收入达到 5949.18 亿元。另外，科学研究、公共设施、文教卫生和社会保障与福利等方面也繁荣发展，其增加值以较快的速度在增长，分别实现了 17.8%、

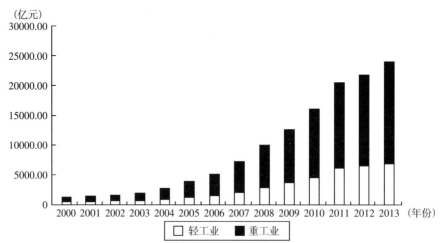

图 5-4　2000~2013 年内蒙古轻重工业结构变动
数据来源：内蒙古自治区统计局.内蒙古统计年鉴（2013）[M].北京：中国统计出版社，2014.

17.7%、16.9%、17.5%的增长速度。服务业在产业发展水平上快速发展，以现代物流业、信息产业、金融业等为代表的现代服务业和新兴产业虽已处于快速发展阶段，但其产业发展基础仍相对薄弱。

内蒙古的三大产业发展各具特色，在结构上不断趋于合理，使地区经济得到推动和发展。工业占据内蒙古经济结构的重要部分，总体上完成了由农牧业向工业主导的历史性转变。

改革开放 30 多年来，内蒙古产业结构逐步升级，在能源、化工、冶金、装备制造、农畜产品加工、高新技术产业等行业逐步形成了自己的特色，并成为内蒙古经济发展的支柱产业，占内蒙古规模以上工业增加值比重的 90% 以上，结构调整成效显著。

三、非资源型和战略性新兴产业发展分析

非资源型和战略性新兴产业是评价一个区域高端科技水平的重要标准，其不但是推动区域经济在未来发展的重要支持力量，也是国民经济或区域经济在国际国内竞争中占据优势地位的重大举措。内蒙古素以"东林西铁，遍地矿藏"闻名于全国，天然气储量全国第一，风能资源储量为 13.8 亿千瓦，技术可开发量 3.8 亿千瓦，占全国 50% 以上，排名全国第一，年平均有效风速时数（平均风速 3~25 米/秒）6500 小时以上，全区风能资源总储量居全国首位，且风向稳定、连续性强、无破坏性台风和飓风，风能利用率高；太阳能资源排名全国第二，太阳能总辐射为 1331~1722 千瓦时/平方米·年，仅低于西藏。

根据内蒙古的经济现实、产业发展现状和新兴产业的特征，内蒙古提出发展新能源、蒙医药、新材料、洁净煤开发利用、装备制造业和生物技术等产业，努力发挥其

战略优势。内蒙古的非资源型和新兴类型产业目前具有良好的发展态势。2010~2011年，内蒙古能源工业投资所占比重由49%下降到38%，而非资源型和新兴产业却由48%上升到59%。全区非资源型产业产值占全区工业生产总值的比重在2011年上半年已由过去的17%提高到30%，其中装备制造业每年平均增长近25%。新兴类型的科技产业实现产值97.01亿元，同期增长33.83%，高于全国平均增速10.3个百分点，其中医药制造业实现产值72.89亿元，同期增长44.26%，增速位居全国第三，高于全国17.3个百分点；电子及通信设备制造业实现产值10.86亿元，同比增长25.94%，同样高于全国平均增速。截至2010年，累计新增风电装机480万千瓦，达到1000万千瓦；风力发电、载货汽车都有较快增长，前者与同期相比增长了近75%，已达199.2亿千瓦时，后者与同期相比增长了近70%，达4.2万辆。技术研发在煤制二甲醚、煤制烯烃、煤制甲烷气、粉煤灰提取氧化铝、太阳能热气流发电等关键技术方面有所突破。

第二节　内蒙古资源型城市经济发展现状

一、内蒙古资源型城市发展概述

内蒙古作为我国的能源和化工基地，先后形成了以"草原钢城"著称的包头、以"羊煤土气"著称的鄂尔多斯、煤城乌海和赤峰、石油重镇锡林浩特、被国务院列为第二批32个资源枯竭城市之一的兴安盟西北部的森林资源型城市阿尔山以及东北三省能源、有色金属和原材料的供应地——通辽、呼伦贝尔、锡林郭勒等。内蒙古有5座煤炭资源型城市，3座森林资源型城市，1座石油城市，这些资源型城市分别隶属于不同的地级市、盟管辖。内蒙古资源型城市有地市级的，也有县级的，本节选取评价对象时以地市级城市为准，故选取包头、呼伦贝尔、兴安盟、通辽、赤峰、锡林郭勒盟、鄂尔多斯、巴彦淖尔、乌海、阿拉善盟10个地级市作为研究对象。这些城市中既有原有资源型城市，也包括新兴的资源型城市；既包括煤炭资源型城市、森林资源型城市，又包括石油资源型城市和有色金属资源型城市。

在内蒙古经济高速发展的背景下，内蒙古各资源型城市经济也迅速发展，但内蒙古各盟市的经济发展非常不平衡。呼包鄂三个地区的生产总值为6969.74亿元，占内蒙古生产总值的60%，而呼包鄂三个地区的人口为747.92万人，只占内蒙古总人口的30%。呼包鄂金三角地区的生产总值明显高于其他地区，呼包鄂位于内蒙古中部，是全区的资源富集地，三市交通便利，有着一定的发展基础，所以呼包鄂便成为了全区的经济增长中心。在这些资源型城市中被广大学者关注的鄂尔多斯，拥有储量丰富的能源矿产资源和化工资源，煤炭储量占全国的 1/6，而且煤质品种齐全，石油、天然气是近年来发现的新型资源，已探明油气储量 11 亿立方米。加之原有的羊绒业的优势，基本形成了以能源、纺织、化工、建材等为支柱的产业格局，已迅速崛起为内蒙古新兴的工业城市。

内蒙古最大的工业城市——包头，是"一五"时期国家投资建设的重工业基地。位于我国内蒙古西部"金三角"地带，是"呼包鄂银榆"城市群的东出口，是连接西北和华北的重要交通枢纽，在中国北方经济格局中占有重要地位，与呼和浩特、鄂尔多斯共同构成内蒙古最具发展活力的优势区域。矿产资源种类多、储量大、品位高、分布集中和易于开采，尤以金属矿产得天独厚，已发现各种矿物 74 种，有色金属、非金属、能源等 14 个矿产类型，其中稀土不仅是包头的优势矿种，也是国家矿产资源的瑰宝。包头充分利用工业化、城市化优势，全力壮大企业集团，着力打造钢铁、铝业、装备制造、电力、煤化工、稀土六大基地，围绕"工业双翼"（即以特种钢及深加工为一翼，以机械制造、成套设备为另一翼）来发展，工业经济是包头市国民经济的主力军。包头是内蒙古经济实力最强的盟市，也是国家和内蒙古重要的能源、原材料、稀土、新型煤化工和装备制造基地，是全国 20 个最适宜发展工业的城市和全国投资环境 50 优城市之一。作为一座老重工业基地，包头的经济发展取得引人瞩目的成绩，优势产业发展强劲，综合经济实力大幅跃升。在利用资源的过程中必定会污染环境，为了做好节能减排工作，包头加快发展循环经济，提升可持续发展的能力，最终成为一个新型工业化城市，走环境友好型及资源节约型的发展道路，并成功入选"2014 国家节能减排财政政策综合示范城市"。

乌海位于内蒙古西南部，处黄河上游中段，是一座"依煤而建、依煤而演、依煤而兴"的煤炭型矿业城市。乌海凭借煤炭资源优势，用仅占内蒙古 1.5‰的面积，创造了经济总量占全区 3%的优秀业绩，地区生产总值从 1990 年的 6.5 亿元增长到 2013 年的 570.13 亿元。在"一五"期间作为包钢的煤炭供应地，同时也是西北地区发展的煤化工基地，另外乌海地区也生产电石、硅铁等产品，这些重要的矿产资源在我国和内蒙古的发展过程中发挥了重要的作用，为社会主义社会的建设贡献了巨大的力量。由于资源的不可再生性，乌海的煤矿已经开采了将近 60 年，资源的储量已经濒临枯竭。早期的煤炭勘探研究表明，乌海储存的煤炭资源量大约为 35.25 亿吨，这里包括了区域中所有可利用与不可利用煤炭储量。现在经过煤炭勘探表明最近乌海的可用储量为 9.6 亿吨，可采 12.4 年，由此可见乌海储存的煤炭就要枯竭了，必须进行经济转型，否则一旦资源耗尽，极有可能出现社会发展动力不足甚至城市衰退与消失。2011年11月11日，国家发展和改革委员会、财政部和国土资源部《关于印发第三批资源枯竭型城市名单的通知》中，将乌海列为第三批资源枯竭型城市。乌海高新技术产业增加值占工业增加值比重超过5%，生产性服务业增加值占第三产业增加值比重超过50%。全市常住人口达到60万，服务区域人口80万，辐射周边人口100万。

在国家西部大开发和振兴东北老工业、城镇化的进程中，无疑为内蒙古拥有丰富有色金属成矿条件的赤峰和拥有大量煤炭资源的呼伦贝尔、锡林郭勒盟等地的资源型城市提供了广阔的发展舞台。但这些资源型城市能源生产与消费量呈几何级数增长，且煤炭的消耗量更高达90%。各城市增长方式仍然以粗放式为主，产业结构不合理，科技水平不高，资源利用率低，环境污染严重，资源枯竭等诸多问题仍存在。

二、内蒙古资源型城市主要资源分布概述

内蒙古富含大量矿产资源以及丰富的森林、草原、耕地等经济发展所必需的经济资源，其经济主要以矿产资源为主导。笔者对各资源型城市的主要矿产资源进行分析，具体如下：

（1）鄂尔多斯地下有储量丰厚的能源矿产资源，已发现的具有工业开采价值的重要矿产资源有12类35种。已探明煤炭储量1496亿多吨，约占全国总储量的1/6，全市70%的地表下埋藏着煤；石油、天然气矿产已发现20余处，已探明油气储量11亿立方米；天然碱储量7000亿吨，伴生天然碱储量1300万吨；芒硝总储量70亿吨，食盐已探明储量232.5万吨，地质储量3256.5万吨。老工业基地包头的矿产资源丰富，白云鄂博大型铁矿是世界罕见的以铁、稀土、铌为主的多金属共生矿，其稀土储量居世界首位，银储量居全国首位，世界第二位。

（2）乌海具有大量的原煤、石灰岩、铁等资源。主要矿产探明的储量：原煤44亿吨，铁矿757万吨，制镁白云岩514万吨，耐火黏土36940万吨，软质耐火黏土81万吨，高岭土213万吨，溶剂灰岩35642万吨，制碱灰岩14340万吨，电石灰岩2554万吨，水泥灰岩18333万吨，含钾页岩2367万吨，水泥配料及砖瓦黏土7436万吨，硅质原料矿产1113万吨，紫砂黏土358万吨，石膏1304万吨。潜在的经济价值为4278亿元。得天独厚的矿产资源优势，为乌海矿业产业的发展提供了资源保证和工业"粮食"。

（3）赤峰矿产资源极其丰富，其中包括煤20亿吨，铁1亿吨，石油探明储量1075万吨，锌330万吨，铅100万吨，石灰石1.3亿吨等。通辽已发现各类矿产40多种，全市煤炭总储量133亿吨，石油远景储量8亿吨，石灰岩储量2.2亿吨，麦饭石储量

3000 万吨。

（4）巴彦淖尔矿产资源极其丰富，地质构造复杂，成矿条件多样。已探明的矿产资源达 63 个品种，经地质工作探明储量 45 种。其中硫、锌、铅、沸石、膨润土、银、镉、锂、镓、熔剂、硅石、白云石、云母、蓝晶石探明储量居全区首位。铜、镍、钴、铁、锰、铬、磷探明储量居全区第二位。伴生金银铜矿储藏量为 117 万吨，红柱石矿储藏量为 612.8 万吨等。巴彦淖尔风光能资源也很丰富，年平均日照时数为 3191.7 小时，日照百分率为 72.1%；年平均风速超过启动风速（≥3.0 米/秒）多达 80 天，年平均风速最大为 4.6 米/秒，最小为 2.6 米/秒。

（5）呼伦贝尔已探查到的各类矿产有煤炭、石油、铜、钼、铁、金、银、铅、锌、硫、芒硝、碱、大理石、石灰石、萤石、耐火土、玛瑙、沸石、珍珠岩、硅砂等 40 余种，煤炭预测储量 755 亿吨，居内蒙古第三位。铜 136 万吨、铅 62.31 万吨、锌 101.74 万吨和铁矿石 7366 万吨。锡林郭勒盟矿藏资源十分丰富，已发现 50 余种，其中煤炭储量 947 亿吨，金属矿已探明储量的有 17 种。兴安盟矿产资源已探明的有煤、铜、锌、铅、银、白云大理石、蛇纹石等有色金属和非金属矿藏 10 余种。阿拉善盟已发现矿产 86 种，分布规律为：东煤炭，西萤石，南多磷，北富铁，中部建材石墨盐碱硝。煤炭探明储量 13 亿吨。湖盐探明储量达 1.6 亿吨，年产量 130 万吨，"诺尔红"花岗岩已探明储量达 75 万立方米，其中无烟煤、湖盐、花岗岩、冰洲石储量居内蒙古第一位。

三、内蒙古资源型城市产业结构分析

由于内蒙古各资源型城市的产业结构差异很大，为了能够较为客观地介绍资源型城市各个产业的差异，下面着重分析了资源型城市的国民生产总值和产业经济结构。从经济结构可以看出，各个城市之间的经济结构差距巨大，主导产业也不相同，有以兴安盟为代表的农业盟，也有以工业为主的阿拉善盟。从图 5-5 中可以看出，2000 年左右，各资源型城市的社会生产总值相差不大，2000~2004 年，包头市和鄂尔多斯市经济增长速度基本相当，且高于其他资源型城市，而其他各资源型城市的经济发展速度几乎相同。2004 年后鄂尔多斯市以最快的增长速度发展，并于 2009 年超过包头市，2013 年鄂尔多斯市总产值为 3955.9 亿元。从经济发展速度来看，内蒙古资源型城市经济增长速度可以分为三类。鄂尔多斯市和包头市为高速发展区，通辽市、赤峰市和呼伦贝尔市为中速发展区，其他为低速发展区。从各资源型城市人均国民生产总值来看，鄂尔多斯市人均 GDP 增长最快，2000~2013 年只有 2004 年低于包头市，2011 年低于阿拉善盟，其他年份在内蒙古资源型城市中均为第一，2013 年人均 GDP 多达 196728 元，兴安盟、巴彦淖尔市和通辽市增长较慢，兴安盟为各资源型城市中人均 GDP 最小者。各资源型城市人均 GDP 间的差距也在不断增加，人均 GDP 最高的鄂尔多斯市是兴安盟的 10 多倍。且内蒙古西部地区的人均 GDP 要高于内蒙古东部地区（见图 5-6）。

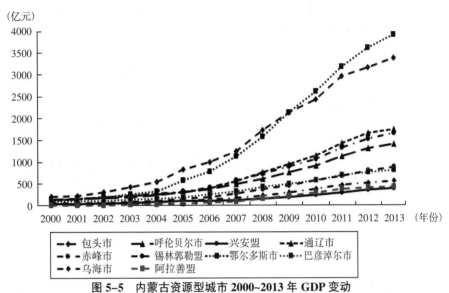

图 5-5　内蒙古资源型城市 2000~2013 年 GDP 变动
数据来源：内蒙古自治区统计局. 内蒙古统计年鉴（2013）[M]. 北京：中国统计出版社，2014.

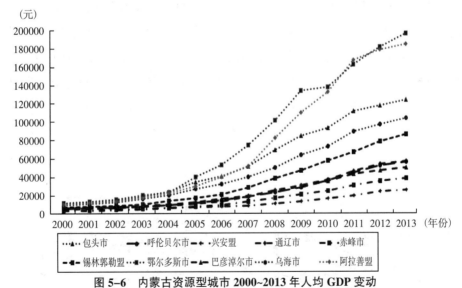

图 5-6　内蒙古资源型城市 2000~2013 年人均 GDP 变动
数据来源：内蒙古自治区统计局. 内蒙古统计年鉴（2013）[M]. 北京：中国统计出版社，2014.

在各资源型城市中，第一产业比重逐渐降低（见图 5-7），第二产业、第三产业所占比重不断攀升。第一产业比重最大的为兴安盟，虽然在 2000~2013 年呈波动式下降，但下降速度较慢，2013 年高达 29.8%。第一产业比重最小的为乌海市，2000 年第一产业所占比重仅为 3%，2013 年第一产业所占比重不到 1%。锡林郭勒盟第一产业所占比重降低速度比较快，从 2000 年的 34.2% 降低到 2013 年的 10.1%。

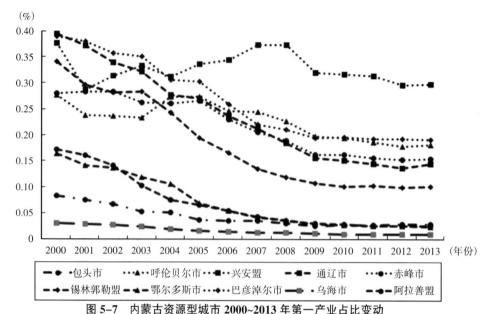

图 5-7　内蒙古资源型城市 2000~2013 年第一产业占比变动

数据来源：内蒙古自治区统计局.内蒙古统计年鉴（2013）［M］.北京：中国统计出版社，2014.

乌海市是在资源开发的基础上建立起来的，因此重化工业发展很快，其他产业发展缓慢，产业结构发展极不平衡，产业结构和经济组成也极不合理，特别是 2011 年乌海市的三次产业结构比例为 1∶73∶26，2004 年第二产业所占比重高达 73.2%。乌海市的第二产业一直在发展，其在生产总值中的比例也一直在增长，并且增长速度较为稳定（见图 5-8），而第一产业的比例却一直在减少，且下降速度也比较稳定，到 2013 年不到 1%，这主要是因为受土地和气候条件的影响，农业的发展受到了一定的限制，同时又缺乏农业投入，科技水平低，无法形成新的农业设施，使农业发展缓慢，在整体

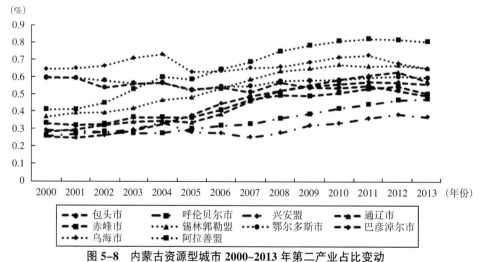

图 5-8　内蒙古资源型城市 2000~2013 年第二产业占比变动

数据来源：内蒙古自治区统计局.内蒙古统计年鉴（2013）［M］.北京：中国统计出版社，2014.

产业中的比重越来越低，第三产业的比例随第二产业的变化而变化，其先减小后增大，平均比例为34.15%。产业间的不协调性突出，与产业结构发展趋势相违背，第二产业内部发展不协调，发展落后，影响了城市的整体发展和可持续发展。

21世纪以来，各资源型城市第二产业所占比重不断上升并占据经济发展的主导地位，第三产业比重略有提高。只有包头市第三产业所占比重呈现出不断增加的态势，2013年包头市第三产业所占比重高达47.6%。阿拉善盟在近几年第三产业所占比重却在逐年下降，2012年后有所改善（见图5-9），三次产业结构的巨大变化，标志着各资源型城市经济已在工业化发展的新阶段进行了合理的调整。

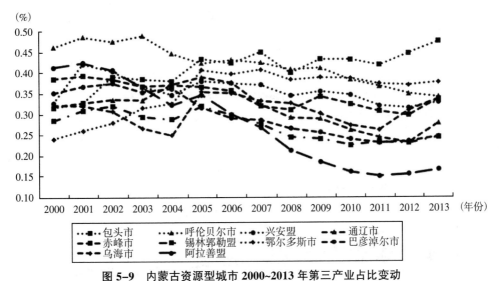

图5-9　内蒙古资源型城市2000~2013年第三产业占比变动

数据来源：内蒙古自治区统计局. 内蒙古统计年鉴（2013）[M]. 北京：中国统计出版社，2014.

四、内蒙古资源型城市能源消耗分析

从图5-10中可以看出，在各资源型城市中，作为内蒙古最大的工业基地包头市，能源消耗总量一直最高，2013年能源消耗总量为2777.5万吨标准煤，占内蒙古能源消耗总量的7.7%，鄂尔多斯市的能源消耗总量次之，兴安盟最小。各资源型城市单位国内生产总值能耗呈现不断下降的趋势，但仍高于全国平均水平。2013年单位国内生产总值能耗最高的为乌海市，高达3.179吨标准煤/万元，最低的为鄂尔多斯市，仅为0.917吨标准煤/万元，但鄂尔多斯市以煤炭开采为主，而以工业为主的包头市，单位国内生产总值能耗为1.395吨标准煤/万元（见图5-11）。

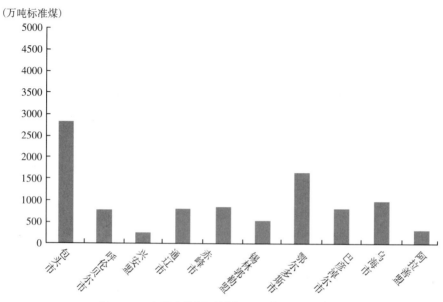

图 5-10　内蒙古资源型城市 2013 年能源消耗总量

数据来源：内蒙古自治区统计局.内蒙古统计年鉴（2013）［M］.北京：中国统计出版社，2014.

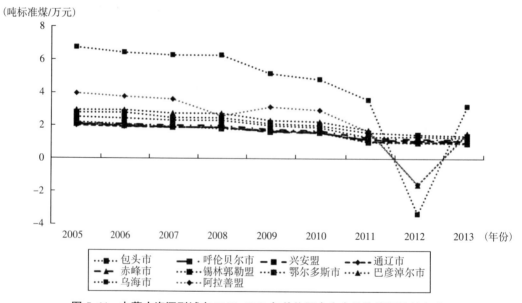

图 5-11　内蒙古资源型城市 2005~2013 年单位国内生产总值能源消耗变动

从图 5-12 中可以看出，2005~2013 年内蒙古各资源型城市人均能源消费量保持了增长的态势，2013 年乌海市人均能源消费量高达 33.05 吨标准煤，最低的为兴安盟，仅为 2.96 吨标准煤，相差高达 11 倍。内蒙古资源型城市的人均能源消费增速远远超出全国平均水平，人均能源消费差距不断拉大。

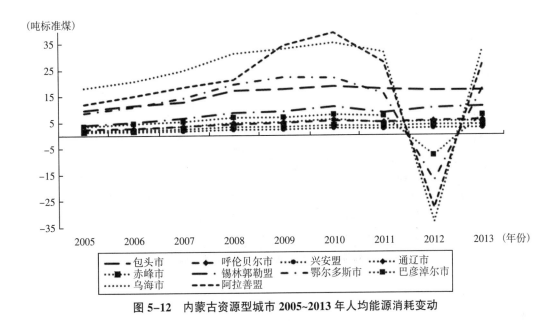

图 5-12　内蒙古资源型城市 2005~2013 年人均能源消耗变动

第三节　内蒙古资源型城市产业结构灰色关联分析

为进一步了解内蒙古资源型城市经济发展和产业结构状况，下面将以内蒙古 10 个地级资源型城市为例，采用灰色关联分析法，对其产业结构进行定量研究和比较分析。

一、内蒙古资源型城市产业结构数据的选择和收集

鉴于数据的可得性，选取内蒙古资源型城市 2000~2013 年的相关数据作为样本，参照有关文献，以内蒙古资源型城市生产总值为参考序列，第一产业、第二产业、第三产业数据数列为比较数列，进行灰色关联分析。

二、内蒙古资源型城市产业结构的灰色关联分析

通过对 2000~2013 年的数据进行分析，可以得到无量纲化数据，为了分析产业结构间的关系，将各资源型城市产业结构无量纲化数据绘制了序列趋势图（见图 5-13~图 5-22），应用灰色关联分析可得各资源型城市的灰色关联系数和灰色关联权重，数据如表 5-1 所示。

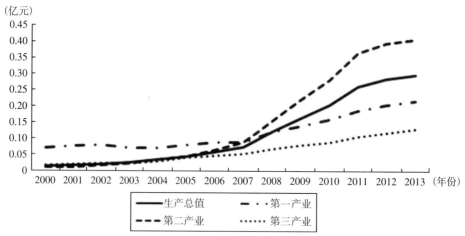

图 5-13　阿拉善盟产业结构无量纲化数据序列趋势

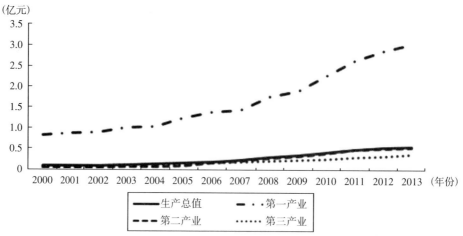

图 5-14　巴彦淖尔市产业结构无量纲化数据序列趋势

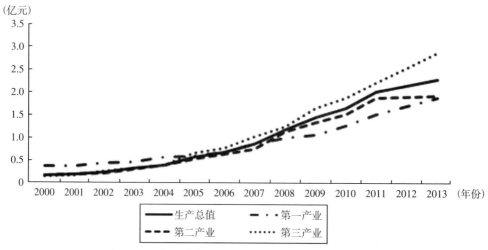

图 5-15　包头市产业结构无量纲化数据序列趋势

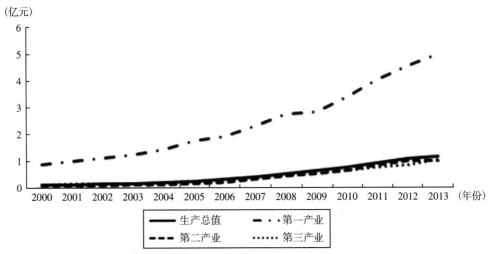

图 5-16　赤峰市产业结构无量纲化数据序列趋势

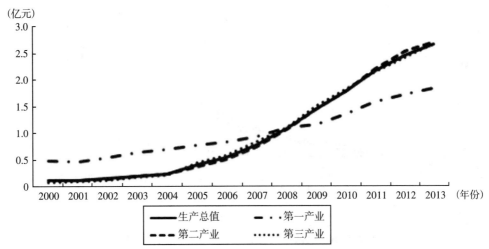

图 5-17　鄂尔多斯市产业结构无量纲化数据序列趋势

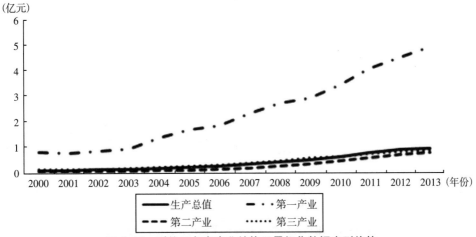

图 5-18　呼伦贝尔市产业结构无量纲化数据序列趋势

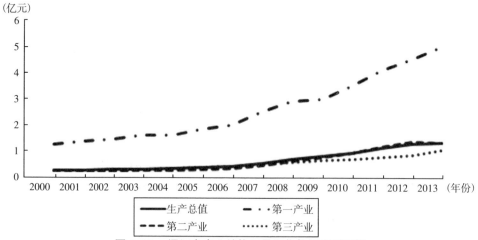

图 5-19　通辽市产业结构无量纲化数据序列趋势

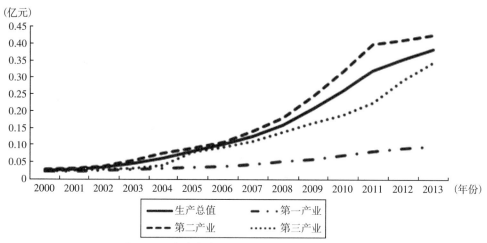

图 5-20　乌海市产业结构无量纲化数据序列趋势

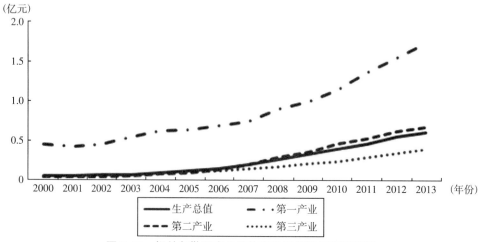

图 5-21　锡林郭勒盟产业结构无量纲化数据序列趋势

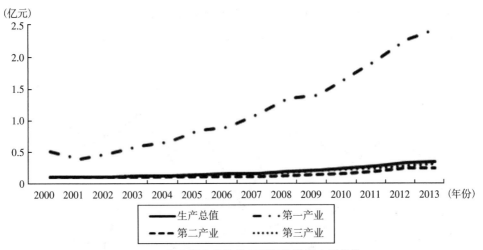

图 5-22　兴安盟产业结构无量纲化数据序列趋势

从内蒙古资源型城市 2000~2013 年第一产业、第二产业、第三产业的灰色关联系数和灰色关联权重值（见表 5-1、表 5-2 和图 5-23、图 5-24）来看，内蒙古资源型城市经济发展总体上主要依赖于第二和第三产业的发展，除阿拉善盟、包头市和乌海市外，其他七个资源型城市与第二产业、第三产业的关联度明显高于第一产业，产业结构发展极不协调。从关联度值来看，阿拉善盟、巴彦淖尔市、包头市、鄂尔多斯市、乌海市和锡林郭勒盟与第二产业的关联度高，其中阿拉善盟、巴彦淖尔市和乌海市第二产业关联度稍高于第三产业，这表明第二产业与阿拉善盟、巴彦淖尔市、包头市、鄂尔多斯市、乌海市和锡林郭勒盟生产总值的关联性优于第一产业和第三产业，第三产业与资源型城市生产总值的关联性优于第一产业。赤峰市、呼伦贝尔市、通辽市和兴安盟与第三产业的关联度高，其中通辽市第三产业关联度稍高于第二产业，这表明第三产业对赤峰市、呼伦贝尔市、通辽市和兴安盟生产总值的关联性优于第一产业和

表 5-1　内蒙古资源型城市灰色关联系数表

城市名称	阿拉善盟	巴彦淖尔市	包头市	赤峰市	鄂尔多斯市	呼伦贝尔市	通辽市	乌海市	锡林郭勒盟	兴安盟
$r_1(k)$	0.524558	0.034021	0.28666	0.026937	0.140889	0.029507	0.024239	0.452792	0.069185507	0.057491
$r_2(k)$	0.686069	0.574913	0.496334	0.36246	0.717459	0.274932	0.460915	0.70331	0.633188886	0.486479
$r_3(k)$	0.637909	0.547144	0.41978	0.60145	0.592213	0.554267	0.512902	0.678574	0.500345967	0.836378

表 5-2　内蒙古资源型城市灰色关联权重表

城市名称	阿拉善盟	巴彦淖尔市	包头市	赤峰市	鄂尔多斯市	呼伦贝尔市	通辽市	乌海市	锡林郭勒盟	兴安盟
w_1	0.28377	0.029428	0.238332	0.027186	0.097127	0.034362	0.024286	0.246797	0.057524184	0.041649
w_2	0.371142	0.497296	0.412658	0.365808	0.494608	0.32017	0.461813	0.383343	0.526463929	0.352432
w_3	0.345089	0.473276	0.34901	0.607005	0.408265	0.645467	0.513901	0.369861	0.416011887	0.605918

第三产业，第二产业对于资源型城市生产总值的关联性优于第一产业。这也说明赤峰市、呼伦贝尔市、通辽市和兴安盟经济的发展主要依赖于第三产业和第二产业。

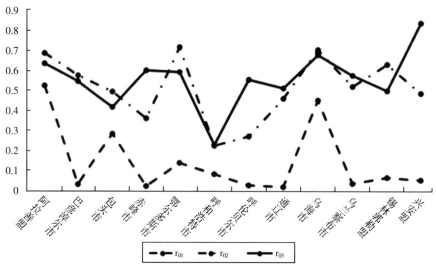

图 5-23　内蒙古资源型城市灰色关联系数变动

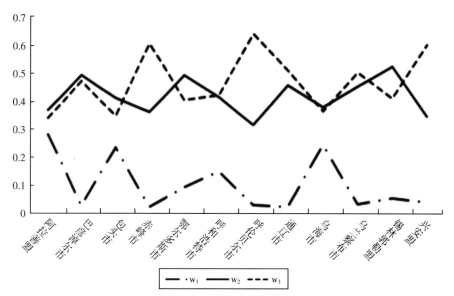

图 5-24　内蒙古资源型城市灰色关联权重变动

第四节　内蒙古资源型城市经济发展效率综合评价分析

为了评价各个资源型城市的效率及其效率的稳定性，需对各资源型城市的面板数据进行分析处理。在效率评价中采用 DEA 中的视窗分析进行评价，DEA 视窗分析既可以分析不同决策单元的相对效率，也可以分析不同时期同一决策单元的效率变化趋势。在评价各个资源型城市相对效率的基础上，应用系统聚类分析对其进行聚类分析。

一、发展效率评价指标选择及数据处理

根据投入产出理论，在 DEA 评价模型中本节选取资本投入、劳动投入、能源投入、土地投入、环境保护投入、财政科技支出和财政教育支出作为投入指标，其中劳动投入采用统计年鉴中的从业人员数，资本投入采用固定资产投资，能源投入采用单位国内生产总值能耗，土地投入采用建成区面积。选取国内生产总值、社会商品零售总额、第三产业占国内生产总值比重和财政收入作为产出指标。

内蒙古资源型城市既有县级市，也有地级市。本节在评价对象选取中以地市级城市为准，具体选取阿拉善盟、包头市、乌海市、鄂尔多斯市、巴彦淖尔市、锡林郭勒盟、赤峰市、通辽市、兴安盟和呼伦贝尔市共 10 个地级市作为评价对象，由于无法获得阿拉善盟历年建成区面积统计数据，在计算阿拉善盟土地投入时用总面积乘以内蒙古城镇化率进行估算。另外，为使被评价对象的数量符合 DEA 分析指标选择的原则（指标数至多是样本数量的一半或投入产出指标数目的乘积不大于样本数），在分析中增加了呼和浩特市和乌兰察布市。按照上面选取的 11 个投入产出指标，样本区间采用2007~2012 年，通过查阅内蒙古和各地级市 2008~2013 年统计年鉴和统计资料，经分析整理总结可得各个决策单元原始数据。

为了消除各种变量的量纲不同带来的影响，对原始数据采用正规标准化处理。处理公式为 $Z_{ij} = \dfrac{x_{ij} - \min(f_j)}{\max(f_j) - \min(f_j)}$，其中 x_{ij} 表示第 i 个评价对象的第 j 个指标的观测值，f_j表示第 j 个评价指标。

本书的分析过程划分为两个阶段，在第一阶段根据标准化后的资源型城市投入产出数据使用 LINGO9.0 测量资源型城市的效率，在第二阶段使用 SPSS 分别对原始投入产出和第一阶段获得的资源型城市 DEA 效率得分、综合栏距和全距进行聚类分析。

二、内蒙古资源型城市经济发展效率评价

资源型城市经济发展的目标在于扩大输出而不是减少投入，但由于产出难以控制而投入更易控制，为评价资源型城市经济发展的规模有效性、技术有效性和综合效率，我们采用输入导向的综合评价（C^2R）和技术有效性评价（BC^2）模型的视窗分析。根据视窗的宽度计算公式，本节的视窗 K=3。

本节利用 LINGO9.0 对资源型城市进行评价，并通过综合评价的结果除以技术有效性评价的结果进行规模效率评价，可得内蒙古资源型城市 2007~2012 年资源型城市经济发展的综合效率（CE）、纯技术效率（TE）和规模效率（为节约版面，效率评价结果未列出，读者如需可向笔者索取）。依据效率评价值分别可计算其均值、方差、综合栏距和全距（综合效率相关计算值见表 5-3），其中均值是被评价对象的算术平均值，方差为被评价对象的标准差，综合栏距、全距依据视窗分析的计算公式计算而得。同时可以计算出内蒙古资源型城市总体及其各自的年度综合效率、纯技术效率和规模效率的均值，内蒙古资源型城市总体年度效率走势如图 5-25 所示。

表 5-3　2007~2012 年内蒙古资源型城市综合效率的均值、方差、综合栏距及全距

	包头市	呼伦贝尔市	兴安盟	通辽市	赤峰市	锡林郭勒盟	鄂尔多斯市	巴彦淖尔市	乌海市	阿拉善盟
均值	1.000	0.6300	0.9366	0.9058	0.9862	0.9365	0.9962	0.9948	0.8784	1.000
方差	0.000	0.0653	0.0737	0.1339	0.0431	0.0653	0.0133	0.0179	0.1572	0.000
综合栏距	0.000	0.1150	0.1350	0.3700	0.1500	0.1510	0.0460	0.0620	0.5090	0.000
全距	0.000	0.2460	0.1930	0.3700	0.1500	0.1850	0.0460	0.0620	0.5090	0.000

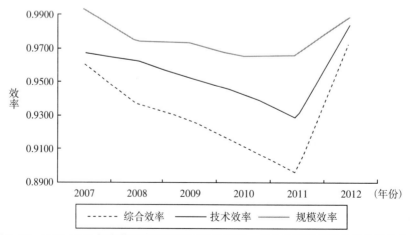

图 5-25　2007~2012 年内蒙古资源型城市综合效率、技术效率和规模效率均值的走势

　　通过分析评价结果，结合投入冗余，可以得出：内蒙古资源型城市整体的综合效率均值为0.9265，损失率为0.0735，方差为0.1305；内蒙古资源型城市整体的技术效率为0.9513，损失率为0.0487，方差为0.1123；内蒙古资源型城市整体的规模效率为0.9727，损失率为0.0273，方差为0.0605。这说明内蒙古资源型城市整体效率较高，各资源型城市效率的变化程度不大，但还有优化提升的空间。2007~2012年内蒙古资源型城市的综合效率和技术效率呈现偏"V"形曲线，2011年为峰底。这说明内蒙古资源型城市经济发展受2008年金融危机的影响相对滞后，影响持续时间较长，与内蒙古资源型城市经济发展的产业结构有关。2007~2012年内蒙古资源型城市的规模效率均值变化不大，且大于0.91小于1，在被评价对象中，规模效益不变的出现79次，占总体的65.83%，规模效益递减出现38次，占总体的31.67%，规模效益递增的只出现了3次，占总体的2.5%，说明内蒙古资源型城市经济发展整体上处于规模报酬不变或递减阶段，经济增长方式仍然是粗放式增长，这不利于经济的全面协调发展。

　　各资源型城市的综合效率、技术效率以及规模效率表现差别不一，其中包头市、阿拉善盟、鄂尔多斯市和赤峰市每一视窗的各评价效率较高，等于1或接近1，占内蒙古资源城市数量的40%；但呼伦贝尔市的效率较低，综合效率均值只有0.63；各资源型城市的规模效率均值都大于0.91。这说明内蒙古资源型城市管理水平、产业结构和规模水平有显著的差异，综合效率的变化主要由技术效率变化引起，经济发展规模对其影响不大，经济发达地区的投入产出效率高，经济欠发达地区投入产出效率明显较低（并非必然关系），暗示了经济的活跃程度有利于提示资源型城市投入产出的效率。

　　按照各个视窗来分析各资源型城市的综合效率、技术效率及其规模效率，即从"行"看效率值的趋势，从"列"看效率值的稳定性：乌海市和通辽市的综合栏距和全距明显偏大，乌海市综合效率的综合栏距达到了0.509，通辽市综合效率的综合栏距达到了0.37，说明这两个城市的投入产出效率表现不稳定，且部分视窗出现了投入产出效率值递减的趋势。包头市、阿拉善盟和鄂尔多斯市的综合栏距和全距等于或接近于0，说明这几个城市的投入产出效率相对稳定。呼伦贝尔市各视窗的效率相对最低，主要是由于该地区经济欠发达，投入与产出都不大。

三、内蒙古资源型城市经济发展的聚类分析

（一）以资源型城市效率均值为特征聚类

　　将内蒙古10个资源型城市的综合效率、技术效率及其规模效率的均值用SPSS采用系统聚类分析法进行聚类分析，聚类结果如图5-26所示，第一类投入产出效率最高，投入产出综合效率都大于0.986。第一类包括了内蒙古老工业城市（赤峰市、包头

市），也包括了内蒙古新兴快速发展的资源型城市（鄂尔多斯市、巴彦淖尔市和阿拉善盟），这一类城市大部分为内蒙古经济发展较快的城市，说明了这一类资源型城市能有效利用投入。第二类为兴安盟、锡林郭勒盟、通辽市和乌海市，该类综合效率大于0.88，小于0.94，其中大于0.9的有三个，该类投入产出效率较高，但还有优化的空间。而呼伦贝尔市独自成为一类，其投入产出效率低，其综合效率均值为0.63，也说明了呼伦贝尔市经济发展比较落后，有待于进一步优化投入资源的配置，改进管理水平，提高技术效率，以提高其投入产出效率。

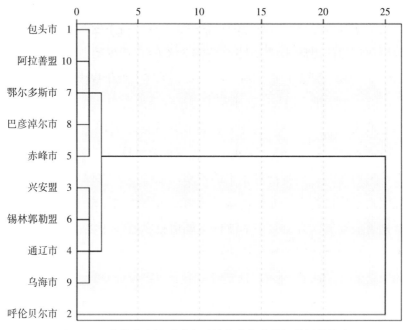

图 5-26　内蒙古资源型城市以效率均值为特征的树状聚类

（二）以资源型城市效率均值、综合栏距和全距为特征聚类

各资源型城市综合效率、技术效率、规模效率的均值及其综合栏距和全距使用SPSS采用系统聚类分析法进行聚类分析，聚类结果如图5-27所示，包头市、阿拉善盟、鄂尔多斯市、巴彦淖尔市4个城市为一类，这一类资源型城市投入产出效率都大于0.99，综合栏距和全距都小于0.062，说明其投入产出效率最高，投入产出效率比较稳定。兴安盟、锡林郭勒盟和赤峰市为一类，这一类资源型城市投入产出效率都大于0.93，综合栏距和全距都小于0.2，它们的投入产出效率较高，投入产出效率变动较小。呼伦贝尔市投入产出效率最低，但效率变动较小，独自成为一类。通辽市和乌海市，其投入产出效率较低，且综合栏距和全距较大，说明这两个城市投入产出效率不稳定，它们各自成为一类。

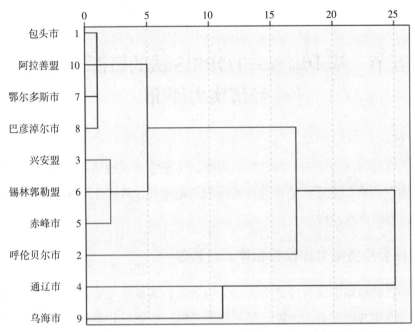

图 5-27　内蒙古资源型城市按效率均值、综合栏距和全距为特征的树状聚类

　　通过 DEA 视窗和聚类分析内蒙古 10 个资源型城市 2007~2012 年投入产出的面板数据，可以得出以下主要结论：内蒙古资源型城市的投入产出效率并非总体有效，主要是由于粗放型增长方式导致规模报酬递减，主要是由于其规模和投入产出不匹配或投入要素有冗余，差异成因各不相同；内蒙古资源型城市投入产出效率不均，资源投入并不一定带来高效率；资源型城市资源禀赋、经济发展规模和区域位置不是影响投入产出效率的唯一要素。这启示我们内蒙古资源型城市要加大高新技术产业的投入，大力发展服务业，主动调整产业结构，积极转变经济发展方式，由粗放型增长向集约型增长过渡。在增加资源投入的同时必须关注效率问题，增加资源投入和提高效率并举才是当前资源型城市经济发展与管理的重要环节。各资源型城市不论资源禀赋、经济结构和基础条件差异多大，都可依据自身特点和发展实际，通过规范管理，科学合理利用资源投入，实现在既定条件下的高效率运行。DEA 视窗分析通过对决策单元面板数据的评价得到相对效率而非绝对效率，即使同其他被评价资源型城市相比，当其他被评价对象的效率水平提高后，原来达到较优状态的资源型城市也可能变成 DEA 无效。在分析各个资源型城市的效率及其影响因素时，还需结合各个资源型城市的实际情况，进行较全面、详细的统计分析。

第五节　基于熵权—TOPSIS 法的资源型城市综合经济实力评价

城市综合经济实力是一个综合性的问题，由于它涉及很多指标的评价，如何选定本质的、内在的指标是评价是否符合实际的关键之处，许多学者根据自己的经验，采用了不同指标体系来分析。

一、综合经济实力评价指标体系的构建

在构建资源型城市综合经济实力指标体系时，需定性与定量相结合，以定量研究方法为主，以定性研究方法为辅，尽可能地选取一些能转化为定量的定性指标，使我们建立的指标体系相对科学。依据资源型城市综合经济实力的要求，遵循目的性、科学性、可比性和可操作性等原则，力求较真实、全面、完善地反映各资源型城市的综合经济实力，依据数据的可获得性，以内蒙古 10 个资源型城市为样本，选取 2005~2013 年 13 项经济指标来构建评价指标体系，包括 X_1——地区生产总值（亿元）；X_2——第三产业产值（亿元）；X_3——单位国内生产总值能耗（吨标准煤/万元）；X_4——人均生产总值（元）；X_5——人均能耗（吨标准煤）；X_6——工业总产值（亿元）；X_7——建筑业总产值（亿元）；X_8——地方财政预算收入（万元）；X_9——失业率（%）；X_{10}——第三产业就业职工（万人）；X_{11}——职工年平均工资（元）；X_{12}——全社会固定资产投资（万元）；X_{13}——社会消费品零售总额（万元）。

二、资源型城市综合竞争力数据的收集和处理

通过查阅 2006~2014 年《内蒙古自治区国民经济和社会发展统计公报》、《内蒙古统计年鉴》、内蒙古统计局官方网站及其各资源型城市地方统计局官方网站，收集整理反映内蒙古资源型城市影响综合经济实力的经济实力、产业结构、基础设施、社会环境的数据。由于各指标的量纲不同，故需对各指标进行去量纲化处理，即归一化处理，在进行归一化处理时，采用式（5.1）进行。

$$x_{ij} = \frac{r_{ij} - \min_i(r_{ij})}{\max_i(r_{ij}) - \min_i(r_{ij})} \quad (i=1,2,\cdots,n; j=1,2,\cdots,m) \qquad 式（5.1）$$

三、基于熵权—TOPSIS 法资源型城市综合经济实力的评价

根据内蒙古资源型城市的指标数据，通过熵权—TOPSIS 法评价，可得各资源型城市的贴近度，如表 5-4 所示。

表 5-4　内蒙古资源型城市基于熵权—TOPSIS 法的贴近度

年份	2013	2012	2011	2010	2009	2008	2007	2006	2005	均值
包头市	0.561	0.708	0.582	0.472	0.490	0.434	0.458	0.536	0.584	0.536
呼伦贝尔市	0.222	0.283	0.215	0.172	0.177	0.154	0.173	0.210	0.181	0.199
兴安盟	0.079	0.095	0.071	0.049	0.050	0.068	0.087	0.092	0.055	0.072
通辽市	0.240	0.309	0.230	0.180	0.187	0.164	0.175	0.185	0.171	0.205
赤峰市	0.264	0.327	0.257	0.207	0.208	0.181	0.206	0.238	0.220	0.234
锡林郭勒盟	0.195	0.189	0.148	0.155	0.157	0.152	0.155	0.196	0.163	0.168
鄂尔多斯市	0.577	0.832	0.592	0.459	0.458	0.386	0.412	0.453	0.449	0.513
巴彦淖尔市	0.182	0.139	0.189	0.187	0.188	0.190	0.196	0.214	0.176	0.185
乌海市	0.456	0.149	0.434	0.562	0.565	0.625	0.597	0.554	0.519	0.496
阿拉善盟	0.268	0.218	0.269	0.360	0.359	0.212	0.330	0.320	0.312	0.294

从表 5-4 可以看出，在各资源型城市中，鄂尔多斯市近几年遥遥领先，其所具有的综合经济实力也在其他城市之上，这得益于其煤炭产业的发展。老工业基地包头市的综合经济实力相对较强，其经济技术基础较好，是内蒙古综合经济实力最强的城市。乌海市次之，阿拉善盟、呼伦贝尔市、赤峰市以及通辽市的综合因子得分介于中间，它们的综合经济实力在内蒙古处于中等水平。兴安盟、锡林郭勒盟和巴彦淖尔市的综合经济实力在内蒙古的资源型城市中排名靠后，这主要是由于自身经济技术基础薄弱，没有形成具有本地特色产业，故而它们的综合经济实力最弱。

城市综合经济实力较强的城市其社会经济体系和经济结构比较协调、完善，特别是在总量和质量指标方面均比较优秀。具有较强综合经济实力的资源型城市，特别是阿拉善盟、乌海市、锡林郭勒盟等，在某些指标上有着一定的优势，但在某些社会经济指标上明显不足，这说明提高城市综合经济实力要求城市社会经济全面发展，在总量和质量方面应均衡发展，互相促进，整体提高。

综上所述，本章在分析内蒙古和内蒙古资源型城市经济发展现状、产业结构和能源消耗的基础上，运用 DEA 视窗和聚类对内蒙古 10 个资源型城市 2007~2012 年的面板数据进行分析，得出以下结论：内蒙古 10 个资源型城市经济发展的效率并非总体有

效，资源型城市投入产出效率不均，资源投入并不一定带来高效率；资源型城市资源禀赋、经济发展规模和区域位置不是影响投入产出效率的唯一要素。通过灰色关联分析对内蒙古资源型城市产业关联度进行分析，结果表明内蒙古资源型城市产业结构发展极不协调，过度依赖于第二产业；运用熵权—TOPSIS法对内蒙古资源型综合经济实力进行评价，结果表明鄂尔多斯市近几年综合经济实力快速提升，包头市和乌海市相对比较强，兴安盟、锡林郭勒盟和巴彦淖尔市在内蒙古资源型城市中综合经济实力排名中比较靠后。

第六章 内蒙古资源型城市能源消耗与碳排放分析

在衡量一个区域低碳经济的发展水平时，主要考察的是该地区的二氧化碳排放量。还有人均二氧化碳排放量、单位国内生产总值二氧化碳排放强度等。另外通过分析区域能源消费结构以及二氧化碳排放的影响因素可以更加清晰地了解区域在发展低碳经济的过程中存在的主要障碍与优势，从而更有针对性地制定发展低碳经济的方针政策。因此下文从能耗强度、能源结构、二氧化碳排放量、人均二氧化碳排放量、碳排放强度以及人均二氧化碳排放量这五个影响因素，对比分析全国、内蒙古和包头市碳排放情况和低碳经济发展水平，并且以资源型城市包头市为对象，分析包头市近年来能源消耗、二氧化碳排放量、碳排放强度、人均二氧化碳排放量及碳排放的主要来源。

第一节 内蒙古能源消耗分析

进入"十五"以来，随着内蒙古工业化、城镇化的快速推进，在以石化（尤其是煤炭）为主导的能源结构前提下，带动了内蒙古能源消耗与二氧化碳排放的快速增加，从而对内蒙古实现可持续发展带来了严峻挑战。

一、内蒙古能源生产总量分析

内蒙古作为我国能源资源相对富裕的地区，在我国对能源需求量激增的大背景下，能源生产一直处于不断增加的态势。如图 6-1 所示，内蒙古 2013 年能源产量高达62261.61 万吨标准煤，2012 年产量为 64027.06 万吨标准煤，达最大值，相比较 1985年的 2027.75 万吨标准煤，28 年增长了 30 多倍。从图 6-2 中可以看出，内蒙古能源生产总量在全国能源生产总量中所占的比例不断提高，最高达 19.29%。2002~2013 年，内蒙古能源生产年均增长率约为 69%，而我国年均增长率仅为 6.6%，2012 年，内蒙古人均能源生产量已经是全国人均能源生产量的 10.5 倍。2001~2013 年，内蒙古能源生产中，煤炭所占比重呈下降趋势，其他能源总体所占能源生产的比重有所上升，但煤炭产量仍超过 90%。

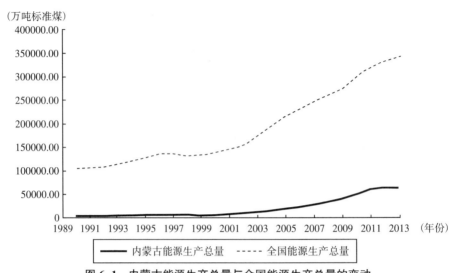

图 6-1　内蒙古能源生产总量与全国能源生产总量的变动

数据来源：内蒙古自治区统计局. 内蒙古统计年鉴［M］. 北京：中国统计出版社，2014.

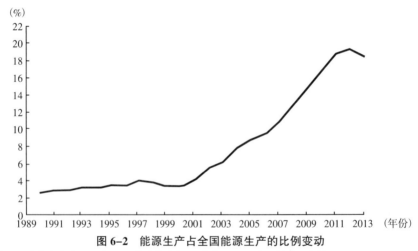

图 6-2　能源生产占全国能源生产的比例变动

数据来源：内蒙古自治区统计局. 内蒙古统计年鉴［M］. 北京：中国统计出版社，2014.

二、内蒙古能源消耗总量与构成分析

21 世纪以来，内蒙古经济得到了快速发展，2013 年 GDP 高达 16832.38 亿元，产业结构由 2000 年的 22.8∶37.9∶39.3 转变为 2013 年的 9.5∶54.0∶36.5。随着内蒙古经济快速发展，特别是工业的快速发展，内蒙古能源消费总量增长迅速，能源消耗总量已由 2000 年的 3937.5 万吨标准煤增加到 2013 年的 22657.49 万吨标准煤（见图 6-3），增长了4.75倍。在能源消耗中，煤炭、石油和天然气是内蒙古能源消耗的主要品种，2013年内蒙古煤炭、石油和天然气消耗占总的能耗比例分别为87.63%、7.74%和2.46%（见表6-1）。从图6-4可以看出，内蒙古单位国内生产总值能耗2000~2012年在波动中逐渐降低，2000年前下降幅度较大，之后下降速度变慢。

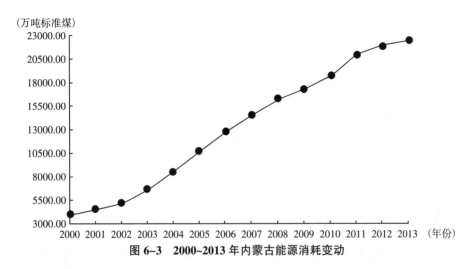

图6-3 2000~2013年内蒙古能源消耗变动

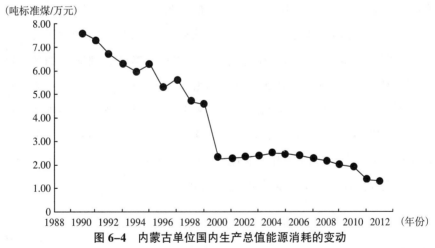

图6-4 内蒙古单位国内生产总值能源消耗的变动

由表6-1中可以看出，2000~2013年煤炭消费在内蒙古能源消费中所占比例非常高，2000~2005年煤炭消费所占比例均高于90%，其中2004年最高，高达95.1%。自2006年以来，这一比例不断下降，但仍高于86%。天然气消费的比例总体呈现上升的趋势，但这一比例仍然比较低，最高才3.37%。其他能源包括水电所占比例总体趋势为上升，其中2013年达到最高值，所占比例为2.17%。从表6-1中可以看出，内蒙古能源消费中，天然气及水电等清洁能源消费在一次能源消费中的比例非常低，高度依赖以煤炭为主的化石燃料的能源结构必然导致内蒙古较高的碳排放。

表 6-1　2000~2013 年内蒙古能源消耗构成表

年份	构成比例（%）			
	煤炭	石油	天然气	其他
2000	93.14	4.58	0	2.28
2001	93.14	4.27	0.04	2.55
2002	93.47	3.47	0.05	3.01
2003	94.32	3.04	0.41	2.23
2004	95.10	2.88	0.11	1.91
2005	90.44	8.60	0.78	0.18
2006	89.67	8.64	1.49	0.2
2007	88.79	8.35	2.40	0.46
2008	88.09	8.99	2.47	0.45
2009	86.36	9.10	3.37	1.17
2010	86.60	8.96	3.02	1.42
2011	87.08	9.15	2.34	1.43
2012	87.59	8.36	2.30	1.75
2013	87.63	7.74	2.46	2.17

从内蒙古能源消耗的终端变化情况看，工业和城镇化是影响当前内蒙古能源消耗的主要领域，2000~2013 年内蒙古工业增加值和城镇化率年均增速分别为 21.8% 和 1.21%，较快的工业和城镇化发展水平必然拉动相应能源消耗的快速增长，2000~2010 年内蒙古居民家庭消费、工业消耗和交通运输能源年均增速分别达到 21%、116.4% 和 22.7%，占总能耗的比重分别为 10.3%、68.4% 和 7.9%（见表 6-2）。重点工业行业能源消耗情况（见表 6-3），化学原料及化学制品制造是内蒙古能源消耗的主要领域，2013 年总的能耗为 3488.42 万吨标准煤，占工业总能耗的比重达到 24.65%，次之是黑色金属冶炼和煤炭开采行业，2013 年其总能耗分别为 3193.37 万吨标准煤和 1689.55 万吨标准煤，占工业能源消耗的比重分别达到 22.56% 和 11.94%。

表 6-2　内蒙古自治区各部门能源消耗情况（万吨标准煤）

单位：万吨标准煤

年份	2002	2003	2004	2005	2006	2007	2008	2009	2010	2011	2012	2013
家庭	251.7	289.0	280.3	1022.1	1131.5	1229.4	1263.6	1532.8	1738.3	1914.0	2028.5	2121.6
农牧业	159.3	184.0	192.7	319.5	377.7	346.5	381.4	457.1	514.2	538.3	517.6	534.7
服务业	95.9	109.0	98.1	308.6	360.7	407.0	481.0	870.8	983.9	1066.0	1167.9	975.2
交通运输	168.3	178.0	181.8	688.8	786.0	892.2	1056.5	1170.3	1322.9	1424.8	1592.6	1629.2
工业	4378.3	5138.0	5629.5	6936.8	8093.8	9352.4	10202.9	10682.1	11501.8	12959.6	13588.6	14154.4
其他	77.6	86.0	93.6	277.1	120.0	131.4	151.3	182.2	472	493.9	533.7	809.5
非能源消费	59.2	70.0	75.4	287.2	322.8	364.3	424.4	448.2	105.8	340.2	356.9	360.6
合计	5190.1	6052.0	6551.3	9666.1	11163.1	12723.2	13960.9	15343.6	16820.3	18736.9	19785.7	20585.2

表6-3　重点工业行业能源消耗情况

	2005 年		2010 年		2013 年	
	能源消耗（万吨标准煤）	占工业能源消耗比重（%）	能源消耗（万吨标准煤）	占工业能源消耗比重（%）	能源消耗（万吨标准煤）	占工业能源消耗比重（%）
煤炭开采行业	702.00	6.52	1229.13	10.97	1689.55	11.94
石油加工炼焦及核燃料	321.00	2.98	488.21	4.36	739.80	5.23
化学原料及化学制品制造	883.00	8.20	1363.99	12.18	3488.42	24.65
非金属矿物制品业	576.00	5.35	529.14	4.72	812.55	5.74
黑色金属冶炼	1455.00	13.50	1798.19	16.06	3193.37	22.56
电力、热力的生产和供应	3655.00	34.05	4307.85	38.46	1195.21	8.44

三、内蒙古能源供需总量分析

从图6-5可以看出，内蒙古能源生产除了满足自身能源消费的需要外，绝大部分能源输往外省，已经成为我国最重要的能源基地。近年来内蒙古能源生产的飞速增长，促进内蒙古经济规模不断扩大，并引致内蒙古能源消费量不断增加。特别是2000年后，内蒙古能源消费量呈现加速增长的态势。2012年内蒙古能源消费达最大值，为22103.3万吨标准煤，是1985年的11倍。内蒙古能源消费规模与能源生产相比较，能源消费的发展明显滞后于能源生产。2000年之前，内蒙古能源生产和能源消费无论在总量方面还是增长率方面都基本保持一致，达到收支平衡；2000年之后，能源消费逐渐落后于能源生产而且差距进一步拉大。从内蒙古消费量占全国能源消费量来看（见图6-6），尽管内蒙古占比不断增加，2012年内蒙古消费量占全国能源消费量达最大值，为5.8%，但远低于能源生产的18.7%。这说明内蒙古并没有发展对能源有较强需求的工业体系。

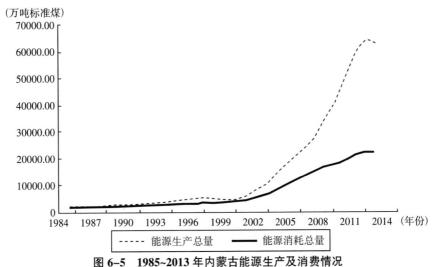

图6-5　1985~2013 年内蒙古能源生产及消费情况

数据来源：内蒙古自治区统计局.内蒙古统计年鉴（2013）[M].北京：中国统计出版社，2014.

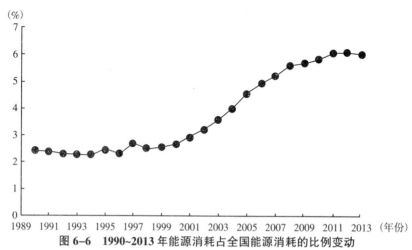

图 6-6　1990~2013 年能源消耗占全国能源消耗的比例变动

数据来源：内蒙古自治区统计局.内蒙古统计年鉴（2013）［M］.北京：中国统计出版社，2014.

四、内蒙古人均能源消耗分析

从图 6-7 中可以看出，2002~2013 年全国人均能源消费量保持了平稳增长的态势，而内蒙古人均能源消费量不断增加。年均增长率约为 30%，出现了井喷式的增长，内蒙古人均能源消费增速远远超出全国水平，人均能源消费差距不断拉大，特别是 2012 年内蒙古人均能源消费高达全国的 3.32 倍。

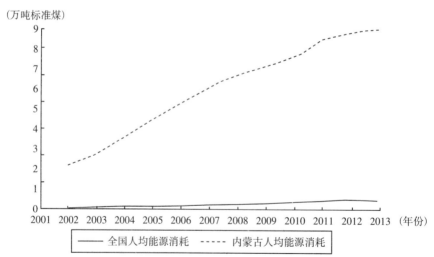

图 6-7　2002~2013 年全国人均能源消费与内蒙古人均能源消费对比

数据来源：内蒙古自治区统计局.内蒙古统计年鉴（2013）［M］.北京：中国统计出版社，2014；中华人民共和国国家统计局.中国统计年鉴（2013）［M］.北京：中国统计出版社，2014.

五、内蒙古能源消费弹性系数分析

能源消费弹性系数=能源消费量年平均增长速度÷国民经济年平均增长速度，是反映能源消费增长速度与国民经济增长速度之间比例关系的指标。能源消费弹性系数大于1，表示能源消费量年平均增长速度高于经济年平均增长速度，低于1则说明能源消费量年平均增长速度低于经济年平均增速。从表6-4中可以看出内蒙古能源消费弹性系数2001~2005年均大于1，说明这段时间内蒙古能源消费量年平均增长速度高于经济年平均增长速度；2006~2013年能源消费弹性系数小于1表明能源消费量年均增长速度低于经济年均增长速度。

表6-4　2000~2013年内蒙古能源消耗弹性系数

年份	2000	2001	2002	2003	2004	2005	2006	2007	2008	2009	2010	2011	2012	2013
能源消耗弹性系数	0.77	1.24	1.25	1.56	1.44	1.13	0.84	0.72	0.58	0.52	0.64	0.80	0.49	0.45

第二节　内蒙古资源型城市能源消耗分析

为了便于分析，下面以内蒙古资源型城市包头市为分析对象，本节所用包头市不同产业能源消费的数据参考2013年《包头市统计年鉴》。

一、内蒙古资源型城市能源消耗分析

根据《包头市统计年鉴》（2013）可以看出，包头市目前在进行数据统计的行业主要划分为：煤炭开采和洗选业、黑色金属矿采选业、有色金属矿采选业、化学原料及化学制品加工业、黑色金属冶炼及压延加工业以及有色金属冶炼及压延加工业等25个行业。为了方便计算，本节根据《国家行业分类标准（大类）》将包头市25个行业归为采矿业、制造业以及电力、燃气及水的生产和供应业三大类，如表6-5、表6-6、表6-7所示。

表6-5　2012年包头市采矿类行业能源消费量统计表

行业	原煤（吨）	焦炭（吨）	汽油（吨）	柴油（吨）	电力（万千瓦时）
煤炭开采和洗选业	7379485		31	40246	7190
黑色金属矿采选业	792194		496	47229	124766
有色金属矿采选业	38056		17	290	6808

注：因表中数据来自《包头市统计年鉴》（2013），而《包头市统计年鉴》（2013）中焦炭数据缺失或部分缺失，故表中焦炭数据缺失。

表6-6 2012年包头市制造业能源消费量统计表

行业	原煤（吨）	焦炭（吨）	汽油（吨）	柴油（吨）	电力（万千瓦时）
农副食品加工业	96041		109	285	6328
食品制造业	2774		12		9116
饮料制造业	38052		297	174	2728
纺织业	22747		74	51	2351
皮革鞋制加工业					71
造纸及纸制品业	74330				2311
印刷业和记录媒介的复制业					157
石油加工、炼焦及核燃料加工业	24		19	22	988
化学原料及化学制品加工业	4003222	41922	49	833	128845
医药制造业	1900				126
非金属矿物制品业	70904		329	1086	35481
黑色金属冶炼及压延加工业	3112455	7318006	1342	37101	1227612
有色金属冶炼及压延加工业	5133033	16087	1171	3829	1787551
金属制品业	18570		589	19	10718
通用设备制造业	8408	1429	192	248	23159
专用设备制造业	52688	93	327	1490	54471
交通运输设备制造业	8257		1103	1993	13850
电器机械及器材制造业	1538		132	60	5088
工艺品及其他制造业	2721		20		473

注：因表中数据来自《包头市统计年鉴》（2013），而《包头市统计年鉴》（2013）中焦炭数据缺失或部分缺失，故表中焦炭数据缺失或部分缺失。

表6-7 2012年包头市电力、燃气及水的生产和供应业能源消费量统计表

行业	原煤（吨）	焦炭（吨）	汽油（吨）	柴油（吨）	电力（万千瓦时）
电力、热力的生产和供应业	13845099		642	4359	196383
煤气生产和供应业			76	145	1429
水的生产和供应业	9051		162	16	8083

注：因表中数据来自《包头市统计年鉴》（2013），而《包头市统计年鉴》（2013）中焦炭数据缺失或部分缺失，故表中焦炭数据缺失或部分缺失。

由表6-5、表6-6、表6-7数据计算得出：三个行业类别分别消费五种燃料的数据汇总如表6-8所示。

表6-8 2012年包头市不同行业大类能源消费情况

类别	原煤（吨）	焦炭（吨）	汽油（吨）	柴油（吨）	电力（万千瓦时）
采矿业	8209735		544	87765	138764
电力、燃气及水的生产和供应业	13854150		880	4520	205895
制造业	12647664	7377537	5765	47191	3311424
总计	34711549	7377537	7189	139476	3656083

注：因表中数据来自《包头市统计年鉴》（2013），而《包头市统计年鉴》（2013）中焦炭数据缺失或部分缺失，故表中焦炭数据缺失或部分缺失。

二、内蒙古资源型城市单位产值能耗分析

能耗强度，也叫能源密度或单位产值能耗，其概念是生产单位产品所消耗的能源量。该值反映国民经济对能源的利用效率，是经济增长质量的重要指标，主要反映由于技术水平不同造成的能源利用效率的不同。能耗强度越低，说明生产单位产值需要消耗的能源越少，国内生产总值的质量就越高。

能耗强度的计算公式为：

$$D = \frac{S}{GDP} \qquad 式（6.1）$$

式（6.1）中，D 为能耗强度；S 为能源消费量；GDP 为国内生产总值。

在能耗强度的计算中，主要使用的指标为 2006~2012 年全国、包头市的能源消费情况与国内生产总值数据，数据来源为全国与包头市的统计年鉴。自 2003 年我国提出科学发展观以来，由于技术进步和实施节能技术改造等方式，使得能源利用效率显著提高，能耗强度有明显的下降。计算得出了全国、包头市的能耗强度数据。

从表 6-9 中可以看出，包头市的能耗强度明显偏高。2006 年全国能耗强度为 1.20 吨标准煤/万元，包头市能耗强度为 2.63 吨标准煤/万元，是全国能耗强度的 2.2 倍。2012 年全国能耗强度为 0.70 吨标准煤/万元，包头市的能耗强度为 1.38 吨标准煤/万元，约相当于全国能耗强度的 2 倍。以上数据说明包头市能耗强度下降的速度要稍快于全国能耗强度的下降，这对于包头市发展低碳经济来说是一个有利条件。

表 6-9 2006~2012 年能耗强度

单位：吨标准煤/万元

年份	全国	包头市
2006	1.20	2.63
2007	1.06	2.29
2008	0.93	1.81
2009	0.90	1.68
2010	0.81	1.63
2011	0.74	1.50
2012	0.70	1.38

自 2006 年以来包头市经济迅猛发展，生产总值从 2006 年的 1035 亿元增加至 2012 年的 3409.5 亿元，增长了 3 倍多。然而，高速的经济发展必然拉动能源消费的快速增长，包头市能源消费从 2006 年的 2724 万吨标准煤增长至 2012 年的 4699.32 万吨标准煤，增长了 1.6 倍。虽然包头市的能源消费量不断增加，但从表 6-9 中可以看出单位国内生产总值能耗呈现下降的趋势，说明包头市的能源利用效率在不断提高。包头市总

体的能耗强度要远远高于全国，这说明包头市单位国内生产总值能耗仍然偏高，与全国平均水平相比较，包头市的能源利用效率较低。包头市的能源利用效率低下主要是由于包头市的产业结构不合理、技术水平落后以及能源消费结构以煤炭为主等。

三、内蒙古资源型城市能源消费结构分析

能源消费结构指的是各类能源在能源消费总量中的占比。不同国家、不同地区的能源消费结构各不相同，资源环境、经济发展与增长方式以及技术水平等都是影响各地区能源消费结构的因素。研究能源消费结构可以掌握能源消耗情况，并奠定能源战略的制定和调整的基础，可以根据能源消费结构的变化趋势，挖掘节能的潜力，对未来能源消费结构进行预测。

由于一次能源主要分为煤炭、石油、天然气、水和电，同时水、电两类能源的二氧化碳排放强度为0，因此，本节分别计算了煤炭、石油、天然气在能源消费总量中所占的比例，使用的主要数据为中国、包头市的统计年鉴提供的能源消费结构数据。

2006~2012年包头市的能源消费结构中，煤炭所占比重维持在60%左右，占据了绝对的主要地位；石油的消费占比没有太大的变化，约为5%；天然气的消费比重变化较为明显，呈现出逐年上升的趋势，由2006年的1%增加到2012年的7%左右。但是与世界能源消费结构中煤炭仅占30%左右的情况相比较，包头市仍有较大差距。这主要是由包头市能源资源结构所决定的。由于包头市能源资源具有"富煤、少气"的特征，因此包头市以煤炭为主要能源的能源消费结构，在短期内很难出现较大改变，这种能源消费结构仍将继续，并且煤炭所占比重也将继续维持在60%左右，但是近年来通过政府不断推行改善能源消费结构的政策，石油与天然气消费在能源消费结构中的比例不断提升，由于煤炭的碳排放系数在一次能源中最高，所以煤炭的相对比重下降对于减缓包头市碳排放量有一定的推动作用。

第三节　内蒙古资源型城市产业结构和能源消耗灰色关联分析

一、产业结构和能源消耗灰色关联分析指标的选取和收集

鉴于数据的可得性，选取内蒙古资源型城市2005~2013年的相关数据作为样本，

具体变量包括：内蒙古资源型城市国内生产总值（GDP）作为系统特征序列 X_0，表示经济增长；X_1、X_2、X_3 分别表示第一产业总值、第二产业总值、第三产业总值，代表内蒙古资源型城市产业结构；能源消费总量 X_4（单位：万吨标准煤），能源利用效率 X_5 即单位产值能耗（单位：万吨标准煤/亿元）。

二、内蒙古资源型城市产业结构和能源消耗灰色关联分析

在进行灰关联分析时，先对内蒙古资源型城市特征序列和比较序列采用均值标准化，可得内蒙古资源型城市无量纲化数据，为进一步了解其变动趋势，绘制了内蒙古资源型城市产业结构和能源消耗无量纲化数据序列趋势，如图 6-8~图 6-17 所示。

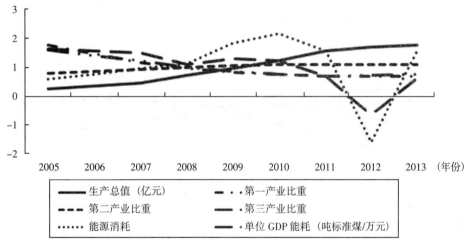

图 6-8　阿拉善盟产业结构和能源消耗无量纲化数据序列趋势

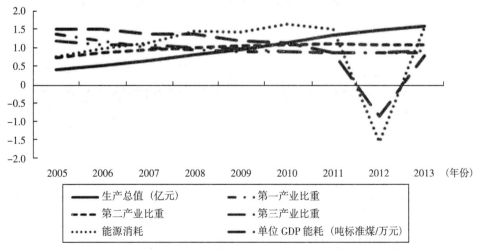

图 6-9　巴彦淖尔市产业结构和能源消耗无量纲化数据序列趋势

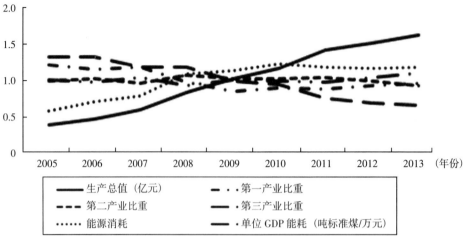

图 6-10 包头市产业结构和能源消耗无量纲化数据序列趋势

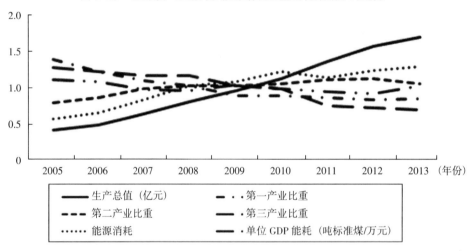

图 6-11 赤峰市产业结构和能源消耗无量纲化数据序列趋势

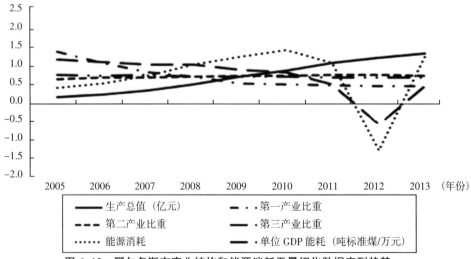

图 6-12 鄂尔多斯市产业结构和能源消耗无量纲化数据序列趋势

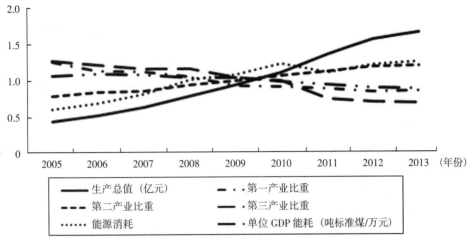

图 6-13　呼伦贝尔市产业结构和能源消耗无量纲化数据序列趋势

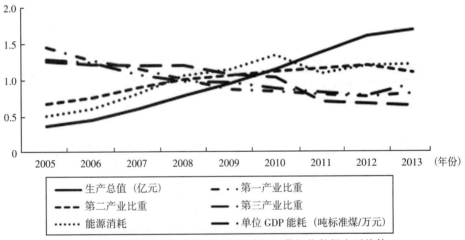

图 6-14　通辽市产业结构和能源消耗无量纲化数据序列趋势

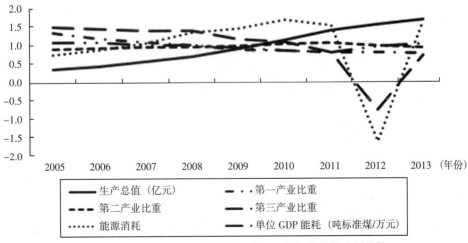

图 6-15　乌海市产业结构和能源消耗无量纲化数据序列趋势

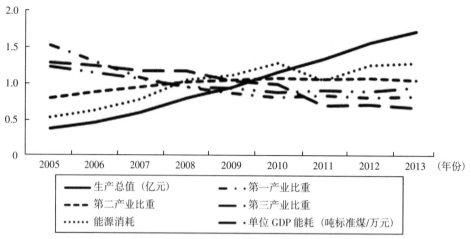

图 6-16　锡林郭勒盟产业结构和能源消耗无量纲化数据序列趋势

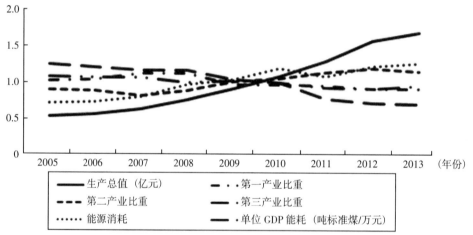

图 6-17　兴安盟产业结构和能源消耗无量纲化数据序列趋势

根据灰色关联理论，通过计算可以获得内蒙古资源型城市的综合关联度，结果如表 6-10 所示。

表 6-10　内蒙古资源型城市灰色关联系数表

	r_1	r_2	r_3	r_4	r_5
阿拉善盟	0.224073	0.334575	0.231392	0.325349	0.252398
巴彦淖尔市	0.316383	0.412019	0.347445	0.322704	0.280228
包头市	0.128271	0.228886	0.219794	0.232498	0.162250
赤峰市	0.293506	0.421626	0.340840	0.460198	0.289907
鄂尔多斯市	0.236842	0.368863	0.354737	0.358194	0.259190
呼伦贝尔市	0.221768	0.291214	0.174002	0.252610	0.158296
通辽市	0.183942	0.328060	0.243154	0.271119	0.179967
乌海市	0.328730	0.384864	0.352155	0.354004	0.262598
锡林郭勒盟	0.185673	0.263774	0.253127	0.291811	0.185766
兴安盟	0.273362	0.413895	0.272429	0.369879	0.230802

从图 6-8~图 6-17 可以看出，在 2005~2013 年，内蒙古资源型城市产业结构发生如下变化：第一产业产值占经济总体的比重逐渐下降；第二产业稳步上升，但趋势渐缓；第三产业虽有波动但总体保持上升趋势，产业结构的变迁符合"库兹涅茨三次产业理论"。同时可以看出内蒙古资源型城市产业结构正向第二产业、第三产业转移，且与第二产业的关联系数较大，第二产业为内蒙古资源型城市的优势主导产业。

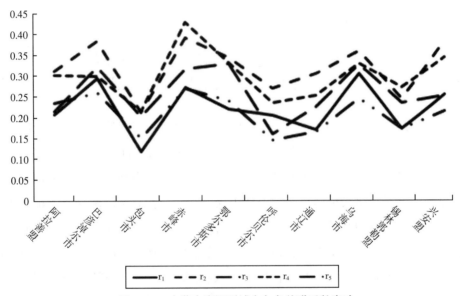

图 6-18　内蒙古资源型城市灰色关联系数变动

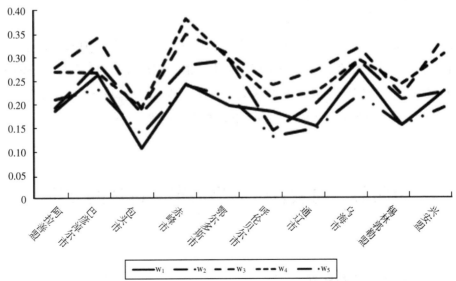

图 6-19　内蒙古资源型城市灰色关联权重变动

表 6-11　内蒙古资源型城市灰色关联权重表

	w_1	w_2	w_3	w_4	w_5
阿拉善盟	0.163822	0.244610	0.169173	0.237865	0.184530
巴彦淖尔市	0.231310	0.301231	0.254020	0.235932	0.204877
包头市	0.093780	0.167340	0.160693	0.169981	0.118622
赤峰市	0.214585	0.308254	0.249191	0.336454	0.211953
鄂尔多斯市	0.173157	0.269678	0.259351	0.261879	0.189496
呼伦贝尔市	0.162136	0.212909	0.127214	0.184685	0.115731
通辽市	0.134481	0.239847	0.177772	0.198217	0.131575
乌海市	0.240337	0.281377	0.257463	0.258815	0.191987
锡林郭勒盟	0.135747	0.192847	0.185063	0.213345	0.135815
兴安盟	0.199857	0.302602	0.199175	0.270422	0.168741

从表 6-10、表 6-11 和图 6-18~图 6-19 关联度排序可以看出，五个变量序列中与经济增长关系最大的为能源消费总量。从图 6-8~图 6-17 也可以看出，能源消费总量无量纲化序列与 GDP 曲线的关联程度更紧密，这与灰色关联分析一致。它们都说明内蒙古资源型城市的经济增长仍然靠能源消费驱动，能源消费总量的增加比能源利用效率的提高更能促进经济的增长。另外，与经济增长关联度较高的是第二产业，显示出第二产业既是内蒙古资源型城市的支柱产业，也是能源消耗最大的产业，今后要加快内蒙古资源型城市经济发展，必须率先从调整产业升级和改善能源利用效率开始。

从产业结构方面看，第二产业与经济增长的关系最为紧密，这表明它对经济增长率的影响较为稳定，在经济发展中起着"稳定器"的作用。而第三产业与经济增长关联度较靠后，反映内蒙古资源型城市第三产业发展仍比较薄弱。

从能源消费方面看，能源消费与能源利用效率对经济增长具有重要的推动作用，显示了它们与经济增长存在显著的正相关关系。能源利用效率的关联度位于能源消费总量和第二产业产值之后，说明尽管内蒙古资源型城市的能源经济效率和技术效率有了一定程度提高，但能源利用效率偏低的状况仍有待改进。

第四节　内蒙古资源型城市碳排放的分析

一、内蒙古碳排放核算

碳排放量指由人类生产活动过程中产生的温室气体的总称，而二氧化碳是温室气体中最主要的成分，因此用碳作为代表。常用的碳排放量指标主要是二氧化碳排放量和人均二氧化碳排放量。二氧化碳排放量是指某一时期内某单位或区域生产、生活所排放的二氧化碳的总和。该值是衡量地区低碳经济发展水平的直观指标。由于目前没有官方的二氧化碳排放统计，因此下面根据吨标准煤与二氧化碳的排放关系，来估算内蒙古近年来由化石燃料燃烧所引起的二氧化碳排放。本节对内蒙古总的碳排放量采用式（6.2）进行估算：

$$C = \sum_i \frac{E_i}{E} \times \frac{C_i}{E_i} \times E = \sum_i S_i \times F_i \times E \qquad 式（6.2）$$

式（6.2）中，E 为一次能源的消耗总量，F_i 为 i 类能源的碳排放强度，S_i 为 i 类能源在总能源消费中所占的比重。其中，F_i 的取值参照《2006 年 IPCC 国家温室气体清单指南》中的标准，具体标准如表 6-12、表 6-13 所示。

表 6-12　各类能源的碳排放系数

项目	煤炭	石油	天然气	水电、核电
F_i（万吨碳/万吨标准煤）	0.7669	0.5854	0.4478	0

数据来源：国家温室气体清单. 2006 年 IPCC 国家温室气体清单指南［M］. 东京：日本全球环境战略研究所，2006.

表 6-13　不同能源类型转换系数

能源种类	原煤	焦炭	汽油	柴油
转换系数	0.7143	0.9714	1.4714	1.4771

通过计算可以得出内蒙古 1995~2013 年的碳排放，如表 6-14 所示。2013 年内蒙古二氧化碳排放总量达到 62235.1 万吨，是 2000 年排放总量的 3.3 倍多，年均增速为 12.6%。从主要消耗能源排放情况看，2013 年，内蒙古二氧化碳排放 80%以上是由原煤燃烧引起的，除原煤以外其他在总排放量中份额较大的能源也大都是煤炭的相关产品，如电力，其合计所占比重大约在 86.7%左右，而石油类、天然气类能源产品二氧化碳排放中所占份额相对较小，在 13%左右。

表 6-14　内蒙古能源消耗二氧化碳排放情况

年份	能源消耗（万吨标准煤）	碳排放量（万吨）
1995	3268.44	2137.999
1996	3144.36	2347.527
1997	3708.95	2746.493
1998	3440.06	2614.141
1999	3634.88	2752.916
2000	3937.54	2918.119
2001	4453.48	3293.199

续表

年份	能源消耗（万吨标准煤）	碳排放量（万吨）
2002	5190.12	3826.980
2003	6612.77	4913.104
2004	8601.81	6422.748
2005	10788.37	8064.022
2006	12835.27	9561.123
2007	14703.32	10888.703
2008	16407.63	12130.251
2009	17473.68	12767.080
2010	18882.66	13786.434
2011	21148.52	15477.738
2012	22103.30	16157.000
2013	22657.49	16503.492

二、内蒙古碳排放分析

从图 6-20 可以看出，1995~2013 年，内蒙古碳排放量总体在不断增加。特别是 2000 年以来，其数值猛增，2000~2005 年更是呈现出指数增长的趋势，年平均增长率达到了 19.07%。内蒙古碳排放量的年增长率 2005 年以后才逐渐放缓，2013 年的年增长率降低为 6.94%。

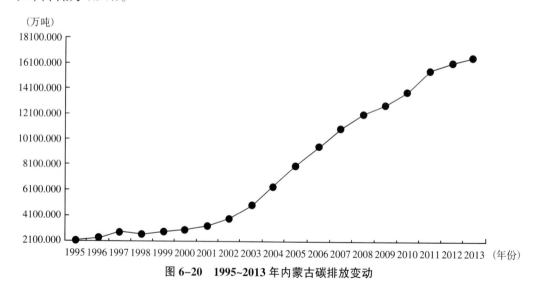

图 6-20　1995~2013 年内蒙古碳排放变动

1995~2013 年，内蒙古人均碳排放量与全国人均碳排放量的总趋势一致，但内蒙古的人均碳排放量一直高于全国，特别是 2002 年以来，这种差距逐渐增大。2013 年，全国人均碳排放量为 1.763331 吨/人，而内蒙古人均碳排放量则约为全国的 3.75 倍。另外，从图 6-21 中可以明显看出，内蒙古人均碳排放的增长速度远远大于全国人均碳排放的增长速度，通过计算得出 1995~2013 年，全国人均碳排放的年均增长率为 5.42%，而内蒙古的年均增长率则为 11.95%。

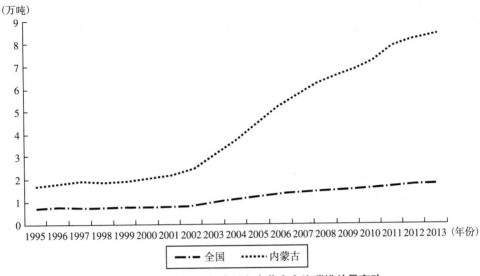

图 6-21　1995~2013 年全国和内蒙古人均碳排放量变动

从图 6-22 可以看出，1995~2013 年，内蒙古万元 GDP 碳排放量远远高于全国万元 GDP 碳排放量，但近年来，这种差距有缩小的趋势。自 2004 年以来，内蒙古万元 GDP 碳排放量呈现出逐年递减的趋势，从 2004 年的 2.11 吨/万元降低到 2013 年的 0.98 吨/万元，尽管如此，仍相当于全国 2001 年万元 GDP 碳排放量的水平，综上所述，可以看出内蒙古的碳减排形势极其严峻。

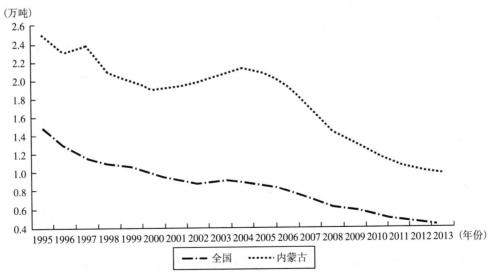

图 6-22　1995~2013 年全国和内蒙古万元 GDP 碳排放量变动

三、内蒙古资源型城市碳排放核算

由于缺少 2006 年前的有关统计资料，下面将对包头市 2006~2012 年能源消耗的碳排放量进行核算，经查阅《包头市统计年鉴》，可以计算得出 2006~2012 年包头市能源消费二氧化碳排放的情况，结果如表 6-15 所示。

表 6-15　2006~2012 年包头市碳排放量

单位：万吨

年份	碳排放量
2006	1278.947
2007	1521.158
2008	2113.661
2009	2261.751
2010	2464.125
2011	2281.629
2012	2365.861

四、内蒙古资源型城市碳排放分析

经过计算可以得出包头市主要行业碳排放的占比，如表 6-16 所示，由数据展示结果可以看出，《包头市统计年鉴》(2012) 涉及的三个大类行业中，制造业二氧化碳排放量占比最大，为 47%；电力、燃气及水的生产和供应业次之，占比 30%；采矿业二氧化碳排放占比最小，为 19%。

表 6-16　2012 年包头市不同行业类型二氧化碳排放占比

类别	采矿业	电力、燃气及水的生产和供应业	制造业
二氧化碳排放量（万吨）	450.99609	718.5071252	1046.233345
占比（%）	19	30	47

经过分析看出，在包头市整个产业结构中，二氧化碳排放量占比较大的行业都具有高耗能、高排放的共同特征。可以通过调整这些企业在包头市产业结构中的比例来控制包头市的二氧化碳排放量。

由图 6-23、图 6-24、图 6-25 可知，从趋势来看，包头市、内蒙古和全国碳排放量均呈现出逐年递增的趋势，但人均碳排放量整体呈下降趋势，包头市碳排放的增长速度要明显高于全国水平，包头市人均碳排放量也高于全国水平。

比较二氧化碳排放强度发现，包头市的二氧化碳排放强度水平明显要高于全国。但国内生产总值的二氧化碳排放水平均呈现下降趋势。包头市二氧化碳排放强度从

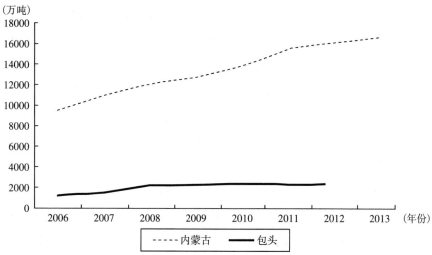

图 6-23　2006~2013 年内蒙古和包头市碳排放量对比

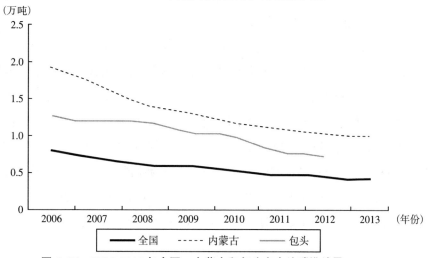

图 6-24　2006~2013 年全国、内蒙古和包头市人均碳排放量

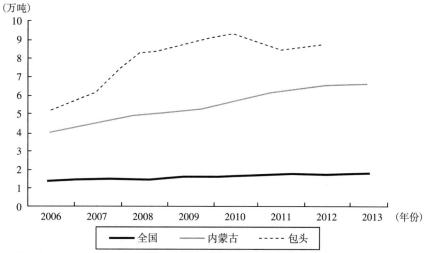

图 6-25　2006~2013 年全国、内蒙古和包头市单位生产总值碳排放量

2006 年的 1.20 吨/万元逐渐降低至 2012 年的 0.74 吨/万元。二氧化碳排放强度不断下降说明二氧化碳排放量的增长速度要小于国内生产总值的增长速度，表明包头市总体经济状况良好，能源利用效率不断提高。

另外，从有关统计年鉴中不难发现，并没有对第一产业和第三产业的能源消费数据进行跟踪统计。生活能耗用于满足人们生活的基本需要，随着家庭生活电气化率越来越高，空调等制冷、制暖设施消费了大量的电力、天然气等能源。随着包头市城市化进程的不断加快，居民生活质量提高，民用能源增加导致二氧化碳排放不断增多，人均生活消费二氧化碳排放将会上升。鉴于第三产业具有碳排放强度小、变化相对比较稳定的特征，并且是全国乃至全世界发展的中心，包头市应鼓励第三产业迅速发展，加快速度提升金融保险、房地产和社会服务业的比例，使得行业内部结构不断得到升级，从而利用第三产业碳排放的特征及其迅猛发展，在一定程度上降低包头市自身的能源消费量，降低第二产业二氧化碳排放量。

综上所述，本章以分析影响内蒙古和包头市碳排放量的因素为出发点，从能源消耗、能耗强度、能源结构、二氧化碳排放量、人均二氧化碳排放量以及碳排放强度等方面进行分析。从能耗强度方面来看，由于包头市的产业结构以第一产业为主，能源消耗较大，因此能耗强度在全国范围内处于较高的水平；从能源消费结构来看，由于我国资源禀赋的特点是"多煤、少气、缺油"，因此包头市的能源消费结构呈现出以煤炭为主，石油为辅的特征，同时天然气的比例不断增加；从二氧化碳排放量来看，包头市人均碳排放量远远高于全国水平，说明包头市的低碳经济发展水平相对比较落后，原因在于能源结构与经济发展对于碳排放共同的正向驱动效应。

第七章 内蒙古资源型城市低碳经济发展评价

在转变经济发展方式和产业结构优化升级,大力发展低碳经济、循环经济、绿色经济,促进人类与生态和谐发展的大环境下,发展低碳经济是资源型城市能否成功转型的关键,也是资源型城市可持续发展的重要途径之一。但由于资源型城市在发展过程中面临着资源枯竭和环境恶化等问题,加之矿山的综合开发利用水平低,缺乏高附加值的产品,以及一些旧的体制和政策的阻碍,使得资源型城市的发展相对滞后。资源和能源消耗高且环境污染严重已成为可持续发展的最大障碍。因此,在调整产业结构、发展低碳经济、构建人与自然和谐发展的背景下,有必要对内蒙古资源型城市发展低碳经济的水平进行评价,以便了解各城市低碳经济发展的现状,促进资源型城市的可持续发展。

第一节 内蒙古低碳经济发展效率分析

一、低碳经济发展效率评价指标的选择及数据处理

在对内蒙古低碳经济发展效率进行评价时,根据投入产出理论,输入指标选取劳动投入、资本投入和能源投入,输出指标选取国内生产总值与碳排放量。劳动投入一般用标准劳动强度的劳动时间来衡量,由于缺乏这方面的统计资料,在参考其他研究的基础上,采用内蒙古从业人员数作为劳动投入量指标;资本投入用新增资本投入来反映,不考虑存量资本,用内蒙古固定资产投资来反映;能源投入采用内蒙古能源消费总量。国内生产总值反映地区经济发展变化,用内蒙古地区各年国内生产总值来反映;碳排放量用计算出的内蒙古各年二氧化碳排放量来反映。

以 2000~2013 年的每一年为一个决策单元,按照选取的 5 个指标查阅统计年鉴资

料，可以获取有关原始数据（见表7-1）。

表 7-1   内蒙古低碳经济效率的原始数据

年份	输入		输出		
	国内生产总值（亿元）	二氧化碳排放量（万吨）	固定资产投资（亿元）	从业人数（万人）	能源消耗总量（万吨标准煤）
2000	1539.12	3248.51	430.42	1061.6	3937.54
2001	1713.81	3674.17	496.43	1067.0	4453.48
2002	1940.94	4283.59	715.09	1086.1	5190.12
2003	2388.38	5181.68	1209.44	1088.1	6612.77
2004	3041.07	6643.42	1808.90	1026.1	8601.81
2005	3905.03	8865.75	2687.84	1041.1	10788.37
2006	4944.25	10391.80	3406.40	1051.2	12835.27
2007	6423.18	12035.88	4404.75	1081.5	14703.32
2008	8496.20	14319.20	5604.67	1103.3	16407.63
2009	9740.25	15587.72	7535.15	1142.5	17473.68
2010	11672.00	16814.94	8971.63	1184.7	18882.66
2011	14359.88	18667.71	10899.79	1249.3	21148.52
2012	15880.58	19439.40	13112.01	1304.9	22103.30
2013	16832.38	19881.11	15520.72	1408.2	22657.49

为了去掉通货膨胀的影响，国内生产总值和固定资产投资这两个指标以2000年为基期，利用国内生产总值平减指数进行修正。另外，二氧化碳排放量属成本型的逆向指标，采用取倒数的方法将其转换为正向指标。

二、内蒙古低碳经济发展效率的评价

利用DEAP软件分析并求解修正后和正向化后的数据，具体结果如表7-2所示。从表7-2可知，只有2000年、2001年、2008年和2011~2013年达到了DEA有效水平，其他均为非DEA有效年份，其中最低值为2005年的0.852，远远低于综合效率的均值0.951。各年份纯技术效率平均值为0.995，大于规模效率的平均得分0.956，在低碳经济发展中，规模效率还较欠缺。

表 7-2   2000~2013年内蒙古低碳经济DEA效率评价结果

年份	综合效率	纯技术效率	规模效率
2000	1.000	1.000	1.000
2001	1.000	1.000	1.000
2002	0.960	0.979	0.981
2003	0.892	0.963	0.927
2004	0.893	1.000	0.893

续表

年份	综合效率	纯技术效率	规模效率
2005	0.852	0.997	0.855
2006	0.892	1.000	0.892
2007	0.932	0.992	0.940
2008	1.000	1.000	1.000
2009	0.926	0.994	0.932
2010	0.962	1.000	0.962
2011	1.000	1.000	1.000
2012	1.000	1.000	1.000
2013	1.000	1.000	1.000
均值	0.951	0.995	0.956

通过分析可知，目前内蒙古发展低碳经济的效率还不高，低碳经济发展效率还受制于规模上的瓶颈和技术上的欠缺。从投入指标看，大多年份都存在投入冗余，要素的投入冗余率越大，则目前的使用效率越低，尤其是能源消耗量和固定资产投资的投入冗余相对较大。从资源配置的角度分析，应该优先提升冗余率较大的要素使用效率，对低碳经济发展的促进作用更显著。从产出指标看，近几年国内生产总值不存在产出不足，但二氧化氧排放量的倒数存在产出不足，意味着随着国内生产总值的增长，二氧化碳排放过多。

第二节　内蒙古资源型城市低碳经济发展效率分析

内蒙古资源型城市一次能源产品主要以煤炭为主，能源供应过度依赖煤炭。与此同时，与煤炭关联建立起来的煤炭、焦炭、化工、建材、电力等传统产业增加值占内蒙古资源型城市工业增加值的比重大。在传统经济模式下，经济增长依赖煤炭产业。内蒙古资源型城市能源消费以煤炭和火电（主要靠消耗煤炭）为主，由于煤炭燃烧过程中产生大量的二氧化碳，对生态环境造成了一定的影响，致使经济发展的"高碳"特征非常明显。能耗水平高，支柱产业以高耗能产业为主，是内蒙古资源型城市能源消耗结构的显著特征。

内蒙古资源型城市能源消费增长迅速的主要原因是以化学原料及化学制品制造、黑色金属冶炼、电力、装备制造业、有色金属冶炼为主体的工业体系。能源经济的快速发展在对经济增长产生有效拉动的同时，又面临着高耗能经济所带来的压力。因此，内蒙古资源型城市必须加快产业结构调整，加快发展低碳经济，建设环境友好型社会。在内蒙古资源型城市发展低碳经济的过程中，有必要对其发展效率进行评价。

一、城市低碳经济发展效率评价指标的选择及数据处理

在对资源型城市低碳经济发展效率评价时，使用 DEA 中的 C^2R 和 BC^2 两种模型，其中 C^2R 模型同时评价了决策单元规模有效性和技术有效性；BC^2 模型只评价决策单元技术效率是否最佳，不考虑其规模是否有效。根据投入产出理论，在 DEA 评价模型中选取资本投入（X_1）、劳动投入（X_2）、能源投入（X_3）作为投入指标，其中，劳动投入采用统计年鉴中的从业人员数，资本投入采用固定资产投资，能源投入采用单位国民生产总值能耗这一指标。选取单位国内生产总值的二氧化碳排放量（Y_1）和国内生产总值（Y_2）作为产出指标。通过查阅《内蒙古统计年鉴》（2012）和各个城市资料，经分析总结可得各个决策单元的原始数据（见表7-3）。由于单位国内生产总值的二氧化碳排放量这个产出指标属成本型的逆向指标，故需将其转换为正向指标，采用公式 $Y = 1/X$ 进行直接转换。

表7-3　内蒙古资源型城市低碳经济效率的原始数据

城市	输入指标			输出指标	
	X_1	X_2	X_3	Y_1	Y_2
包头市	21605981	146.75	1.590	3.964	3005.40
呼伦贝尔市	7739382	118.36	1.153	2.873	1145.31
兴安盟	3237105	81.95	1.268	3.161	313.58
通辽市	10142307	167.53	1.051	2.620	1448.82
赤峰市	10931620	253.17	1.172	2.921	1347.19
锡林郭勒盟	4906112	51.30	1.303	3.246	696.69
鄂尔多斯市	22384130	102.20	0.994	2.479	3218.54
巴彦淖尔市	6335798	89.20	1.727	4.305	718.45
乌海市	2869004	27.14	3.550	8.848	483.24
阿拉善盟	1951966	14.10	1.669	4.160	392.63

数据来源：内蒙古自治区统计局. 内蒙古统计年鉴（2012）[M]. 北京：中国统计出版社，2013.

二、资源型城市低碳经济发展效率的评价

在调整产业结构、发展低碳经济、构建人与自然和谐发展的背景下，有必要对内蒙古资源型城市发展低碳经济的发展水平进行评价，以便了解各城市低碳经济发展的现状，促进资源型城市的可持续发展。

本节选内蒙古资源型城市为决策单元 DMU_j（$j = 1, 2, \cdots, 10$），分别为包头市、

呼伦贝尔市、兴安盟、通辽市、赤峰市、锡林郭勒盟、鄂尔多斯市、巴彦淖尔市、乌海市、阿拉善盟。根据所选资源型城市的投入产出数据和 DEA 的 C^2R 模型可建立低碳经济综合评价的模型：

$$\min\ \left[\theta-\varepsilon\left(S_1^+ + S_2^+ + S_1^- + S_2^- + S_3^-\right)\right] \qquad\qquad 式（7.1）$$

s.t.

$$21605981\lambda_1 + 7739382\lambda_2 + 3237105\lambda_3 + 10142307\lambda_4 + 10931620\lambda_5 + 4906112\lambda_6 +$$
$$22384130\lambda_7 + 6335798\lambda_8 + 2869004\lambda_9 + 1951966\lambda_{10} + S_1^- = 216059810\theta$$

$$146.75\lambda_1 + 118.36\lambda_2 + 81.95\lambda_3 + 167.53\lambda_4 + 253.17\lambda_5 + 51.30\lambda_6 + 102.20\lambda_7 + 89.20\lambda_8 +$$
$$27.14\lambda_9 + 14.10\lambda_{10} + S_2^- = 146.75\theta$$

$$\lambda_1/1.590 + \lambda_2/1.153 + \lambda_3/1.268 + \lambda_4/1.051 + \lambda_5/1.172 + \lambda_6/1.303 + \lambda_7/0.994 + \lambda_8/1.727 +$$
$$\lambda_9/3.550 + \lambda_{10}/1.669 + S_3^- = \theta/1.590$$

$$3.964\lambda_1 + 2.873\lambda_2 + 3.161\lambda_3 + 2.620\lambda_4 + 2.921\lambda_5 + 3.246\lambda_6 + 2.479\lambda_7 + 4.305\lambda_8 + 8.848\lambda_9 +$$
$$4.160\lambda_{10} - S_1^+ = 3.964$$

$$3005.40\lambda_1 + 1145.31\lambda_2 + 313.58\lambda_3 + 1448.82\lambda_4 + 1347.19\lambda_5 + 696.69\lambda_6 + 3218.54\lambda_7 +$$
$$718.45\lambda_8 + 483.24\lambda_9 + 392.63\lambda_{10} - S_2^+ = 3005.40$$

$$\lambda_i \geqslant 0,\ i=1,\ 2,\ \cdots,\ 10$$

$$S_i^- \geqslant 0,\ i=1,\ 2,\ 3$$

$$S_i^+ \geqslant 0,\ i=1,\ 2$$

同样，根据所选资源型城市的投入产出数据与 DEA 中 B^2C 模型可建立低碳经济技术评价的模型为：

$$\min\ \left[\theta-\varepsilon\left(S_1^+ + S_2^+ + S_1^- + S_2^- + S_3^-\right)\right] \qquad\qquad 式（7.2）$$

s.t.

$$21605981\lambda_1 + 7739382\lambda_2 + 3237105\lambda_3 + 10142307\lambda_4 + 10931620\lambda_5 + 4906112\lambda_6 +$$
$$22384130\lambda_7 + 6335798\lambda_8 + 2869004\lambda_9 + 1951966\lambda_{10} + S_1^- = 216059810\theta$$

$$146.75\lambda_1 + 118.36\lambda_2 + 81.95\lambda_3 + 167.53\lambda_4 + 253.17\lambda_5 + 51.30\lambda_6 + 102.20\lambda_7 + 89.20\lambda_8 +$$
$$27.14\lambda_9 + 14.10\lambda_{10} + S_2^- = 146.75\theta$$

$$\lambda_1/1.590 + \lambda_2/1.153 + \lambda_3/1.268 + \lambda_4/1.051 + \lambda_5/1.172 + \lambda_6/1.303 + \lambda_7/0.994 + \lambda_8/1.727 +$$
$$\lambda_9/3.550 + \lambda_{10}/1.669 + S_3^- = \theta/1.590$$

$$3.964\lambda_1 + 2.873\lambda_2 + 3.161\lambda_3 + 2.620\lambda_4 + 2.921\lambda_5 + 3.246\lambda_6 + 2.479\lambda_7 + 4.305\lambda_8 + 8.848\lambda_9 +$$
$$4.160\lambda_{10} - S_1^+ = 3.964$$

$$3005.40\lambda_1 + 1145.31\lambda_2 + 313.58\lambda_3 + 1448.82\lambda_4 + 1347.19\lambda_5 + 696.69\lambda_6 + 3218.54\lambda_7 +$$
$$718.45\lambda_8 + 483.24\lambda_9 + 392.63\lambda_{10} - S_2^+ = 3005.40$$

$$\sum_{i=1}^{10} \lambda_i = 1$$

$\lambda_i \geq 0$, $i = 1, 2, \cdots, 10$

$S_i^- \geq 0$, $i = 1, 2, 3$

$S_i^+ \geq 0$, $i = 1, 2$

根据上述所建模型，利用 LINGO11 针对资源型城市 DMU_j 进行 DEA 综合评价（C^2R）和技术有效性评价（BC^2），并通过综合评价的结果除以技术有效性评价的结果进行规模效率评价，评价结果如表 7-4 所示。DEA 无效决策单元投入冗余量和产出不足量的结果如表 7-5 所示。根据无效决策单元投入冗余量和产出不足量的分析结果，对无效决策单元的原始投入产出进行调整，调整结果如表 7-6 所示。

表 7-4　资源型城市低碳经济 DEA 效率评价结果

城市名称	综合效率	纯技术效率	规模效率	DEA 有效	技术有效	规模效率
包头市	0.953711	0.96469	0.988619	无效	无效	无效
呼伦贝尔市	1	1	1	有效	有效	有效
兴安盟	1	1	1	有效	有效	有效
通辽市	1	1	1	有效	有效	有效
赤峰市	0.853415	0.903793	0.944259	无效	无效	无效
锡林郭勒盟	1	1	1	有效	有效	有效
鄂尔多斯市	1	1	1	有效	有效	有效
巴彦淖尔市	0.713085	0.772425	0.923178	无效	无效	无效
乌海市	0.837376	0.908714	0.921496	无效	无效	无效
阿拉善盟	1	1	1	有效	有效	有效

表 7-5　无效决策单元投入冗余量与产出不足量结果

城市名称	投入冗余			产出不足	
	S_1^-	S_2^-	S_3^-	S_1^+	S_2^+
包头市	0	43.90452	0	0.1971217	0
赤峰市	0	81.89063	0	0	0
巴彦淖尔市	0	26.24714	0	0	0
乌海市	0	5.372427	0.9185177	0.1828106	0

表 7-6　无效决策单元低碳经济改进方案

城市名称	固定资产投资（万元）	就业人员（万人）	单位国内生产总值能耗（吨标准煤/万元）	二氧化碳排放量（万吨）	社会生产总值（亿元）
包头市	21605981	102.84548	1.59040	0.44939	3005.3984
赤峰市	10931620	171.27937	1.1718	0.379145	1405.6838
巴彦淖尔市	6335798	62.95286	1.727	0.307544	718.4502
乌海市	2869004	21.76757	2.63148	0.29583	483.24205

三、资源型城市低碳经济发展效率的分析

经过 DEA 模型对内蒙古资源型城市的相对有效性分析，根据表 7-4、表 7-5、表 7-6 可以得出如下结果：

（1）呼伦贝尔市、兴安盟、通辽市、锡林郭勒盟、鄂尔多斯市、阿拉善盟为 DEA 有效决策单元，低碳经济发展良好，现有生产要素投入和产出效率为最优。这些有效的决策单元大部分是内蒙古新兴快速发展的资源型城市，包括内蒙古金三角的鄂尔多斯市以及蒙东地区发展较快的通辽市、呼伦贝尔市。

（2）包头市、乌海市、赤峰市、巴彦淖尔市是 DEA 无效和技术无效的决策单元，投入指标冗余，资源利用效率低。从资源配置的角度分析，应该优先提升冗余率较大的要素使用效率，因为其对低碳经济发展的促进作用更显著。从产出指标看，二氧化碳排放量的倒数存在产出不足，因此随着国内生产总值的增长，二氧化碳排放过多。包头市、乌海市、赤峰市是内蒙古的重工业城市，二氧化碳排放量产出过剩，包头市以有色金属冶炼为主，能源消耗大，单位能源消耗投入过剩；乌海市以煤焦、化工为主，其单位能源消耗投入严重过剩，能源利用效率不高；而赤峰市的劳动力投入冗余较大，产出严重不足，资源利用低。巴彦淖尔市经济发展比较缓慢和落后，低碳经济发展处于起步阶段。对这几个资源型城市而言，调整产业结构、大力发展低碳经济、减少要素投入和控制二氧化碳的排放能使其具有 DEA 有效性。

综上所述，本章应用 DEA 方法，分别对内蒙古和内蒙古资源型城市低碳经济发展的效率进行了评价，结果表明：内蒙古低碳经济发展效率高，二氧化碳排放过多，大多年份都存在投入冗余，尤其是能源消耗量和固定资产投资投入冗余相对较大；内蒙古新兴快速发展的资源型城市呼伦贝尔市、兴安盟、通辽市、锡林郭勒盟、鄂尔多斯市、阿拉善盟为 DEA 有效决策单元，低碳经济发展良好，现有生产要素投入和产出效率为最优；内蒙古其他资源型城市为 DEA 无效，投入指标冗余，资源利用效率低。通过对 2000~2013 年内蒙古资源型城市——包头市低碳经济转型效率进行评价，结果表明，包头市资源型经济转型效率不高，总体来看，包头市资源型经济转型为 DEA 无效，包头市资源型经济转型综合效率在 0.81~0.90 小幅波动，并在波动中有所提高，2010~2013 年转型效率较之前有所下降。

第八章　内蒙古资源型城市低碳经济转型的评价

第一节　内蒙古低碳经济转型效率的评价

本章以我国重要的能源化工原材料基地、生态安全屏障的内蒙古转型效率为研究对象，在构建科学合理的评价指标体系的基础上，运用熵权法和 DEA 交叉效率模型来衡量和综合测度内蒙古转型效率。探讨内蒙古转型效率及其变化，有助于了解内蒙古经济转型的现状、要素资源的利用效率，利于内蒙古生态安全及区域经济可持续发展，达到经济效益与社会效益的双赢。

一、内蒙古低碳经济转型效率评价指标的选择

转型的目的就是在保持经济可持续稳定增长的基础上，降低对资源的依赖程度和减轻对环境的污染。根据投入产出理论，考虑资源富集区转型的长期性，结合评价的对象，所选指标要能够真实客观和全面准确地度量和反映资源富集区转型程度、发展趋势和发展潜力，且易于测量，具有可比性。结合有关文献指标的选取，本节选取固定资本、人力资本和能源投入三个指标作为投入指标。另受本节样本数量的限制，产出指标选取国内生产总值来反映经济增长，第三产业国内生产总值占比来反映对资源的依赖程度和环境污染物排放指数的倒数来描述环境污染情况。

二、内蒙古低碳经济转型效率评价数据收集与整理

在采集有关文献指标数据的基础上，为方便研究，本节选用固定资产投资额来表示固定资本投入；用从业人数来表示人力资本投入；用能源消耗来表示能源投入；用第三产业国内生产总值与国内生产总值之比来表示第三产业国内生产总值占比；在构

建环境污染物排放指数时，考虑到资源富集区环境污染及其生态破坏绝大部分来源于工业以及相关数据的可获得性，环境污染物排放指数将资源富集区工业废水排放量、工业废气排放量、工业二氧化硫、工业烟尘排放量和工业固体废弃物排放量用熵值法计算得到环境污染物排放指数。本节所用到的数据通过查阅 2001~2014 年的《中国统计年鉴》、《内蒙古统计年鉴》、内蒙古统计公报和有关统计资料，经整理、分析总结可得各个决策单元各个指标的原始数据。由于环境污染物排放指数为逆向指标，本节采用倒数法将其转换为正向指标。

为了消除各变量量纲不同带来的影响，对原始数据进行标准化处理。处理公式为 $Z_{ij} = \dfrac{x_{ij} - \min(f_j)}{\max(f_j) - \min(f_j)}$，其中，$x_{ij}$ 表示第 i 个评价对象的第 j 个指标的观测值，f_j 表示第 j 个评价指标。

三、内蒙古低碳经济转型效率的评价

先依据内蒙古 2000~2013 年的"五废"排放量即工业废水排放量、工业废气排放量、工业二氧化硫排放量、工业烟（粉）尘排放量和工业固体废弃物排放量，运用熵值法计算可得环境污染物排放指数，内蒙古 2000~2013 年的环境污染物排放指数如表 8-1 所示。

表 8-1　2000~2013 年内蒙古环境污染物排放指数

年份	2000	2001	2002	2003	2004	2005	2006	2007
环境污染物排放指数	5324.01	5176.54	5736.73	6306.48	7295.56	7430.49	9256.54	8650.79
年份	2008	2009	2010	2011	2012	2013	均值	
环境污染物排放指数	9875.78	10688.58	13386.19	13985.45	12343.09	13610.62	9219.05	

在环境污染物排放指数的基础上，结合其他投入产出指标，并对各项指标进行标准化处理后，根据前面所述原理，应用 Excel 软件，可以得出内蒙古 2000~2013 年 CCR 的效率值（见表 8-2）。从表 8-2 中可知，内蒙古 14 个转型效率的决策单元中，有 7 个决策单元为 DEA 无效，但其转型相对效率值特别接近于 1，最小的也为 0.9198，其他 7 个转型效率决策单元的效率都为 1，无法再进一步区分。内蒙古转型的 CCR 效率均值为 0.9850，特别接近于 1，这不利于判断内蒙古经济发展转型效率的优劣。因而有必要引进交叉效率模型和熵权法对其进行综合评价，运用 DEA 模型的原理和 Excel 软件，本节使用基本交叉效率模型、超效率 DEA 的交叉效率模型、对抗型交叉效率模型、仁慈型交叉效率模型、中性交叉效率模型和基于权重分布交叉效率模型，分别用 M_1，M_2，…，M_6 描述。经过计算分析可以得到 2000~2013 年内蒙古的转型交叉效率评

价结果，如表 8-3 所示。

表 8-2　2000~2013 年内蒙古转型的 CCR 效率评价

年份	2000	2001	2002	2003	2004	2005	2006	2007
CCR 效率	1	1	0.9679	0.9364	0.9198	1	0.9901	0.9836
年份	2008	2009	2010	2011	2012	2013	均值	
CCR 效率	0.9963	1	0.9951	1	1	1	0.9850	

表 8-3　2000~2013 年内蒙古转型的交叉效率评价

年份	M₁	M₂	M₃	M₄	M₅	M₆	均值
2000	0.9344	0.8999	0.7924	0.9793	0.9440	0.9694	0.9344
2001	0.9389	0.9149	0.8037	0.9973	0.9537	0.9745	0.9389
2002	0.8772	0.8607	0.7398	0.9571	0.9046	0.8920	0.8772
2003	0.8216	0.8132	0.6797	0.9201	0.8577	0.8143	0.8216
2004	0.7970	0.7985	0.6503	0.9029	0.8294	0.7724	0.7970
2005	0.8270	0.8686	0.7162	0.9669	0.8688	0.8176	0.8270
2006	0.7984	0.8449	0.6911	0.9282	0.8298	0.7826	0.7984
2007	0.7831	0.8374	0.6817	0.9015	0.7995	0.7767	0.7831
2008	0.7872	0.8386	0.6817	0.8962	0.7853	0.7761	0.7872
2009	0.8284	0.8786	0.7261	0.9635	0.8224	0.7985	0.8284
2010	0.8343	0.8762	0.7284	0.9619	0.8112	0.7961	0.8343
2011	0.8461	0.8859	0.7429	0.9684	0.8056	0.8081	0.8461
2012	0.8276	0.8669	0.7341	0.9562	0.7814	0.7821	0.8276
2013	0.7892	0.8195	0.6984	0.9194	0.7413	0.7265	0.7892

在计算出各模型的对应效率值后，通过对表 8-3 的分析，可以看出各模型反映的转型效率不同、排序不一致，为此本节利用熵权法来求出最终的交叉效率加权值，以建立一个综合评价标准，计算结果如表 8-4 所示。

表 8-4　基于熵值法的 2000~2013 年内蒙古转型效率的综合评价值

年份	2000	2001	2002	2003	2004	2005	2006	2007
综合评价效率	0.9347	0.8702	0.8099	0.7788	0.8262	0.7934	0.7786	0.9347
效率均值	0.9305	0.8719	0.8178	0.7917	0.8442	0.8125	0.7967	0.9305
年份	2008	2009	2010	2011	2012	2013	均值	
综合评价效率	0.7756	0.8112	0.8088	0.8166	0.7960	0.7513	0.8198	
效率均值	0.7942	0.8362	0.8347	0.8428	0.8247	0.7824	0.8357	

为了更清晰、直观地认识 2000~2013 年内蒙古环境污染物排放指数和转型效率的状况，本节根据表 8-3、表 8-4，绘制了 2000~2013 年内蒙古环境污染物排放指数、单位国内生产总值环境污染物排放指数和转型效率综合评价和转型效率均值趋势图，如图 8-1、图 8-2、图 8-3 所示。

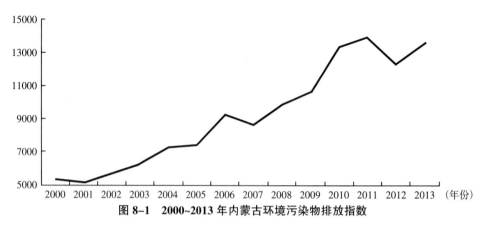

图 8-1　2000~2013 年内蒙古环境污染物排放指数

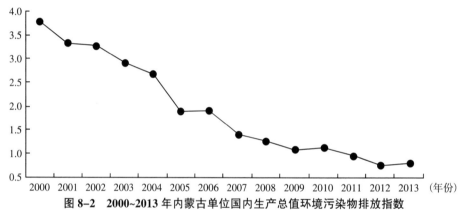

图 8-2　2000~2013 年内蒙古单位国内生产总值环境污染物排放指数

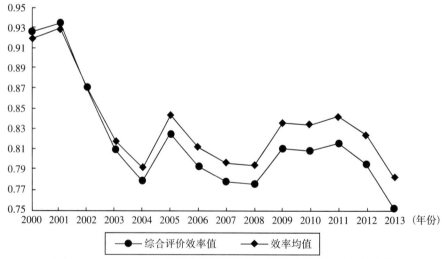

图 8-3　2000~2013 年内蒙古转型效率的均值及其综合评价值的比较

四、内蒙古低碳经济转型效率的分析

从图 8-1、图 8-2 中可以看出，内蒙古随着国内生产总值的增加，环境污染物排放指数在波动中逐年增加，但单位国内生产总值环境污染物排放指数却在逐年下降，且2009年前下降幅度较大，近几年下降幅度较小。单位国内生产总值环境污染物排放指数除2005年、2009年和2012年为增加外，其他年份环比都在降低，年均降低幅度为10.61%，2004年高达29.1%。近年来，内蒙古单位国内生产总值环境污染物排放指数下降缓慢主要是由于上年单位国内生产总值环境污染物排放指数基数小和下降空间有限造成的，当然内蒙古单位国内生产总值环境污染物排放指数还有下降的空间。

熵权综合评价效率小于CCR评价的效率值，差值保持在0.07~0.25。熵权综合评价效率值变动情况和各模型综合效率均值变动趋势相同。从表8-4和图8-3中可以看出，2000~2013年内蒙古资源型经济转型综合效率值及均值均低于标准值1，说明内蒙古资源型经济转型效率不高，总体来看，内蒙古资源型经济转型综合效率在0.75~0.93小幅波动，为DEA无效。内蒙古经济转型效率于2001年达到最高值0.9347，2010~2013年转型效率较之前有所下降，主要是由于美国次贷危机引起全球金融危机、我国调整经济发展方式和内蒙古的发展方针，导致了内蒙古资源型经济转型效率的降低。2013年内蒙古资源型经济转型效率最低，仅为0.7513，低于2004年的水平，说明内蒙古资源型经济转型并未表现出明显改善的态势，内蒙古资源型经济转型任重而道远，相关部门还需再接再厉。

研究结果显示，内蒙古单位国内生产总值环境污染物排放指数逐年下降，且下降幅度在逐年减小；内蒙古资源型经济转型效率在波动中降低；内蒙古资源型经济转型效率不高，转型成果不明显；个别年份出现较大波动，说明转型战略连贯性有待加强。因而在经济发展新常态的大环境下，结合自身经济发展现状，内蒙古要大力改造传统优势产业，增加技术含量发展高附加值的产品，依据地区优势发展风电、光伏和稀土等新兴战略低碳绿色经济，改善内蒙古生态环境，提升经济增长质量，推动内蒙古产业低碳化、交通清洁化、建筑绿色化、服务集约化、主要污染物减量化、可再生能源和新能源利用规模化发展，从而实现内蒙古经济、社会和环境等方面的和谐可持续发展，进而提高资源型经济转型效率。

第二节　内蒙古资源型城市低碳经济转型效率的评价

转型效率主要考察城市转型过程中，在发挥城市特殊功能、保持经济可持续增长的前提下，是否降低了对资源的依赖度和对环境的污染程度。本节以内蒙古包头市转型效率为研究对象，运用熵权法和 DEA 交叉效率模型来衡量和综合测度资源型城市转型效率，探讨内蒙古地区资源型城市转型效率及其变化，有助于了解内蒙古地区资源型城市要素资源的利用效率，对于内蒙古生态城市建设及其区域经济发展有着极为重要的意义。

一、资源型城市低碳经济转型效率评价指标的选择

资源型城市转型的目的是在降低资源依赖程度和减轻环境污染的基础上，保持资源型城市经济可持续稳定的增长。根据投入产出理论，考虑资源型城市转型的长期性，结合评价的对象，指标选取要能够真实客观和全面准确地度量和反映资源城市转型程度、发展趋势和发展潜力，且易于测量，具有可比性。结合有关文献指标的选取，本节选取固定资本、人力资本和能源投入三个指标作为投入指标。另受本节样本数量的限制，产出指标选取国内生产总值来反映经济增长、第三产业国内生产总值占比来反映对资源的依赖程度、环境污染物排放指数的倒数来描述环境污染情况。

二、资源型城市低碳经济转型效率评价数据收集与整理

在分析有关文献指标数据的基础上，为方便研究，本节选用固定资产投资额来表示固定资本投入；用从业人数来表示人力资本投入；用能源消耗来表示能源投入；用第三产业国内生产总值与总国内生产总值之比来表示第三产业国内生产总值占比；在构建环境污染物排放指数时，考虑到资源型城市环境污染及其生态破坏绝大部分来源于工业以及相关数据的可获得性，环境污染物排放指数将资源型城市工业废水排放量、工业废气排放量、工业二氧化硫、工业烟尘排放量和工业固体废弃物排放量用熵值法计算得到环境污染物排放指数。通过查阅 2001~2014 年《中国城市统计年鉴》、《内蒙古统计年鉴》、《包头市统计年鉴》、包头市统计公报和有关统计资料，经整理、分析总结可得各个决策单元各个指标的原始数据。由于环境污染物排放指数为逆向指标，本节采用倒数法将其转换为正向指标。

为了消除各变量的量纲不同带来的影响，对原始数据采用正规化进行标准化处理。处理公式为 $Z_{ij} = \dfrac{x_{ij} - \min(f_j)}{\max(f_j) - \min(f_j)}$，其中，$x_{ij}$ 表示第 i 个评价对象的第 j 个指标的观测值，f_j 表示第 j 个评价指标。

三、资源型城市低碳经济转型效率的评价

先依据包头市 2000~2013 年的"五废"排放量即工业废水排放量、工业废气排放

量、工业二氧化硫排放量、工业烟（粉）尘排放量和工业固体废弃物排放量运用熵值法计算可得环境污染物排放指数，包头市 2000~2013 年的环境污染物排放指数如表 8-5 所示。

表 8-5 2000~2013 年包头市环境污染物排放指数

年份	2000	2001	2002	2003	2004	2005	2006	2007
环境污染物排放指数	2509.01	3074.48	3110.85	3187.84	3493.3	2667.66	3052.06	3340.26
年份	2008	2009	2010	2011	2012	2013	均值	
环境污染物排放指数	3152.27	2950	3266.61	3521.36	3460.64	3451.16	3157.25	

在环境污染物排放指数的基础之上，结合其他投入产出指标，并对各项指标进行标准化处理后，根据前面所述原理，应用 Excel 软件，可以得出包头市 2000~2013 年 CCR 的效率值，如表 8-6 所示。从表 8-6 中可知，包头市 14 个转型效率的决策单元中，只有 4 个决策单元为 DEA 无效，但其转型相对效率值特别接近于 1，最小的也为 0.9739，其他 10 个转型效率决策单元的效率都为 1，无法进一步区分。包头市转型的 CCR 效率的均值为 0.9947，特别接近于 1，这不利于比较各决策单元效率的优劣。因而有必要引进交叉效率模型对其进行评价，运用前面 DEA 模型的原理和 Excel 软件，本节使用基本交叉效率模型、对抗型交叉效率模型、仁慈型交叉效率模型、基于权重分布交叉效率模型、中性交叉效率模型和超效率 DEA 的交叉效率模型，分别用 M_1，M_2，…，M_6 描述。经过计算分析可以得到 2000~2013 年包头市的转型交叉效率评价结果，如表 8-7 所示。

表 8-6 2000~2013 年包头市转型的 CCR 效率评价

年份	2000	2001	2002	2003	2004	2005	2006	2007
CCR 效率	1	1	1	0.9739	0.9743	1	0.9912	1
年份	2008	2009	2010	2011	2012	2013	均值	
CCR 效率	1	1	0.9869	1	1	1	0.9947	

表 8-7 2000~2013 年包头市转型的交叉效率评价

年份	M_1	M_2	M_3	M_4	M_5	M_6	均值
2000	0.7515	0.7696	0.7925	0.8179	0.8193	0.8442	0.7992
2001	0.7628	0.7687	0.8214	0.8023	0.8108	0.8179	0.7973
2002	0.8180	0.8156	0.8967	0.8567	0.8644	0.8446	0.8493
2003	0.7904	0.7629	0.8733	0.8432	0.8449	0.8118	0.8211
2004	0.7907	0.7482	0.8767	0.8435	0.8457	0.8146	0.8199
2005	0.8471	0.8087	0.9159	0.9252	0.9143	0.8800	0.8819
2006	0.8203	0.7750	0.8846	0.8893	0.8810	0.8524	0.8504
2007	0.8263	0.7717	0.8979	0.8927	0.8810	0.8558	0.8542

续表

年份	M_1	M_2	M_3	M_4	M_5	M_6	均值
2008	0.8261	0.7698	0.9065	0.9173	0.8985	0.8726	0.8651
2009	0.8266	0.7742	0.9162	0.9276	0.8928	0.8718	0.8682
2010	0.8037	0.7528	0.8907	0.9006	0.8623	0.8462	0.8427
2011	0.8127	0.7619	0.9020	0.9152	0.8728	0.8592	0.8540
2012	0.8132	0.7655	0.9101	0.9216	0.8718	0.8619	0.8574
2013	0.7813	0.7404	0.8813	0.8848	0.8255	0.8247	0.8230

在计算出各模型的对应效率值后，通过对表8-7的分析，可以看出各模型反映的转型效率不同、排序不一致，为此本节利用熵权法求出最终的交叉效率加权值，以建立一个综合评价标准。计算步骤见前面描述，计算结果如表8-8所示。

表8-8　基于熵值法的2000~2013年包头市转型的综合评价效率

年份	2000	2001	2002	2003	2004	2005	2006	2007
综合评价效率	0.8035	0.8029	0.8579	0.8339	0.8338	0.8967	0.8648	0.8695
年份	2008	2009	2010	2011	2012	2013	均值	
综合评价效率	0.8827	0.8872	0.8613	0.8731	0.8771	0.8426	0.8562	

为了更清晰、直观地认识2000~2013年包头市环境污染物排放指数和转型效率的状况，本节根据表8-7、表8-8，绘制了2000~2013年包头市环境污染物排放指数、单位国内生产总值环境污染物排放指数和转型效率综合评价和转型效率均值趋势图，如图8-4、图8-5、图8-6、图8-7所示。

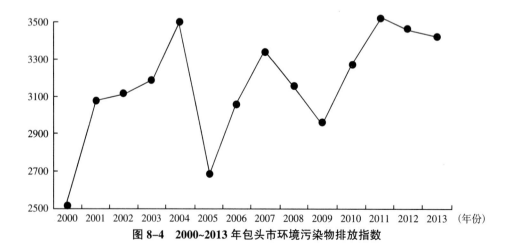

图8-4　2000~2013年包头市环境污染物排放指数

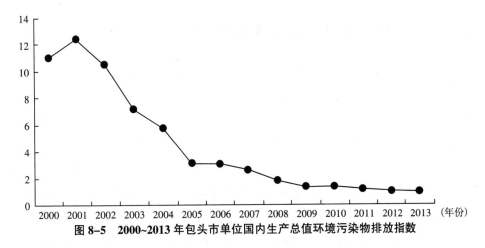

图 8-5　2000~2013 年包头市单位国内生产总值环境污染物排放指数

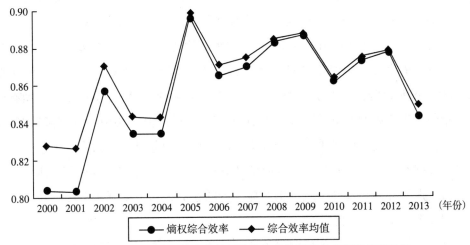

图 8-6　2000~2013 年包头市转型效率的均值及其综合评价值的比较

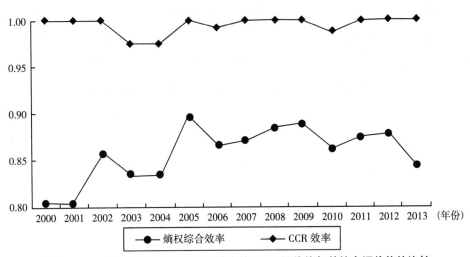

图 8-7　2000~2013 年包头市转型效率的 CCR 评价值与其综合评价值的比较

四、资源型城市低碳经济转型效率的分析

从图 8-4、图 8-5 中可以看出，随着国内生产总值的增加，包头市环境污染物排放指数在波动中逐年增加，但单位国内生产总值环境污染物排放指数却在逐年下降，且在 2005 年（2000 年例外）前下降幅度较大，近几年，下降幅度较小。除 2006 年和 2010 年单位国内生产总值环境污染物排放指数较上年降低 2.4%外，其他年份均在 10%以上，部分年份甚至高达 32%。近年来，包头市单位国内生产总值环境污染物排放指数下降缓慢主要是由于上年单位国内生产总值环境污染物排放指数基数小和下降空间有限，当然，包头市单位国内生产总值环境污染物排放指数还有下降的空间。

从图 8-7 可以看出，熵权综合评价效率小于 CCR 评价的效率值，差值保持在 0.1~0.2。熵权综合评价效率值变动情况和各模型综合效率均值变动趋势相同。从表 8-8 和图 8-6 中可以看出，2000~2013 年包头市资源型经济转型综合效率值及均值均低于标准值 1，说明包头市资源型经济转型效率不高，总体来看，包头市资源型经济转型为 DEA 无效，包头市资源型经济转型综合效率在 0.81~0.90 小幅波动，并且波动有所提高。其中包头市资源型经济转型效率于 2005 年达到最高值，2010~2013 年转型效率较之前有所下降，主要是由于美国次贷危机引起全球金融危机，从而影响了包头市资源型经济的转型效率。2012 年包头市资源型经济转型效率又恢复到 2008 年的水平上，说明包头市资源型经济转型并未表现出明显改善的态势，包头市资源型经济转型任重而道远，相关部门还需再接再厉。

研究结果显示，包头市单位国内生产总值环境污染物排放指数逐年下降，且下降幅度在逐年减小；包头市资源型经济转型效率在波动中有所提高，但整体上变化不大；包头市资源型经济转型效率不高，转型成果还不明显；个别年份出现较大波动，说明转型战略连贯性有待加强。因而结合包头市经济发展现状，在经济发展新常态的大环境下，包头市要大力改造传统优势产业，增加技术含量以发展高附加值的产品，依据地区优势发展风电、光伏和稀土等新兴战略低碳绿色经济，改善包头市生态环境、提升经济增长质量，推动包头市产业低碳化、交通清洁化、建筑绿色化、服务集约化、主要污染物减量化、可再生能源和新能源利用规模化发展，从而实现包头市经济、社会和环境等方面的和谐可持续发展，进而提高资源型经济转型效率。

第三节　内蒙古资源型城市转型能力的评价

在优化产业结构、转变经济发展方式、大力发展低碳经济的大背景下，有必要对内蒙古资源型城市产业结构优化升级能力进行评价分析。

一、产业转型能力评价指标体系的构建

资源型城市产业转型能力受经济、资源禀赋和社会等多种因素的影响，为科学合理衡量资源型城市的产业转型能力，应建立一套突出资源型城市特点的综合评价指标体系，本书在参考有关文献指标设计的基础上，构建了资源型城市产业转型能力的评价指标体系（见表8-9）。

表 8-9　资源型城市产业转型能力评价指标体系

一级指标	二级指标	指标内容	代号
经济	经济总量	人均国内生产总值（元）	X_1
	经济结构	第三产业产值在国内生产总值中所占比重（%）	X_2
		国内生产总值中资源产业的贡献率（%）	X_3
	经济绩效	国内生产总值增长率（%）	X_4
		万元国内生产总值能耗（吨标准煤）	X_5
资源	资源禀赋	主导资源产业产值在国内生产总值中所占比重	X_6
	资源利用潜力	主导资源产量年增长率	X_7
环境	环境污染	工业烟尘排放强度（吨/万元）	X_8
		固体废弃物排放强度（吨/万元）	X_9
		工业二氧化硫排放强度（吨/万元）	X_{10}
	环境治理	工业废水排放达标率	X_{11}
		城市生活垃圾无害化处理率	X_{12}
		工业固体废弃物综合利用率	X_{13}
		环保投资在国内生产总值中所占比重	X_{14}
社会	居民生活水平	城镇失业率	X_{15}
		城镇居民恩格尔系数	X_{16}
		人均住房面积	X_{17}
	人口素质	每万人拥有高等学历人数	X_{18}

二、资源型城市转型能力评价的数据收集和整理

通过查阅 2013 年内蒙古及各地级市的统计年鉴与国民经济和社会发展统计公报，

加工处理后可得评价原始数据，如表 8–10 所示。

表 8–10　内蒙古资源型城市的产业转型能力评价原始数据

城市	X_1	X_2	X_3	X_4	X_5	X_6	X_7	X_8	X_9
呼伦贝尔市	52649	35	42.83	16.7	1.0827	9.25	11.9	0.01822	6.428218
鄂尔多斯市	182680	37.01	352	13	0.9498	63.95	0.00882	0.19019	2.163125
赤峰市	36070	29.74	158	15.6	1.1180	25.43	6.4	0.00222	0
包头市	125709	42.1	62.03	12.6	1.4692	27.22	10.8	0.00535	0.000018
乌海市	97617	30.93	−77.5	10.07	3.3968	61.8	23	0.01037	0.000016
城市	X_{10}	X_{11}	X_{12}	X_{13}	X_{14}	X_{15}	X_{16}	X_{17}	X_{18}
呼伦贝尔市	0.006372	87.45	91.67	35.84	4.3	3.86	31.87	27.81	922
鄂尔多斯市	0.006171	88.64	93.8	54.46	5.32	2.55	26.4	38.0	1166
赤峰市	0.008102	93.80	92.5	15.56	5.3	3.88	32.5	28.92	687
包头市	0.006537	85.04	97.0	47.71	6.6	3.87	30.8	33.1	1406
乌海市	0.021131	94.04	92.6	56.08	6.0	4.2	29.47	31.45	1345

通过对原始数据进行初始化，并采用 Z-score 进行标准化，标准化后的数据如表 8–11 所示。

表 8–11　内蒙古资源型城市的产业转型能力评价标准化数据

城市	X_1	X_2	X_3	X_4	X_5	X_6	X_7	X_8	X_9
呼伦贝尔市	−0.78745	0.00886	−0.40322	1.18608	−0.50999	−1.16936	−0.04053	1.52568	1.68538
鄂尔多斯市	1.42425	0.41355	1.52528	−0.22683	−0.64018	1.09245	−0.53942	−0.02911	0.15918
赤峰市	−1.06944	−1.05019	0.31518	0.76602	−0.47541	−0.50033	−0.898	−1.12077	−0.61486
包头市	0.45523	1.43838	−0.28345	−0.37958	−0.13137	−0.42631	−0.21203	−0.60306	−0.61485
乌海市	−0.02259	−0.8106	−1.15379	−1.3457	1.75693	1.00355	1.68998	0.22726	−0.61485
城市	X_{10}	X_{11}	X_{12}	X_{13}	X_{14}	X_{15}	X_{16}	X_{17}	X_{18}
呼伦贝尔市	−0.50964	−0.58829	−0.88165	−0.36344	−1.39672	0.29223	0.68698	−1.00795	−0.61055
鄂尔多斯市	−0.54079	−0.28963	0.13674	0.74778	−0.21345	−1.74406	−1.57403	1.53061	0.20263
赤峰市	−0.24169	1.00541	−0.48481	−1.57373	−0.23665	0.32332	0.94739	−0.73143	−1.39374
包头市	−0.48412	−1.19314	1.66673	0.34494	1.27143	0.30777	0.2447	0.30991	1.00248
乌海市	1.77624	1.06564	−0.437	0.84446	0.57539	0.82073	−0.30505	−0.10114	0.79918

三、内蒙古资源型城市转型能力的综合评价

（一）基于因子分析法的内蒙古资源型城市转型能力的评价

运用 SPSS22.0 统计软件对 18 个指标进行因子分析，从因子相关矩阵来看，各变量间存在相关关系，可以进行因子分析。依据因子特征值大于 1 且对应的累积贡献率大于 85% 的原则选取 4 个公因子，这 4 个公因子累积贡献率大于 85%（见表 8–12），基本可以反映样本的信息。

表 8-12　公因子的特征值、贡献率和累积贡献率

因子	特征值	信息贡献率（%）	累积贡献率（%）
1	6.996	38.864	38.864
2	5.542	30.788	69.652
3	2.810	15.610	85.262
4	2.653	14.738	100.000

由表 8-13 可以看出，第一公因子与万元国内生产总值能耗（X_5）、主导资源产量年增长率（X_7）、工业二氧化硫排放强度（X_{10}）、城镇失业率（X_{15}）和每万人拥有高等学历人数（X_{18}）载荷较大，与国内生产总值增长率（X_4）、国内生产总值中资源产业的贡献率负相关性最强，反映了地区经济和资源转型的必要性；第二公因子与人均国内生产总值（X_1）、国内生产总值中资源产业的贡献率（X_3）、主导资源产业产值在国内生产总值中所占比重（X_6）、人均住房面积（X_{17}）、工业固体废弃物综合利用率（X_{13}）载荷较大，反映了地区经济发展水平；第三公因子与第三产业产值在国内生产总值中所占比重（X_2）、每万人拥有高等学历人数（X_{18}）载荷较大，反映了地区产业转型的发展潜力；第四公因子与环保投资在国内生产总值中所占比重（X_{14}）、城市生活垃圾无害化处理率（X_{12}）载荷较大，反映了地区经济和资源可持续发展能力。

表 8-13　因子旋转载荷矩阵

因子	第一公因子	第二公因子	第三公因子	第四公因子
1	0.053	0.894	0.430	0.116
2	−0.160	0.209	0.965	0.014
3	−0.768	0.635	−0.052	0.065
4	−0.767	−0.468	−0.108	−0.426
5	0.966	−0.012	−0.198	0.167
6	0.422	0.835	−0.234	0.265
7	0.987	0.026	−0.088	−0.135
8	0.250	−0.025	0.094	−0.963
9	−0.251	−0.098	0.082	−0.960
10	0.904	0.018	−0.403	0.142
11	0.293	−0.055	−0.918	0.262
12	−0.031	0.147	0.813	0.563
13	0.605	0.667	0.416	−0.124
14	0.419	0.120	0.423	0.795
15	0.529	−0.838	−0.064	0.118
16	−0.127	−0.988	−0.077	0.033
17	−0.059	0.927	0.284	0.240
18	0.652	0.393	0.626	0.168

通过各因子的特征值（λ_n）可以计算出各个公因子的权重（F_n），进而得出综合得分 F（见表 8-14），如式（8.1）和表 8-14 所示。

$$F = \frac{\lambda_1}{\sum\limits_{i=1}^{4} \lambda_i} F_1 + \frac{\lambda_2}{\sum\limits_{i=1}^{4} \lambda_i} F_2 + \frac{\lambda_3}{\sum\limits_{i=1}^{4} \lambda_i} F_3 + \frac{\lambda_4}{\sum\limits_{i=1}^{4} \lambda_i} F_4 \qquad \text{式（8.1）}$$

表 8-14　内蒙古资源型城市产业转型能力因子分析法综合得分

城市	第一公因子	第二公因子	第三公因子	第四公因子	综合得分
呼伦贝尔市	−0.22789	−0.73218	0.15334	−1.60887	−0.52717
鄂尔多斯市	−0.61839	1.66881	−0.03293	−0.17775	0.242131
赤峰市	−0.87108	−0.733	−1.08642	0.85066	−0.60843
包头市	0.04252	−0.34776	1.56201	0.79836	0.270943
乌海市	1.67484	0.14413	−0.596	0.13761	0.622531

（二）内蒙古资源型城市转型能力其他方法的评价

依据熵值法、TOPSIS 法和熵值—TOPSIS 法，分别对内蒙古资源型城市转型能力进行评价，可得内蒙古资源型城市产业转型能力得分，如表 8-15 所示。

表 8-15　内蒙古资源型城市产业转型能力因子分析法综合得分

城市	熵值法	TOPSIS 法	熵值—TOPSIS 法
呼伦贝尔市	0.347423	0.409623	0.416798
鄂尔多斯市	0.398394	0.471979	0.34188
赤峰市	0.209774	0.323653	0.19052
包头市	0.36556	0.471092	0.313475
乌海市	0.545031	0.540959	0.544541

从表 8-14 和表 8-15 可以看出，由于各方法的评价不同，评价结果的排序并不相同，下面采用平均值法对评价结果进行综合处理，可得表 8-16。

表 8-16　内蒙古资源型城市产业转型能力因子分析法综合得分

城市	综合得分	排序
呼伦贝尔市	0.161669	4
鄂尔多斯市	0.363596	2
赤峰市	0.028878	5
包头市	0.355268	3
乌海市	0.563266	1

在反映地区经济和资源转型必要性的第一公因子上，得分较高的是乌海市和包头市，得分最低的是赤峰市；在反映地区经济发展水平的第二公因子上，得分较高的是

鄂尔多斯市和乌海市，得分最低的是呼伦贝尔市；在反映地区产业转型发展潜力的第三公因子上，得分较高的是包头市和呼伦贝尔市；在反映地区可持续发展能力的第四公因子上，得分较高的是包头市和赤峰市，得分最低的是呼伦贝尔市。这些指标的差异性为不同地区制定不同的产业转型战略提供了参考。

四、内蒙古资源型城市转型能力评价分析

根据计算结果，将内蒙古资源型城市产业转型能力分为四类（见图8-8）。可以看出，处于衰退期的乌海市产业转型能力最强，但从影响因素来看，乌海市资源产业产值增长率较高，表明乌海市产业转型压力较大。

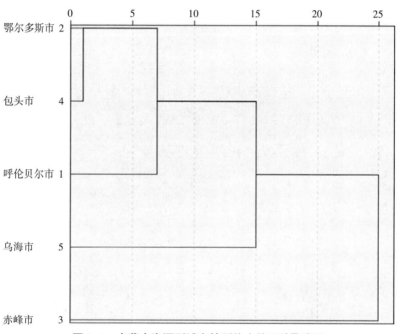

图8-8　内蒙古资源型城市转型能力的系统聚类图

老工业基地包头市各项因素都处于中上等水平，第三产业占国内生产总值比重为42.1%，是5个资源型城市中最大的，其产业结构较为合理，因此包头市产业转型能力较强，发展潜力较大。鄂尔多斯市产业转型能力较强，但主导资源产业贡献率很高，达352%，说明鄂尔多斯市对资源的依赖程度高，产业转型压力大。赤峰市和呼伦贝尔市产业转型能力最弱，国内生产总值中主导资源产业贡献率很高，产业结构较为单一，经济发展落后，制约了其产业转型能力。

综上所述，本章通过对内蒙古及内蒙古资源型城市包头市转型效率进行了分析和评价，近年来，内蒙古和包头市单位国内生产总值环境污染物排放指数逐年下降，且

下降幅度在逐年减小；经济转型效率不高，转型成果不明显，包头市资源型经济转型效率波动中有所提高。其中人均国内生产总值和城市开放程度对转型效率具有正向积极作用，第二产业占国内生产总值比重、城镇化率、每万人拥有的专利授权数、固定资产投资与国内生产总值的比重对转型效率存在显著负相关。内蒙古资源型城市转型能力参差不齐，各资源型城市应继续保持发展优势，采用产业更替型的转型模式，延长优势产业链，提高产业层次和水平，用高新技术改造提升传统产业，培育发展接续替代产业和战略性新兴产业，以实现产业的可持续发展。

第九章　内蒙古资源型城市低碳主导产业的选择

第一节　资源型城市低碳主导产业选择概述

资源型城市经济产业结构单一，资源依赖性强，受资源有限制和不可再生性的制约。资源型城市随着资源的枯竭、城市生态环境的严重恶化而进入衰退期，资源型城市为了保证经济可持续增长，必须调整升级产业结构，或者发展新兴产业，或者在原有产业的基础上实行渐进式转型。

产业结构直接决定着经济的增长和可持续发展，合理的产业结构可以促进经济增长，实现经济的可持续发展。而主导产业既是产业结构的核心，也是结构演化的主角，更是产业结构调整升级的中心，其选择合理与否不仅关系到主导产业本身的发展，而且决定着整个资源型城市的经济发展。因此，合理选择和培育壮大主导产业（特别是战略新兴产业）是实现产业结构合理化的前提和关键，同时也是资源型城市实现经济转型、促进经济增长、实现可持续发展的关键。

一、资源型城市主导产业的特征

资源型城市主导产业的主要特征有：

（1）资源特性。资源型城市的主导产业是利用城市的资源优势建立的专门化部门，受城市形成背景、自然、经济和资源等因素的制约。

（2）综合性。资源型城市的主导产业是综合效益较好并具有较大增长潜力的产业。从资源型城市实际出发，以资源型城市的相对优势为依据，以充分发挥资源型城市优势为目标。

（3）协调、配套性。资源型城市的主导产业是该地区的专门化部门，它不能与地方经济相分离，而要根据资源型城市经济发展的要求，协调与一般专门化产业、辅助配套产业、非专业化产业的配套关系，以此促进主导产业效率更大程度发挥。

（4）资源型城市主导产业的产业链较长，关联度较高，对城市经济发展的驱动力大。

二、资源型城市低碳主导产业选择的原则

主导产业发展不仅能带动产业技术革命和自主创新，并且能带来经济外部效应，其增长可以带动一系列相关产业的投资和发展。主导产业的发展不但有利于产业结构的调整和优化升级，而且有利于产业结构的高度化和协调发展，提高产业发展的效率。而每一次产业结构的调整和升级，就是新一轮经济增长的开始。在经济发展中，主导产业发挥的作用越大，产业结构转换的效率就越高，促进经济发展的作用就越强。资源型城市是依托资源开发而发展起来的城市，它受资源的刚性约束，城市的发展是以资源为支撑的，资源的枯竭必然直接影响城市的发展，甚至使城市衰竭。因而，产业结构优化是资源型城市实现区域经济可持续发展的必要途径。

资源型城市的产业结构优化是当前的一个世界性难题，而正确选择并加大力度培育接续主导产业，是资源型城市实现产业结构优化战略选择的重中之重。资源型城市作为一个特殊的城市类型，其主导产业的选择受自身城市资源状况、市场需求状况、现有产业状况、城市科技水平、政策因素等影响，所以在主导产业的选择过程中必须遵循以下几个原则：

（1）资源型城市的主导产业必须具有广阔的市场前景和较强的市场竞争优势，必须能体现地区一定时期的经济发展方向，符合产业结构的演变过程。能否把一个产业确立为一个区域的主导产业，先要看该产业在这个区域是否具有比较优势，并按照各国乃至全球产业区域专业划分的基本格局，结合本地区产业结构进步程度及其相关产业潜在能力，综合选出符合社会需求导向、获得比较利益并能够带动其他产业发展的区域主导产业。这个主导产业在本地区还要拥有产业比较生产规模优势、产业比较生产率优势和产业比较利益优势。

（2）具有较强的前向关联、后向关联和旁侧关联效应，能推动和诱发其他产业的发展。国民经济各部门是一个相互联系、相互依存的整体，产业间存在着横向的经济联系和纵向的生产技术联系，一个产业的产出往往是与之相关联的另一个产业的投入。各产业之间通过前向关联、后向关联和旁侧关联，并通过依次扩散影响和梯度转移效应形成波及效应。进而影响其他产业和部门的发展。因此，资源型城市在选择和培育主导产业时，一定要从现实的地区经济优势产业出发，按照全国产业区域专业划分的基本格局，结合本地区产业技术的进步程度及其相关产业的潜在能力，来综合选出既

符合社会需求导向，又能带动区域内其他产业发展的主导产业。这样，资源型城市主导产业才可能最大限度发挥自身的比较优势，同时又能形成有效的区域产业集群，最终实现区域规模经济。

（3）具备较高的科技含量，或者能迅速吸收先进科学技术成果，能创造较高的劳动生产率和较高的附加值，促进产业内部升级的产业。生产率反映了一个产业投入与产出之间的效率关系。通常所说的生产率指的就是劳动生产率。如果对某个产业加强投入力度，从长期看能使其劳动生产率提高，并能提高资金产出率和成本利润率，那么，这种产业就具有很强的发展潜力。从技术创新和进步的角度看，当今世界竞争本质上是一场技术优势的竞争，占领现代科技的制高点，就掌握了较高的劳动生产率，产品就容易占领市场，因而也就掌握了经济发展的主动权。所以，为了提高资源型城市竞争力，确保竞争优势，就需要不断开发、引进、吸收高新技术，并利用自身科技优势，制定相应的政策来扶持重点产业，设立技术进步标准，以便选出应该优先发展的技术水平高、科技进步速度快以及技术进步对产值、利润贡献大的产业作为主导产业。

（4）应该立足于本地区资源优势并且具备一定的专业化水平。专业化程度越高，比较优势越显著，越能够使地区的有利因素得到最有效的利用。

（5）具备一定的对外开放程度，能够促进外向型经济的发展，参与国际竞争。

（6）具备良好的经济效益，投入少、产出多；具有较多的就业机会。

（7）立足产业长远发展。可持续发展也应成为选择主导产业的一个依据。全球气候变化、能源紧缺、生态环境恶化等问题的出现，要求人类的社会生产必须与保护生态环境同步。选择的主导产业不仅能够促进资源型城市经济的发展，更应实现生活低碳、资源循环、环境保护的可持续目标。

第二节　内蒙古资源型城市低碳主导产业的选择

一、主导产业评价指标体系的构建

长期来看，主导产业是动态的、变动的。但在一定时期，特定区域的主导产业却是恒定不变的。在遵循上述主导产业选择基本原则的基础上，结合人们关注的重点，选取概括性强、信息量大、容易获取的指标来构建主导产业选择的评价体系。本节所选指标体系包括环境能源、经济规模、经济效益、技术进步、关联效应及市场效益6个一级指标和工业废气排放量、单位产值能源消耗率、相对产值率、总资产贡献率、生产上升率、影响力系数、感应度系数、区位商、产品销售率等16个二级指标作为选择主导产业的评价指标（见表9-1）。具体评价指标含义如下：

表9-1　主导产业选择评价指标体系

指标类型	一级指标	指标名称	指标变量
环境资源承载力	生态环境制约	工业废气排放	X_1
		工业固体废弃物排放	X_2
	能源可持续发展	能源消耗	X_3
		单位产值能源消耗率	X_4
经济竞争力	经济规模	相对产值率	X_5
		相对固定资产投入率	X_6
		相对利税率	X_7
	经济效益	总资产贡献率	X_8
		工业成本费用利润率	X_9
技术创新力	技术进步	比较劳动生产率	X_{10}
		生产上升率	X_{11}
产业影响力	关联度	影响力系数	X_{12}
		感应度系数	X_{13}
		就业吸纳率	X_{14}
市场竞争力	市场效益	区位商	X_{15}
		产品销售率	X_{16}

1. 环境能源指标

环境能源指标反映环境污染和能源消耗情况，考虑指标数值的可获取性，选取工业废气排放量、工业固体废弃物排放量、能源消耗量和单位产值能源消耗率四个指标对各产业环境污染和能源消耗情况进行分析。

（1）工业废气用X_1表示，选用工业废气排放量为指标。

（2）工业固体废弃物用X_2表示，选用工业固体废弃物产生量为指标。

（3）能源消耗量用X_3表示，主要计算原煤和电力两种主要能源消耗总量之和。

（4）单位产值能源消耗率：

$$C_i = \frac{E_i}{Y_i} \qquad\qquad 式（9.1）$$

式（9.1）中，C_i表示单位产值能源消耗；E_i为i产业能源消耗总量；Y_i为i产业的工业总产值。

2. 经济规模和经济效益指标

经济规模和经济效益指标能够充分反映产业的经济增长情况，用于衡量各产业对资源型城市经济总产值贡献大小，选取了代表经济规模的相对产值率（产业贡献率）、相对固定资产投入率、相对利税率，代表经济效益的总资产贡献率和工业成本费用利润率五个指标进行衡量。

（1）相对产值率（产业贡献率），计算公式为：

$$M_{ij} = \frac{P_{ij}}{P_j} \qquad\qquad 式（9.2）$$

式（9.2）中，M_{ij} 为 i 产业在 j 地区的产业贡献率；P_{ij} 为 i 产业在 j 地区的产值；P_j 为 j 地区总产值。

（2）相对固定资产投入率，计算公式为：

$$C_{ij} = \frac{FA_{ij}}{FA_j} \qquad\qquad 式（9.3）$$

式（9.3）中，C_{ij} 为 i 产业 j 地区相对固定资产投入率；FA_{ij} 为 i 产业 j 地区固定资产总投入；FA_j 为 j 地区固定资产总投入。

（3）相对利税率，计算公式为：

$$C_{ij} = \frac{TP_{ij}}{TP_j} \qquad\qquad 式（9.4）$$

式（9.4）中，C_{ij} 为 i 产业 j 地区相对利税率；TP_{ij} 为 i 产业 j 地区利税总额；TP_j 为 j 地区利税总额。

（4）总资产贡献率，计算公式为：

$$C_{ij} = \frac{P_i + T_i + F_i}{TA_i} \qquad\qquad 式（9.5）$$

式（9.5）中，C_{ij} 为 i 产业 j 地区总资产贡献率；P_i 为 i 产业的利润总额；T_i 为 i 产业的税金总额；F_i 为 i 产业的利息支出；TA_i 为 i 产业的平均资产总额。

（5）工业成本费用利润率，计算公式为：

$$C_{ij} = \frac{P_{ij}}{MC_{ij} + PC_{ij} + GC_{ij} + FC_{ij}} \qquad\qquad 式（9.6）$$

式（9.6）中，C_{ij} 为 i 产业 j 地区工业成本费用利润率；P_{ij} 为 i 产业 j 地区的利润总额；MC_{ij} 为 i 产业 j 地区的主营业务成本；PC_{ij} 为 i 产业 j 地区的销售费用；GC_{ij} 为 i 产业 j 地区的管理费用；FC_{ij} 为 i 产业 j 地区的财务费用。

3. 技术进步指标

技术进步指标用于衡量各产业吸收先进技术的能力，选用了比较劳动生产率和生产上升率两个二级指标，分别表示当年劳动生产率的高低和劳动生产率的上升速度，比率越大，表明技术进步水平越高。

（1）比较劳动生产率，计算公式为：

$$C_i = \frac{Y_i}{Y} / \frac{L_i}{L} \qquad\qquad 式（9.7）$$

式（9.7）中，C_i 为 i 产业的比较劳动率；$\frac{Y_i}{Y}$ 为产业估值区域总产值的份额；$\frac{L_i}{L}$ 为 i 产业劳动力占社会劳动力的份额。

（2）生产劳动上升率，计算公式为：

$$C_i = \sqrt[m]{\frac{L_{it}}{L_{i0}}} \qquad\qquad 式（9.8）$$

式（9.8）中，C_i 为生产劳动上升率；L_{it} 为报告期 i 产业就业人数；L_{i0} 为基期 i 产业就业人数。

4. 关联效应指标

关联效应指标是进行主导产业选择的重要基准，一个产业只有与其他产业具有密切的技术经济联系，才有可能在自身发展的同时带动其他相关产业发展。此处选取了影响力系数、感应度系数和就业吸纳率三个指标进行评价。影响力系数越大，说明某产业对其他产业的拉动作用越大，感应度系数越大，表示某产业受到其他产业需求的影响越大，而就业吸纳率则表示一个产业的工业总产值对地区就业的贡献能力。

（1）就业吸纳率，计算公式为：

$$C_{ij} = \frac{Y_{ij}}{L_{ij}} \qquad\qquad 式（9.9）$$

式（9.9）中，C_{ij} 为 i 产业 j 地区就业吸纳率；Y_{ij} 为 i 产业 j 地区工业总产值；L_{ij} 为 i 产业 j 地区就业人数。

（2）影响力系数，计算公式为：

$$C_{ij} = \frac{\sum\limits_{j=1}^{m} b_{ij}}{\frac{1}{m}\sum\limits_{i=1}^{m}\sum\limits_{j=1}^{m} b_{ij}} \qquad\qquad 式（9.10）$$

式（9.10）中，C_{ij} 为影响力系数；m 为被选的产业个数；$\sum\limits_{j=1}^{m} b_{ij}$ 为纵列完全消耗系数；$\frac{1}{m}\sum\limits_{i=1}^{m}\sum\limits_{j=1}^{m} b_{ij}$ 为全部产业纵列完全消耗系数平均值的平均数。

（3）感应度系数，计算公式为：

$$C_{ij} = \cfrac{\displaystyle\sum_{j=1}^{m} b_{ij}}{\cfrac{1}{m} \displaystyle\sum_{i=1}^{m} \sum_{j=1}^{m} b_{ij}} \qquad\qquad 式\ (9.11)$$

式（9.11）中，C_{ij} 为影响力系数；m 为被选的产业个数；$\displaystyle\sum_{j=1}^{m} b_{ij}$ 为横列完全消耗系

数；$\cfrac{1}{m} \displaystyle\sum_{i=1}^{m} \sum_{j=1}^{m} b_{ij}$ 为全部产业横列完全消耗系数平均值的平均数。

5. 市场效益指标

市场效益指标选取了区位商和产品销售率两个指标，反映各产业对地区市场的占有情况，特别是区位商不仅衡量某一区域要素的空间分布情况，同时也反映了某一产业部门在全国范围内所具备的专业水平、所处的地位。区位商越大，表明产业专业化水平越高，因此地位也就越高。

（1）区位商，计算公式为：

$$q_{ij} = \frac{e_{ij}/e_i}{E_i/E} \qquad\qquad 式\ (9.12)$$

式（9.12）中，q_{ij} 表示 i 地区 j 部门的区位商；e_{ij} 表示 i 地区 j 部门的总产值；e_i 表示 i 地区的工业总产值；E_i 表示全国 j 部门的总产值；E 表示全国的工业总产值。

（2）产品销售率，计算公式为：

$$C_i = \frac{M_i}{Y_i} \qquad\qquad 式\ (9.13)$$

式（9.13）中，C_i 表示产品销售率；M_i 为 i 产业销售总值；Y_i 为 i 产业的工业总产值。

二、低碳主导产业评价数据的收集整理及处理

下面以内蒙古资源型城市包头市为例，综合运用熵权法、TOPSIS 和因子分析来分析内蒙古资源型城市低碳经济主导产业的选择，通过分析包头市资源优势，选取煤炭开采和洗选业，黑色金属矿采选业，有色金属矿采选业，食品制造业，纺织业，造纸及纸质品业，石油加工、炼焦及核燃料加工业，化学原料及化学制品制造业，非金属矿物制品业，黑色金属冶炼及压延加工业，有色金属冶炼及压延加工业，金属制品业，通用设备制造业，专用设备制造业，汽车制造业，电气机械及器材制造业，电力、热力的生产和供应业，燃气生产和供应业及水的生产和供应业 19 个工业产业进行主导产业选择分析。依据资源型城市主导产业选择评价指标体系及计算公式，以包头市 2012年统计年鉴相关数据为基础，计算得到了初步指标数据如表 9-2 所示。

表9-2　包头市2012年各行业评价指标原始数据表

行业分类	工业废气排放量（亿立方米）	工业固体废弃物产生量（万吨）	主要能源消费量（万吨）	单位产值能源消耗率	相对产值率	相对固定资产投入率	相对利税率
煤炭开采和洗选业	1.38	160.08	711.6525	3.7643	0.0621	0.0851	0.1169
黑色金属矿采选业	69.09	1095.75	132.8279	0.6729	0.0648	0.101	0.1369
有色金属矿采选业	0.03	1.99	5.8653	0.507	0.0038	0.0018	0.0101
食品制造业	0.1	0.02	1.8215	0.0447	0.0134	0.0186	0.0254
纺织业	0.15	0.22	0.4796	0.08	0.002	0.0015	-0.0001
造纸及纸质品业	0.26	1.32	11.1823	0.6411	0.0057	0.0061	0.0037
石油加工、炼焦及核燃料加工业	183.91	4.22	0.0817	0.0169	0.0016	0.0086	0.0006
化学原料及化学制品制造业	95.84	7.07	483.3738	4.6502	0.0341	0.04	0.0692
非金属矿物制品业	19.96	1.87	17.1949	0.2025	0.0279	0.0505	0.0215
黑色金属冶炼及压延加工业	3032	631.85	468.8946	0.5052	0.3048	0.0797	0.2078
有色金属冶炼及压延加工业	1902.95	311.18	912.0051	2.0501	0.1461	0.1162	0.2703
金属制品业	25.37	1.56	21.8005	0.0715	0.1002	0.0647	0.0213
通用设备制造业	0.79	0.69	6.1036	0.0779	0.0257	0.0975	0.0213
专用设备制造业	0.36	0.19	1.1906	0.0196	0.02	0.0477	0.0036
汽车制造业	39.93	1.36	2.1165	0.0089	0.0784	0.0425	0.011
电气机械及器材制造业	7.73	0.56	1.1321	0.0135	0.0275	0.0349	0.0284
电力、热力的生产和供应业	1447.86	448.1	1459.676	6.4807	0.074	0.168	0.037
燃气生产和供应业	0.25	0.001	0.3577	0.0181	0.0065	0.0271	0.015
水的生产和供应业	18.33	0.001	1.7523	0.3571	0.0065	0.0085	-0.0001

续表

行业分类	总资产贡献率	工业成本费用利润率	比较劳动生产率	生产上升率	影响力系数	感应度系数	就业吸纳率	区位商	产品销售率
煤炭开采和洗选业	0.2932	0.1736	0.8348	2.0151	0.0449	0.5437	0.0093	1.6074	0.9604
黑色金属矿采选业	0.2966	0.1624	1.076	2.2722	0.4137	2.9445	0.0072	5.9884	0.9892
有色金属矿采选业	0.8369	0.2397	1.0587	2.1628	0.1045	0.3055	0.0073	0.5543	1
食品制造业	0.2253	0.1141	0.9508	2.6057	0.1686	0.0985	0.0082	0.7389	0.99
纺织业	-0.0012	-0.0081	0.3389	1.6073	0.0292	0.0341	0.0229	0.0497	1.1863
造纸及纸质品业	0.214	0.038	0.7621	1.8986	0.0411	0.0744	0.0102	0.3892	0.9973
石油加工、炼焦及核燃料加工业	0.1679	0.0205	2.0287	2.4655	0.016	0.3691	0.0038	0.0332	1
化学原料及化学制品制造业	0.1336	0.085	1.2193	2.1158	0.0988	0.4401	0.0064	0.4276	0.9968
非金属矿物制品业	0.0809	0.0566	0.6587	1.7769	0.1687	0.3432	0.0118	0.5339	0.9954
黑色金属冶炼及压延加工业	0.0721	0.0292	1.009	2.6414	6.1971	4.3076	0.0077	3.7081	0.9566
有色金属冶炼及压延加工业	0.2207	0.1811	1.2085	2.5782	2.0657	1.2359	0.0064	3.0783	0.9609
金属制品业	0.0306	0.0117	0.79	1.6247	0.0066	0.8691	0.0098	3.5013	1.0011
通用设备制造业	0.1132	0.0661	0.4876	1.5288	2.1591	0.4587	0.0159	0.512	1.0164
专用设备制造业	0.0358	0.008	0.8811	2.0274	2.339	0.264	0.0088	0.6043	0.9931
汽车制造业	0.0439	-0.0035	1.8081	2.9634	1.5846	1.1918	0.0043	1.0256	0.9712
电气机械及器材制造业	0.1468	0.0825	1.2266	2.1815	0.1169	0.2085	0.0063	0.4298	0.9837
电力、热力的生产和供应业	0.0688	0.0436	1.3067	2.7599	0.4339	2.0206	0.0059	1.2791	1.0031
燃气生产和供应业	0.2567	0.2505	1.0682	1.7958	0.001	0.0732	0.0073	1.5355	1
水的生产和供应业	0.0232	-0.0625	0.1651	1.0258	0.0107	0.0175	0.047	1.2438	1

表 9-3　包头市 2012 年各行业评价指标标准化数据表

行业分类	X_1	X_2	X_3	X_4	X_5	X_6	X_7	X_8	X_9	X_{10}	X_{11}	X_{12}	X_{13}	X_{14}	X_{15}	X_{16}
D_1	-0.431	0.067	1.198	1.454	0.127	0.713	0.840	0.651	1.095	-0.354	-0.189	-0.520	-0.254	-0.160	0.111	-0.828
D_2	-0.350	3.257	-0.221	-0.210	0.164	1.063	1.101	0.670	0.966	0.184	0.335	-0.279	1.867	-0.375	2.921	-0.227
D_3	-0.432	-0.472	-0.533	-0.299	-0.676	-1.117	-0.555	3.562	1.854	0.145	0.112	-0.481	-0.465	-0.365	-0.564	-0.002
D_4	-0.432	-0.479	-0.543	-0.548	-0.544	-0.748	-0.356	0.288	0.411	-0.096	1.015	-0.439	-0.648	-0.273	-0.446	-0.210
D_5	-0.432	-0.478	-0.546	-0.529	-0.701	-1.123	-0.689	-0.925	-0.993	-1.460	-1.020	-0.530	-0.705	1.231	-0.888	3.885
D_6	-0.432	-0.474	-0.520	-0.227	-0.650	-1.022	-0.639	0.227	-0.464	-0.516	-0.426	-0.523	-0.669	-0.068	-0.670	-0.058
D_7	-0.212	-0.464	-0.547	-0.563	-0.707	-0.967	-0.680	-0.019	-0.665	2.308	0.729	-0.539	-0.409	-0.723	-0.898	-0.002
D_8	-0.317	-0.455	0.638	1.931	-0.259	-0.277	0.217	-0.203	0.077	0.503	0.016	-0.485	-0.346	-0.457	-0.645	-0.068
D_9	-0.409	-0.472	-0.505	-0.463	-0.344	-0.047	-0.407	-0.485	-0.250	-0.747	-0.675	-0.439	-0.432	0.095	-0.577	-0.098
D_{10}	3.207	1.675	0.602	-0.300	3.470	0.595	2.027	-0.532	-0.565	0.034	1.088	3.493	3.071	-0.324	1.459	-0.907
D_{11}	1.852	0.582	1.689	0.532	1.284	1.396	2.843	0.263	1.181	0.479	0.959	0.798	0.357	-0.457	1.055	-0.817
D_{12}	-0.402	-0.473	-0.494	-0.533	0.652	0.265	-0.409	-0.754	-0.766	-0.454	-0.985	-0.545	0.033	-0.109	1.326	0.021
D_{13}	-0.432	-0.476	-0.532	-0.530	-0.375	0.986	-0.409	-0.312	-0.141	-1.129	-1.180	0.859	-0.329	0.515	-0.591	0.340
D_{14}	-0.432	-0.478	-0.544	-0.561	-0.453	-0.108	-0.640	-0.727	-0.808	-0.251	-0.164	0.977	-0.502	-0.212	-0.532	-0.146
D_{15}	-0.385	-0.474	-0.542	-0.567	0.351	-0.223	-0.544	-0.683	-0.940	1.816	1.745	0.484	0.318	-0.672	-0.262	-0.602
D_{16}	-0.423	-0.477	-0.544	-0.565	-0.350	-0.390	-0.316	-0.132	0.048	0.520	0.150	-0.473	-0.551	-0.467	-0.644	-0.342
D_{17}	1.305	1.049	3.031	2.917	0.291	2.534	-0.204	-0.550	-0.399	0.698	1.330	-0.266	1.051	-0.508	-0.099	0.063
D_{18}	-0.432	-0.479	-0.546	-0.562	-0.639	-0.561	-0.491	0.456	1.978	0.166	-0.636	-0.549	-0.670	-0.365	0.065	-0.002
D_{19}	-0.410	-0.479	-0.543	-0.380	-0.639	-0.969	-0.689	-0.794	-1.618	-1.848	-2.206	-0.542	-0.719	3.697	-0.122	-0.002

由于各指标的量纲不同，故需对各指标进行去量纲化处理，即归一化处理，在进行归一化处理时，采用 Z-score 进行标准化，标准化后的数据如表 9-3 所示（产业依次用 D_i 表示）。

三、内蒙古资源型城市低碳主导产业的综合评价

下面分别使用熵值法（M_1）、TOPSIS（M_2）、熵值—TOPSIS 法（M_3）和因子分析法（M_4），以内蒙古资源型城市包头市为例，分析主导产业的选择。

1. 熵值法评价

将上面的标准化数据，按熵值法的步骤计算，可得各个指标的熵权，如表 9-4 所示。

表 9-4　内蒙古资源型城市主导产业评价指标的熵权值

指标变量	X_1	X_2	X_3	X_4	X_5	X_6	X_7	X_8
权重	0.14	0.1281	0.1092	0.0954	0.0615	0.0347	0.0688	0.0372
指标变量	X_9	X_{10}	X_{11}	X_{12}	X_{13}	X_{14}	X_{15}	X_{16}
权重	0.0168	0.014	0.0106	0.058	0.0627	0.0643	0.0651	0.0664

按照综合评价公式进行综合评价，得到各产业的综合评价值，如表 9-5 所示。

表 9-5　基于熵值法的包头市产业评价得分

行业	综合得分
黑色金属冶炼及压延加工业	0.512
电力、热力的生产和供应业	0.654
有色金属冶炼及压延加工业	0.710
黑色金属矿采选业	0.582
煤炭开采和洗选业	0.332
化学原料及化学制品制造业	0.370
石油加工、炼焦及核燃料加工业	0.598
金属制品业	0.452
汽车制造业	0.385
非金属矿物制品业	0.347
水的生产和供应业	0.585
造纸及纸质品业	0.423
有色金属矿采选业	0.384
电气机械及器材制造业	0.379
通用设备制造业	0.646
专用设备制造业	0.526
食品制造业	0.461
燃气生产和供应业	0.619
纺织业	0.133

2. TOPSIS 法和熵值—TOPSIS 法评价

依据 TOPSIS 法和熵值—TOPSIS 法计算过程，可得内蒙古资源型城市包头市的相对距离及其综合评价得分，如表9-6、表9-7所示。

表9-6　基于 TOPSIS 法的包头市产业评价值

行业	综合得分
黑色金属冶炼及压延加工业	0.289
电力、热力的生产和供应业	0.404
有色金属冶炼及压延加工业	0.276
黑色金属矿采选业	0.170
煤炭开采和洗选业	0.265
化学原料及化学制品制造业	0.132
石油加工、炼焦及核燃料加工业	0.186
金属制品业	0.244
汽车制造业	0.134
非金属矿物制品业	0.521
水的生产和供应业	0.431
造纸及纸质品业	0.201
有色金属矿采选业	0.201
电气机械及器材制造业	0.162
通用设备制造业	0.217
专用设备制造业	0.153
食品制造业	0.423
燃气生产和供应业	0.197
纺织业	0.251

表9-7　基于熵值法—TOPSIS 法的包头市产业评价值

行业	综合得分
黑色金属冶炼及压延加工业	0.339
电力、热力的生产和供应业	0.462
有色金属冶炼及压延加工业	0.394
黑色金属矿采选业	0.309
煤炭开采和洗选业	0.300
化学原料及化学制品制造业	0.214
石油加工、炼焦及核燃料加工业	0.352
金属制品业	0.304
汽车制造业	0.208
非金属矿物制品业	0.486
水的生产和供应业	0.481
造纸及纸质品业	0.227
有色金属矿采选业	0.234
电气机械及器材制造业	0.227

续表

行业	综合得分
通用设备制造业	0.357
专用设备制造业	0.283
食品制造业	0.480
燃气生产和供应业	0.336
纺织业	0.175

3. 因子分析法评价

运用 SPSS22.0 统计软件对 19 个产业 16 个指标进行因子分析，从因子相关矩阵来看，各变量间存在相关关系，可以进行因子分析。依据因子特征值大于 1 且对应的累积贡献率大于 85% 的原则选取 4 个公因子，前 4 个公因子累积贡献率大于 80%（见表 9-8），基本可以反映样本的信息。

表 9-8　公因子的特征值、贡献率和累积贡献率

因子	特征值	信息贡献率（%）	累积贡献率（%）
1	6.701	41.879	41.879
2	2.689	16.806	58.684
3	1.833	11.458	70.142
4	1.702	10.640	80.782

表 9-9　因子旋转载荷矩阵

因子	第一公因子	第二公因子	第三公因子	第四公因子
1	0.775	0.243	0.292	−0.242
2	0.783	0.010	0.262	0.244
3	0.302	0.180	0.916	−0.021
4	−0.012	0.118	0.954	0.036
5	0.892	0.223	0.103	−0.220
6	0.522	0.093	0.709	0.002
7	0.802	0.131	0.285	0.196
8	−0.081	0.178	−0.100	0.852
9	0.068	0.192	0.106	0.903
10	−0.018	0.919	0.063	0.048
11	0.281	0.869	0.208	0.002
12	0.770	0.214	−0.142	−0.362
13	0.900	0.209	0.164	−0.070
14	−0.096	−0.837	−0.103	−0.272
15	0.825	−0.104	0.054	0.303
16	−0.351	−0.467	−0.058	−0.232

由表 9-9 可以看出，第一公因子在相对产值率（X_5）、相对固定资产投入率（X_6）、

主导资源产量年增长率（X_7）、比较劳动生产率（X_{11}）、生产上升率（X_{12}）、影响力系数（X_{13}）和区位商（X_{15}）上的载荷较大，与就业吸纳率（X_{14}）和产品销售率（X_{16}）负相关性最强，反映了产业经济规模和产业关联度；第二公因子在比较劳动生产率（X_{10}）上的载荷较大且正相关，与就业吸纳率（X_{14}）负相关性最强，反映了产业技术进步情况；第三公因子在工业废气排放（X_1）、总资产贡献率（X_8）、工业成本费用利润率（X_9）上的载荷较大，反映了产业经济效益情况；第四公因子在工业固体废弃物排放（X_2）上的载荷较大，反映了产业环境情况。

通过各因子的特征值（λ_n）可以计算出各个公因子的权重（F_n），进而得出综合得分 F，如式（9.14）、表 9-10 所示。

$$F = \frac{\lambda_1}{\sum\limits_{i=1}^{4} \lambda_i} F_1 + \frac{\lambda_2}{\sum\limits_{i=1}^{4} \lambda_i} F_2 + \frac{\lambda_3}{\sum\limits_{i=1}^{4} \lambda_i} F_3 + \frac{\lambda_4}{\sum\limits_{i=1}^{4} \lambda_i} F_4 \qquad 式（9.14）$$

表 9-10　基于因子分析法的包头市产业评价得分

产业	第一公因子	第二公因子	第三公因子	第四公因子	综合得分
煤炭开采和洗选业	−0.13772	−0.27367	1.33422	1.05123	0.19900
黑色金属矿采选业	1.68158	−0.59522	−0.12646	1.85111	0
有色金属矿采选业	−0.58731	0.36910	−0.72409	2.27273	0
食品制造业	−0.52302	0.54548	−0.54821	0.29711	0.17800
纺织业	−0.70278	−1.60284	−0.18244	−1.04919	−478.54700
造纸及纸质品业	−0.63546	−0.11785	−0.40576	−0.03684	−14.14200
石油加工、炼焦及核燃料加工业	−0.90818	1.60478	−0.65755	−0.54332	0
化学原料及化学制品制造业	−0.77195	0.37828	1.16425	−0.10034	0
非金属矿物制品业	−0.36210	−0.40578	−0.22801	−0.22042	0
黑色金属冶炼及压延加工业	3.11696	0.58452	−0.68891	−1.20470	0
有色金属冶炼及压延加工业	1.29569	0.41442	0.99997	0.60253	71.95200
金属制品业	0.26841	−0.61116	−0.38383	−0.28952	−32.85200
通用设备制造业	−0.02910	−0.88115	−0.17268	−0.32321	−22.85400
专用设备制造业	−0.24747	0.18039	−0.5709	−0.85823	−46.08200
汽车制造业	−0.21011	1.78411	−0.76553	−1.09163	−56.16800
电气机械及器材制造业	−0.53772	0.59127	−0.46954	−0.03604	−40.47300
电力、热力的生产和供应业	−0.10970	0.53969	3.19803	−0.74252	301.46300
燃气生产和供应业	−0.42573	−0.02434	−0.51139	1.25622	−49.26700
水的生产和供应业	−0.17431	−2.48004	−0.26118	−0.83496	−28.40800

4. 综合评价

由于因子分析法、TOPSIS 法、熵值法等评价方法的机理不同，导致评价结果的不一致性，下面采用平均值法进行二次排序。

在利用平均值法进行排序时，兼顾了所有的评价意见特别是不同意见的影响。平均值法进行评价的原理是，设 R_{ij} 为被评价对象 i（i=1，2，…，n）在第 j（j=1，2，…，m）种方法下所排序的位次，先用排序赋值法将每个单一评价方法的排序名次转换为分数，设第 1 名最高，得 n-1 分；第 k 名得 n-k 分；第 n 名得 0 分。然后计算不同方法得分的平均值，按平均值再重新排序。若有两个评价对象的名次相同，则计算两者在不同方法下得分的方差，方差小者为优。

依据平均值法对包头市主要产业的评价得分进行排序，可得包头市产业评价的综合得分，如表 9-11 所示。

表 9-11　包头市产业综合排名表

产业	均值	方差	排序
有色金属冶炼及压延加工业	16	1.732	1
黑色金属矿采选业	14.75	1.785	2
电力、热力的生产和供应业	14.75	3.419	3
有色金属矿采选业	14	2.550	4
煤炭开采和洗选业	12.75	2.385	5
黑色金属冶炼及压延加工业	12.75	6.534	6
石油加工、炼焦及核燃料加工业	11.25	3.700	7
食品制造业	10	4.062	8
汽车制造业	9.75	5.629	9
化学原料及化学制品制造业	9	1.000	10
燃气生产和供应业	8.25	4.815	11
通用设备制造业	6.25	1.299	12
电气机械及器材制造业	5.75	3.345	13
金属制品业	5.5	1.658	14
纺织业	5	4.848	15
非金属矿物制品业	4.25	3.419	16
水的生产和供应业	4.25	4.603	17
专用设备制造业	3.5	0.500	18
造纸及纸质品业	3.25	2.947	19

四、内蒙古资源型城市低碳主导产业的分析

由于因子分析法、TOPSIS 法、熵值法等评价方法的机理不同、评价结果的非一致性是综合评价面临的重要问题之一。根据表 9-11 各产业各指标及综合得分情况，排在前 8 位的行业分别为有色金属冶炼及压延加工业，黑色金属矿采选业，电力、热力的生产和供应业，有色金属矿采选业，煤炭开采和洗选业，黑色金属冶炼及压延加工业，石油加工，炼焦及核燃料加工业，食品制造业。

有色金属冶炼及压延加工业，黑色金属矿采选业和电力、热力的生产和供应业是包头市的支柱产业，是国内生产总值增长的主要贡献者，得益于其拥有丰富的自然资源。如包头市钢铁大户包钢集团是工业产值的最大创造者，同时也是包头市环境最大的污染源，每年向大气排放各种废气达到上亿立方米。近年装备制造业如汽车制造业、专用设备制造业和电气机械及器材制造业纷纷发展起来。近几年包头市对装备制造业进行重点扶持，使其已经发展成为包头市优势产业，目前正逐步成为重型汽车制造具有先进水平的世界领导者，特别是北方重工和北方股份两大企业作为龙头，为包头市汽车制造产业领跑。重型汽车、设备及机械制造业也已经呈现出了良好的发展势头，已初步形成主导产业的雏形，并步入良性发展轨道。

综上所述，结合包头实际情况，可以确定汽车制造业，专用设备制造业，电气机械及器材制造业，黑色金属冶炼及压延加工业及电力、热力的生产和供应业五个产业作为主导产业应对其进行重点发展。在发展过程中同样要积极采用卫生环保技术，合理节约利用资源，继续加强各企业之间合作、资源共享及设备的配套使用，更好地形成产业间集群式发展。

燃气生产和供应因为有较大的技术投入力度，且采用清洁工艺进行生产，环境负担小，同时天然气为新能源是真正意义上的环保型产业，可以被选为主导产业。而有色金属矿采选业和食品加工业受到环境能源指标的影响比较大。特别是有色金属矿采选业与金属冶炼及压延加工业密不可分，同时近些年包头市重点开采稀土、铜等有色金属，因此得到了快速发展。所以被选为主导产业的有汽车制造业，专用设备制造业，电气机械及器材制造业，燃气生产和供应业，有色金属采选业，食品制造业，电力、热力的生产和供应业及黑色金属冶炼及压延加工业。

第三节　内蒙古资源型城市战略性新兴产业的选择

战略性新兴产业是以重大技术突破和重大发展需求为基础，对经济社会全局和长远发展具有重大引领带动作用的产业。战略性新兴产业是具有产业关联度高、资源消耗少、知识技术密集、综合效益好等特点，能够引导和带动社会经济全局和长远发展的，并能发展成为支柱性产业的新兴产业。根据《"十二五"国家战略性新兴产业发展规划》、《关于加快培育和发展战略性新兴产业的决定》，战略性新兴产业主要包括节能环保、新一代信息技术、生物、高端装备制造、新能源、新材料、新能源汽车七大类。

一、战略性新兴产业的内涵

战略性新兴产业是我国在国际金融危机爆发后为了应对国内外经济形势提出的，战略性新兴产业通常采用先进的科学技术，具有优化产业结构、转变经济发展方式、提升就业能力、加快科技进步、推进经济社会长期稳定协调发展的深刻产业内涵。具有潜在的先导性、长远性和全局性的产业特征，对经济社会全局与长远发展具有重大的引领带动作用，是一个国家抢占未来经济竞争制高点的重要产业，具有划时代意义。

时任总理温家宝提出"战略性新兴产业是新兴科技和新兴产业的深度融合"。科技部部长万钢认为，战略性新兴产业不同于传统产业，它在国民经济中具有战略地位，对经济社会发展和国家安全具有重大和长远影响，并且这些产业是着眼未来的，它必须具有能够成为一个国家未来经济发展支柱产业的可能性。华文指出，战略性新兴产业中的"战略性"指这些产业对经济和社会发展及国家安全具有全局性影响和极强的拉动效应；"新"是相对当前的经济发展阶段，这些产业的产品服务或组织形式是以前没有的；而"兴"指崭露头角，未来可能会高速增长、规模扩大，对经济发展有主导作用。本书认为，战略性新兴产业是指关系到国民经济社会发展和产业结构优化升级全局的，以重大技术创新为基础，代表未来经济和科技发展方向的，具有较强的发展优势和潜力，将来有可能成为主导产业或支柱产业的新兴产业。战略性新兴产业具有高风险性、高投入性、高回报性、产业引导性、时间变化性和地域差别性等特征。各地可根据自身的资源禀赋和产业结构的约束以及在国家和地区中所处的战略地位，选择发展适合本地的战略性新兴产业。

二、我国战略性新兴产业发展的重点

大力发展战略性新兴产业是新时期我国经济社会发展面临的重大战略任务，要围绕经济社会发展需求，把握世界科技和产业发展方向，以推动产业结构战略性调整为主线，以争夺经济科技竞争制高点为战略重点，以体制创新和技术创新为动力，加快形成战略性新兴产业体系。

（一）加快发展新能源产业，构建高效、清洁、可持续的能源体系

我国人均化石能源可采储量远低于世界平均水平，加快发展以可再生能源和清洁能源为主的新能源产业势在必行。

一是推进可再生能源规模化发展。风电应制定实施进入大电网的技术标准和容量配额标准，太阳能光伏发电应集中突破电池组件技术及大规模储能和输电技术，生物质能应重点发展沼气综合循环利用和生物燃料技术。

二是强化新能源及装备的核心技术研发。在继续做好 AP1000 三代核电技术引进消化吸收再创新的同时，研制具有自主知识产权的 CAP1400 机型，加强铀资源保障和战略储备。加强风电、太阳能关键技术和设备研发。

三是实现煤炭合理高效清洁利用。在广泛应用先进煤炭资源勘探、煤矿采、安全生产技术和提高煤炭生产集中度的基础上，着力发展超临界等大容量、高效率、低污染的煤炭直接燃烧技术，中远期要把以煤气化为基础的多联产技术作为战略选择。

（二）加快发展新材料产业，满足经济、社会和国防建设需求

我国已是世界材料大国，钢铁、水泥等传统材料生产能力居世界首位，某些新材料领域研发进入世界先进行列，但总体水平同发达国家相比还有很大差距。我国要实现从材料大国向材料强国的战略转型，必须加快发展关键材料和器件。

一是全面增强自主创新能力，形成若干新材料领域产业链专有的技术开发体系，推动我国电力、建筑节能、航空航天、装备工业新材料、水利、高铁等重大基础设施高性能材料形成国际竞争力。

二是促进新一代生物基材料、战略能源材料、电子信息材料、超级结构材料、纳米材料及器件、稀土和化工新材料等产业技术跻身世界前列。

三是促进产业集聚和资源整合，加速推进新材料产业与传统原材料工业实现融合发展，鼓励企业跨行业兼并重组，打造具有国际竞争力的大型新材料产业集团。

（三）加快发展节能环保产业，建设资源节约型、环境友好型社会

节能环保产业是国家战略性新兴产业，是新的经济增长点，发展前景广阔。我们必须按照走新型工业化道路和建设资源节约型、环境友好型社会的要求，完善相关政策法规、技术标准，大力推动应用工程建设和运行，加强节能环保和循环利用领域的重大技术、装备和产品的研发，促进我国节能环保产业的快速发展。

一是推进节能环保产业技术与装备创新平台体系建设，研发先进节能环保装备，加大节能产品惠民等节能环保工程的实施力度。

二是加快发展合同能源管理服务、生态效率评价服务、清洁生产审核、绿色产品认证评估服务、环境投资及风险评估服务，继续拉动市场需求，推动产业发展上规模、上水平。

三是健全节能环保产业服务体系，要以标准化、系列化、国际化、现代化为导向，坚持政府扶持和市场规范运作相结合，自主创新和引进消化吸收相结合，促进节能环保咨询服务业和环境服务贸易发展。

（四）加快发展生物医药产业，努力为提高人民健康水平服务

加快发展生物医药产业，必须把生命科学前沿与传统医学优势结合起来，形成以创新药物研发和先进医疗设备制造为龙头的医药研发产业链,大幅提升生物医药产业的国际竞争力。

一是加强基础研究。重点研究生物医药研发技术、后基因组技术、再生医学技术、生物医学工程及远程技术等,加快科研成果向现实生产力转化。

二是推进资源整合。合理规划布局生物医药产业园区,扶持一批拥有自主知识产权、综合竞争力较强的骨干企业。

三是规范市场秩序。强化生物医药产品市场监管,鼓励企业申请安全、质量、环境管理等国际体系认证。

四是注重人才培养。既要培养高端生物技术研发人才,也要培养一线生产技术人员。同时,为回国创业人员创造人尽其才的环境,提供场地、资金、设备等方面的支持。

(五) 加快发展信息网络产业,带动制造业、服务业优化升级

当前和今后一个时期,必须加快构建我国无所不在、人人共享的信息网络体系,走出一条普惠、可靠、低成本的信息化与工业化融合的新路。

一是加快实现三网融合。确定合理、先进、适用的技术路线,促进网络建设、业务应用、产业发展、监督管理等各项工作协调发展,探索符合我国国情的三网融合模式。

二是推进"感知中国"建设。抓紧突破物联网关键技术,制定标准体系,拓展应用领域,抢占国际物联网产业发展制高点。统筹物联网研发和产业化进程,推动传感网与通信网融合发展。

三是开展后 IP 时代技术研发。研究网络虚拟化技术及支持存储/计算等资源虚拟化的智能重叠网技术,研究高效网络数据交换、路由及端到端质量管理等关键技术。

(六) 加快发展高端制造产业,实现迈向制造业强国的战略转型

高端制造产业是衡量一个国家核心竞争力的重要标志。我国要实现由制造业大国向制造业强国的战略转型,一定要有全球领先的高端制造业,一定要用中国装备装备中国。

一是大力发展光机电一体化技术。重点抓好微机电系统和机器人技术、核心单元技术和传感器技术,特别是数控机床技术。

二是集中突破重大成套装备制造技术。研究开发大飞机、大型清洁火电与核电、海洋工程等设备及关键技术,研发新一代流程工业成套技术与装备、数字化、智能化设计制造及基础制造装备。

三是着力抓好重点经济区域率先发展。率先在珠江三角洲、长江三角洲和环渤海地区突破发展高端制造业,上述三大区域无论传统产业或高新技术产业都在国内占有举足轻重的地位。

三、内蒙古战略性新兴产业的选择

发展战略性新兴产业，必须先依据国家层面做出的战略科学筛选战略性新兴产业，选对了就能跨越发展，选错了将会贻误时机。内蒙古按照国家明确提出的七大战略性新兴产业，从自身科学技术水平、区域特点和资源禀赋出发，积极谋划培育战略性新兴产业，并在《内蒙古自治区关于加快培育和发展战略性新兴产业的意见》中优先选择了新能源、新材料、节能环保、高端装备制造、生物技术、煤清洁高效利用、新能源电动汽车、新一代信息技术八大产业作为内蒙古战略性新兴产业重点发展领域。

（一）新能源

内蒙古新能源产业主要包括风能、太阳能、生物质能等。近年来，内蒙古充分利用风能、太阳能和生物质能等资源优势，精心打造"绿色能源"，提高环保的科技含量，促进了内蒙古可再生能源产业的快速发展。

（1）风能的开发利用。内蒙古是我国发展风电产业较早的省（自治区）之一，目前风电已成为内蒙古的第二大主力电源。截至 2012 年底，内蒙古风电装机 1692 万千瓦，风电并网装机容量 1670 万千瓦，风电累计并网容量约占全自治区电源装机容量的 21%。风电装机以 2005 年的 16.6 万千瓦作为基数，到 2012 年年均增速近 90%以上。内蒙古并网风电占全国并网风电的 28%。内蒙古风能的开发利用还包括大力发展以下工程：大型风力发电机整机制造工程，重点研发具有完全自主知识产权的 1~5 兆瓦级大型风力发电系统；大型风力发电机关键零部件制造工程；户用小型风机优化升级产业化工程，优化升级分布式和离网型户用小型风机系列产品；大型风电场建设示范工程，加快大型风电场的布局和建设，并优化现有风电场的示范基地等。

（2）太阳能的开发利用。内蒙古在太阳能光伏发电、太阳能热发电以及太阳能热水器和太阳房等热利用方面都有了一定的发展。内蒙古大部分地区属干旱半干旱地区，海拔高，晴天多，日照充足，光能丰富，全区太阳能年总辐射为 4599~7884 兆焦/平方米，年日照时数为 2600~3400 小时，仅次于西藏，居全国第二位。多晶硅是太阳能光伏产业发展的基础材料，内蒙古优质硅矿资源十分丰富，已发现矿产地 40 余处，大部分矿床的硅矿石品位达到 97%以上。内蒙古具备建成国家级太阳能发电基地和兴建并网光伏发电站的潜力。目前，内蒙古已建成一批光伏发电站和光伏电力公司。内蒙古还规划建设以下太阳能热发电示范工程：一是建设 2.2 兆瓦沙漠太阳能热风试验示范发电站；建立太阳能热发电试验示范电站。二是太阳能光伏发电示范工程：建立光伏并网示范电站；建设 5 兆瓦以上光伏电站示范工程；建设一座拥有 2G 瓦（2000 兆瓦）

发电能力的太阳能光伏发电厂，加快内蒙古光伏产业基地建设。三是太阳能光伏组件制造示范工程：加快优质太阳能单晶硅、多晶硅、非晶硅材料及光伏组件生产基地的建设。四是太阳能电池制造示范工程：加快太阳能单晶硅、多晶硅、非晶硅电池制造示范基地建设，开展铜铟镓硒等薄膜太阳能电池生产线建设。五是建筑利用太阳能示范工程：开展国家金太阳示范工程，加快太阳能集热器、风光互补照明等工程的实施。

（3）生物质能的开发利用。内蒙古生物质能资源蕴藏丰富，动植物资源数量可观，为生物质能的开发提供了较好的基础。近年来，内蒙古在生物发电、燃料乙醇、生物柴油、沼气等的利用方面发展较快，已形成了一定的规模。内蒙古规划发展生物质原料种养殖示范工程：建设非粮油料作物和高油微藻、油脂原料等生物质原料产业化基地。建成330亩的微藻养殖示范基地及能源植物种苗基地，在包头市、呼和浩特市、鄂尔多斯市和赤峰市等周边地区推广建立100多万亩的原料基地。生物质燃料产业化示范工程：生物质柴油及生物质燃料乙醇等液体燃料产业示范基地；单原料工业示范生物炼厂生产规模达到万吨级以上；优势原料集成工业示范生物炼厂生产规模达到五十万吨级以上；地区特色原料综合产业化生物炼厂生产规模达到十万吨以上。生物质发电示范工程：大力支持发展生物质发电产业，积极开展以沙生灌木林等燃值高的速生能源植物为原料及农林废弃物直燃和气化发电示范工程。继续加大沼气技术、城市垃圾综合处理等技术推广。

核能燃料方面，一是核燃料提取、分离工程：建立铀矿开采提取和钍提取分离及天然铀化工转化生产线、AP1000压水堆核电燃料元件、高温气冷堆核电燃料元件等生产基地，进一步扩大AFA3G压水堆核电燃料元件生产规模。二是核电燃料元件制造工程：建立国内先进的核电燃料元件制造用包壳、端塞、格架和管座等结构件制造加工生产基地。建成年生产规模为30万个高温气冷堆球型燃料元件的生产厂。

（二）新材料

内蒙古富集的地下矿藏为发展新材料产业提供了条件。2010年底，在全国已发现的171种矿产资源中，内蒙古就占了143种。其中，查明资源储量的有79种。目前，稀土新材料、纳米材料、高性能铝合金材料、硅材料产业已初步形成。包头稀土高新区是内蒙古和包头市发展稀土产业的主要平台和载体，稀土企业达66家，稀土产业得到了大力发展，形成产业集聚、技术研发、人才保障、检验检测、信息交流等配套完善的产业体系。

稀土新材料方面，一是稀土功能材料重点项目：提高稀土永磁材料、储氢材料、抛光材料、发光材料产品性能、质量；开发具有自主知识产权的新型功能材料——白光 LED 用荧光粉、钕铁硼辐射多极磁环、磁致伸缩材料、稀土镁中间合金、热障涂层靶材、稀土磁制冷材料、稀土催化剂、塑料稀土助剂、生物应用稀土产品等。其中，稀土磁制冷材料产能 100 吨/年。塑料稀土助剂产能达到 2.5 万吨/年；热障涂层靶材 100 吨/年；稀土镁中间合金 1000 吨/年；钕铁硼辐射多极磁环 1000 件/年；白光 LED 用荧光粉 100 吨/年；磁致伸缩材料 100 吨/年。二是稀土功能材料终端应用产品：不断提高稀土永磁电机、镍氢动力电池技术性能和性价比，加快电动汽车用、风力发电机用、石油抽油装置永磁电机产业化进程。实现年产稀土永磁变速恒压风力发电机 1000 台（套）、稀土永磁电动汽车电机 500 台（套）、直驱式油田抽油机 1000 台（套）。开发磁感应强度 0.3 特斯拉以上的稀土永磁核磁共振影像系统，生产能力达到 1000 台（套）。

无机新材料方面，一是特色新材料产业示范工程：发展污水处理剂、生物添加剂、分子陶瓷导线、医药载体等产品；开发新型节能保温材料。二是非金属功能复合材料产业示范工程：大力发展高性能碳纤维及其复合材料、功能陶瓷材料、先进树脂基复合材料、功能涂层材料、光纤预制棒、光纤传感材料制备技术及塑料光导纤维制品。三是高性能合金材料产业示范工程：发展硅系、锰系、氮化、铬系、铝硅钛、镁合金、高纯电子铝箔材料等高性能合金深加工产品。

（三）节能环保

粉煤灰综合利用产业化示范工程：重点开发粉煤灰提取氧化铝、粉煤灰制备铝硅钛合金、粉煤灰提取镓等技术产业；组织实施高铝粉煤灰提取氧化铝、粉煤灰提取铝硅钛合金、粉煤灰提取镓等示范工程，实现年提取氧化铝 1000 万吨的目标。

水污染防治工程：利用高效的二氧化碳收集和提纯、超临界萃取技术，开发二氧化碳综合利用系列产品；重点建设一批循环经济的企业集团和生态工业园区。

大气污染防治工程：发展工业锅炉烟气脱硫、脱硝关键装备；推广应用高效袋式除尘器及电袋复合除尘器；发展机动车尾气和饮食业油烟治理设备。

固体废弃物处理处置与资源综合利用工程：组织实施钢渣、冶炼渣、脱硫石膏、粉煤灰、尾矿渣等综合利用深加工示范工程，加快发展利用化工、钢渣及有色冶炼渣生产建材产品的技术和设备。发展废塑料再生、废旧轮胎及农业废弃资源回收综合利用，废干电池回收利用技术与装备；重点建设一批循环经济的企业集团和生态工业园区。

生态保护和治理技术示范工程：重点开展河流、湖泊的生态治理与修复工程；实施持久性有机污染物和重金属土壤污染综合治理和修复工程；开发无公害农产品、绿色食品、有机食品生产加工设备，建设无公害农产品、绿色食品、有机食品生产基地。

节能降耗示范工程：在钢铁、石化、印染、水泥、玻璃等高耗能行业，大力组织实施余热余能回收利用示范工程；开发矿井瓦斯灾害、粉尘、水灾防治等设备。

（四）高端装备制造

从"十五"开始，装备制造业已是内蒙古发展的六大特色优势产业之一。经过多年的发展，已基本形成了以重型汽车、工程机械、铁路车辆、采掘设备等为主产品的装备制造业体系。在装备自主化、发展整机、基础配套产品发展、发展企业集团与扶持专业化企业等方面都保持了较快的发展速度。近年来，风电设备、牧业机械、煤炭机械制造、矿用设备、家用汽车等也在快速发展，新能源汽车、煤化工设备制造也纳入了内蒙古未来重点发展的序列。内蒙古装备制造业在原有的基础上，通过消化吸收和改造，自主创新能力不断增强，新型装备制造业对经济的强大支撑和带动作用日益显现。其中，包头装备制造产业园区是"十一五"期间内蒙古大力培育的"六大产业集群"之一，规划面积26平方公里，已有一机集团、北方重工、北方创业、北奔客车、中国重汽、华锐风电、国电风力、中复风电等重点企业（项目）170户，已成为中西部地区重要的装备制造产业基地。规划建设直线管道运输系统产业化示范工程、工程机械示范工程、重型汽车示范工程、铁路产品示范工程、煤炭综采机械装备示范工程、汽车整车及发动机等部件示范工程和农牧业机械示范工程。

（五）生物技术

近年来，内蒙古在胚胎移植、动物干细胞繁育、基因与克隆技术、生物制药、现代中蒙药、生物疫苗和生物育种等方面有了较快发展，为生物产业的发展奠定了较好的基础。其中，内蒙古牛羊胚胎移植整体技术水平和移植数量居全国之首，内蒙古的胚胎移植高级技术专家占全国的70%左右。内蒙古家畜改良站是三个国家级胚胎移植中心之一。呼和浩特市、通辽市、赤峰市已经形成了多条生物产业链。规划建设干细胞产学研创新示范工程、益生微生态制剂的开发及产业化示范工程、酶和基因示范工程、微生物代谢和发酵示范工程、胚胎和性控示范工程、中蒙药产业化示范工程、动物疫苗产业化示范工程和生物农药产业化示范工程。

（六）煤清洁高效利用

洁净煤技术是减少污染和提高效率的煤炭加工、燃烧、转化和污染控制等新技术的总称，当前已成为世界各国解决环境问题的主导技术之一，也是高技术国际竞争的一个重要领域。煤炭是目前我国最重要的一次能源，同时也是最主要的污染源。煤炭作为主要能源和重要工业原料，在内蒙古一次能源资源中占90%以上。近年来，内蒙古加快实施资源转换战略，不断延长产业链。在煤洁净利用方面，内蒙古主要发展热电多联产清洁利用，以"煤—气化—合成燃料—化学品"为主线，形成多条产业链，为内蒙古煤化工产业的转型与升级奠定了坚实基础。目前，鄂尔多斯市和蒙东地区已经成为全国煤炭清洁高效利用生产示范基地。规划建设煤基化工深加工产业示范：煤制烯烃产能达到 300 万吨，煤制乙二醇达到 260 万吨，煤制油达到 1000 万吨，煤制气达到 300 亿立方米，煤制二甲醚达到 500 万吨。煤层气开发利用产业化示范：开展煤层气制取甲醇、甲醛、炭黑等产业化示范；加快煤矸石、矿井石、煤矿伴生物提取利用示范及产业化。焦炉煤气及焦油综合利用产业化示范：开展焦炉气提氢或综合利用产业化示范，焦炉煤气制甲醇、燃料油、芳烃的产业化；加强对煤焦油深加工，特别是低温焦油合成燃料油的产业化。煤气化热电联产示范工程：开展煤气化热电联产技术的开发与产业化。

（七）新能源电动汽车

电动汽车整车及零部件示范工程：建设混合动力和纯电动汽车整车及零部件制造示范基地，电动公交车达到 600 辆。

电动汽车电池产业化示范工程：建成锂离子动力电池生产线，实现大容量锂离子动力电池产业化。

（八）新一代信息技术

制造业信息化科技工程：建立基于知识、面向内蒙古装备制造业的云制造创新服务平台和物联网技术，面向畜牧业的科技创新服务平台和基于 SaaS 的中小企业信息化公共服务平台。实施"百、千、万"制造业信息化科技工程计划，其中的"百"指百台机床（设备）数控化升级技术改造，"千"指一千家中小型制造业信息化技术应用示范企业。实施云制造协同研发、制造模式研究及企业应用示范、针对内蒙古优势工艺、产品，基于嵌入式技术的智能化实时控制系统开发，乳品、肉类生产、加工销售过程的物联网开发及示范应用。

高端软件示范工程：积极开发工业过程的在线监测、控制、预警、能源控制系统软件；配合"金卡工程"开发相关软件。

新一代信息终端产品：开发及优化深层探地雷达、光存储设备、高性能计算机、集成电路芯片、石英晶体谐振器及有关网络产品。

四、内蒙古资源型城市战略性新兴产业的选择

近几年，内蒙古高新技术领域形成了一批具有较强市场竞争力和企业创新能力的优势企业。如新能源领域的金骄、中兴、伊泰；新材料领域的稀土高科、华业特钢、神州硅业；高端制造业的腾飞飞机制造、北方重工等；此外，以金河、中网福通为代表的生物工程产业和电子信息产业也有较快发展。从区域布局来看，随着内蒙古产业

围绕着多元、升级的要求发展，这些高技术企业有逐渐向呼和浩特市、包头市、鄂尔多斯市和通辽市、赤峰市两个地带聚集的趋势。呼和浩特市主要以生物产业为特色，初步形成了牛羊良种繁育、乳业兽用疫苗、中蒙药和以玉米味原材料生产生物制品的产业链。鄂尔多斯市、包头市地区以高端装备制造为优势，形成了载货汽车、风电设备制造、铁路车辆制造和有色金属冶炼等产业链。内蒙古东部地区以通辽、赤峰为中心，正在建设风电等新能源基地和绿色农业基地。在聚集过程中同时存在内蒙古东西部地区发展不平衡现象。据 2010 年统计资料显示，截至 2010 年，内蒙古高新技术企业共计 173 家，其中，呼包鄂地区占有比例最高（119 家，总量的 68.79%），次之为通赤（29 家，占总量的 16.76%）。数据也反映了内蒙古东西部之间巨大的发展差距。

（一）包头市战略性新兴产业的选择

包头市发展战略性新兴产业的主要方向是稀土新材料产业、装备制造产业、新能源产业和软件信息产业。包头市软件信息产业以内蒙古软件园为依托，以经济快速发展的呼包鄂经济圈为腹地，有较好的发展前景。

包头市新材料产业主要是稀土功能材料，围绕稀土应用产品深度开发和广泛应用，加强稀土在冶金、化工、建材等领域的应用，突破一批尖端的稀土分离和精炼技术，重点发展稀土永磁电机，核磁共振成像设备，稀土镍氢动力电池，稀土催化、抛光、发光等功能材料及应用产品，着力构建五条稀土深加工及应用产业链，即以稀土永磁电机、核磁共振成像设备为核心的产业链，以稀土储氢材料及各种动力电池、电动车等应用产业为核心的产业链，以稀土发光材料及应用器件生产为核心的产业链，以稀土催化、抛光、发光等功能材料及稀土在化工、建材领域应用为核心的产业链，以稀土—有色金属材料深加工及其元器件生产为核心的产业链，形成产学研一体化的完整稀土新材料研发及应用产业体系；实施核电燃料发展计划，依托中核北方核燃料元件公司的技术实力，大力开发重水堆、压水堆、气冷堆系列民用核电燃料组件，着手研究核资源开发利用，建设国家民用核材料生产基地；积极开发多晶硅切片及电池、薄膜电池、太阳能光伏玻璃等产品，重点建设多晶硅产业园区，打造"多晶硅—单晶硅—电子级硅片和太阳能级硅片—太阳能电池和组件"这一完整的硅材料产业链，培育形成硅产业集群。

依托包头装备园区和稀土高新区，以提升产业层次、扩大产业规模为目标，优化资源配置，加快培育有市场竞争力的大型企业集团，推进整机及配套关键零部件生产，打造汽车整车及零部件制造、铁路车辆及零部件制造、工程机械及零部件制造、专用设备及零部件制造、风力发电设备及零部件制造、通用机械及零部件、通用航空产业制造等高端装备制造产业集群。

　　新能源产业重点围绕风能、太阳能综合开发利用，大力发展新能源产业。按照"融入大电网、建设大基地"的要求，推进达茂旗、白云、固阳大型风电场项目建设，同步推进电网建设。发挥太阳能资源优势，依托骨干企业，积极引进光伏电池组件加工企业，争取国家太阳能应用示范基地建设项目，大力发展太阳能发电。以实施太阳能光热工程为突破口，在主城区和周边中心城镇普及太阳能热水器，推动太阳能热水器自主品牌加快发展。利用包头及周边地区丰富的生物质资源，适度发展生物质能源。加大地质勘测力度，加强地热资源综合开发利用。

　　包头市应大力发展高效节能、先进环保和资源循环利用关键技术装备及系统，加强先进适用技术推广应用和节能环保服务。以"三废"综合利用为核心，以发展循环经济、低碳经济为切入点，推进节能环保技术创新，力争在工业废渣、余热余压利用、城镇生活垃圾应用等方面实现技术突破，在节电、节水、节油等领域推广普及新技术、新工艺。重点发展循环流化床锅炉、锅炉燃烧器、现场智能节能柜、污染源自动监控系统、水处理成套设备、污水处理设备、脱硫脱硝设备等节能环保产品，为节约资源、保护环境提供技术、装备和服务保障，力争使节能环保产业成为包头市的重要经济增长点。

　　以内蒙古软件园为依托，重点优先发展地区优势产业应用软件和信息服务业。结合包头市特色产业，一要加快改造提升包头市及周边地区钢铁、稀土、铝业、机械、电力、煤炭、化工、纺织、制糖等支柱产业，开发面向这些行业的工业软件、企业管理软件和行业解决方案；适应蒙古族文化、历史、语言和民族发展需要，发展蒙文等少数民族语言通用软件等。二要加快引进新一代信息技术产业。重点推动新一代移动通信，下一代互联网、三网融合、物联网、云计算、集成电路、新型显示、高端软件、软件服务、文化创意等领域的发展。以八寸晶圆、塑料光纤、激光投影仪、核磁共振成像、碳纤维等项目建设为依托，重点发展光电子材料、器件和整机光电子产业，精密、超精密仪器设备、医用精密仪器设备、检验分析仪器等仪器仪表产业，信息显示器件、设备等电子信息产业。加强高端人才队伍培养，大力发展信息网络技术，推进"两化融合"及计算机核心部件、现代网络应用硬件制造和物联网技术应用，建设软件开发应用和技术人才培养储备基地。

　　以煤制烯烃为重点，大力发展现代煤化工及下游加工产业。依托九原新型工业园区、土右新型工业园区，着力开发煤制烯烃、煤制天然气等高附加值产品。推动神华煤化工二期60万吨烯烃项目实施，加快泛海煤化工和汉龙集团PVC、东方希望海平面PVC等氯碱化工项目建设，支持天然气液化及综合利用，启动白彦花煤田褐煤提质改性项目，延伸新型煤化工、PVC、焦化产业链条，发展高效复合肥料，着力培育壮大新型化工及下游深加工产业集群。

加快实施新能源轿车产业化项目，着力引进国内知名汽车企业，重点发展新能源汽车，突破稀土镍氢动力电池领域关键核心技术，加速形成知识产权，推进插电式混合动力汽车、纯电动汽车推广应用和产业化。

（二）乌海市战略性新兴产业的选择

依据乌海市经济发展实际，结合我国和内蒙古战略新兴产业发展的定位，乌海市应在煤炭资源的基础上发展下游产业，提高煤炭利用率和焦化、气化、液化等加工产业，提高产品附加值。在自身优势的基础上发展精细化工、生物制药、新材料等产业，提高高科技企业的比例，具体而言，重点发展冶金、煤化工及精细化工、装备制造、新型建材和PVC下游深加工产业，积极培育节能环保、新材料、新能源等战略性新兴产业。

（三）鄂尔多斯市战略性新兴产业的选择

鄂尔多斯市不断推进经济转型升级，煤炭清洁高效利用、先进装备制造、新材料、新能源、生物、节能环保等战略性新兴产业快速发展，成为全市加快产业结构调整升级的强劲推动力。2014年12月底，鄂尔多斯市战略性新兴企业增加至69户，占规模以上工业企业总户数的19%，涉及新材料、先进装备制造、生物产业、新能源、煤炭清洁高效利用、电子信息、节能环保和高技术服务业八大行业。其中，新材料企业10户、先进装备制造企业13户、生物产业企业9户、新能源企业4户、煤炭清洁高效利用企业9户、电子信息企业1户、节能环保企业5户、高新技术服务业企业18户。其中，先进装备制造业、新能源产业、生物产业、煤炭清洁高效利用四大行业表现出强劲的增长态势。装备制造基地是鄂尔多斯市为推进结构转型、培育发展非资源性产业、增强创新能力而重点打造的新型产业基地，是内蒙古部署的重点工业集聚区之一。大力发展云计算产业，东胜区发展云计算产业具有能源丰富、地质结构稳定、气候凉爽干燥、电价低廉等优势，在东胜区建设数据中心，运营成本仅为国内平均水平的一半，国际平均水平的1/3，是国内甚至国际建设云计算数据中心的理想地点。目前，已经有中兴能源、世纪互联、浪潮集团、上海数据港、金蝶、用友、北京双洲科技、鄂尔多斯鼎联数码、宇光科技共9家企业与鄂尔多斯市政府签订《合作协议》。

（四）赤峰市战略性新兴产业的选择

遵循产业发展规律，立足赤峰市产业基础和现有优势，重点培育和发展新能源、新材料、生物、煤炭清洁高效利用、电子信息和高新技术服务业、节能环保、先进装备制造等产业。具体而言，赤峰市要利用其区位优势，积极推进能源发展方式转变，壮大新能源产业规模，拓宽新能源应用领域，推进风电规模化发展，加快智能电网及运行体系建设；依托赤峰市资源和技术优势条件，提高产品加工深度，提升附加值，加快成果转化，形成规模优势。加快粉煤灰制取氧化铝、煤矸石综合利用、共伴生矿产资源综合利用等产业发展。延长原材料产业链条，推动先进复合材料产业规模化，大力发展贵金属系列产品精深加工和非金属矿产资源加工产业，推进新材料产业向功能化、精细化、高纯化方向发展。充分发挥赤峰市良好的生物资源优势和技术创新优势，大力发展生物制药、生物农业、生物能源和生物制造产业。重点发展中蒙药产业、生态草产业、生物质发电等。利用生物技术实现对农业、畜牧业废弃物的综合利用。优化产业布局，突出抓好重大产业化项目和重大创新平台建设，着力培育龙头企业和拳头产品，打造内蒙古主要的生物技术研发中心和生物产业基地。积极推动煤炭清洁高效综合利用技术研发和产业链延伸，确定重点区域，打造产业示范区。加快煤炭清洁高效利用产业高质量规模化发展，力争把赤峰市打造成内蒙古东部煤炭清洁高效利用产业基地。积极培育发展符合国家产业政策、符合新型工业化要求、具有较好的经济效益、能够明显带动就业的节能环保产业、先进装备制造产业和新一代信息技术产业。

（五）通辽市战略性新兴产业的选择

通辽市战略性新兴产业包括先进装备制造业、新能源产业、新材料产业、生物产业、节能环保产业、煤炭清洁高效利用产业和高新技术服务业。产业规模不断壮大，2015 年战略性新兴产业企业户数达 84 户，其中工业 73 户，服务业 11 户。生物产业企业达 22 户，占全部战略性新兴产值的 40.0%，同比增长 11.9%。

第四节　资源型城市低碳特色产业的选择及发展战略选择

由于内蒙古各个资源型城市在资源禀赋、发展空间、生态环境和产业结构等方面有较大的差异，所以需要立足本地实际，通过构建和发展特色低碳产业，形成一条具有本地特色的低碳经济发展之路。下面以内蒙古煤炭资源型城市乌海市为例进行分析。

乌海市是一座先有矿、后有城，依托煤炭等资源开发而建设的资源型城市，经济上处于工业化发展的中前期阶段。乌海市是世界最佳葡萄种植地区之一，其产出的葡萄具有浓郁的香气且色泽鲜艳，口感酸度适中且含糖量高，这种天然无污染的优质品质正好可以作为酿酒的上等原料。乌海市经济的高速发展增强了其经济竞争实力。乌海市已利用优越的产地环境和优良的生态环境，依托充足的劳动力资源形成了自己的特色。但面临激烈的市场竞争，优势产品竞争力削弱，使得机遇与挑战并存。下面应用 SWOT 分析法，对乌海市葡萄酒产业发展的内外部环境进行分析，并提出其发展的战略选择。

一、资源型城市低碳特色产业的内部环境分析

（一）优势分析

乌海市酿酒葡萄产区在中国三大酿酒葡萄原产地贺兰山东麓的北端，经过国内外专家的反复论证，乌海酿酒葡萄产区已成为中国新兴的最佳酿酒葡萄产区之一。乌海市良好的地理环境、独特的气候环境、规范化栽培、丰富的水资源奠定了生产优质酿酒葡萄的基础。乌海市发展葡萄及葡萄酒产业具有很大的比较优势。

1. 区位优势

乌海市地处内蒙古的西南部，不仅是连接华北和西北的交通枢纽，又是"宁蒙陕"经济区的中心。陆路、航空都非常便利，如包兰铁路，110 国道、109 国道等铁路、公路主干线穿市而过，乌海机场有航班直达北京、西安等地。乌海市处于北纬 39°，地处大陆深处，是三大沙漠的交会处，属典型的北温带大陆性气候，具有降水量少、日照充足、空气干燥、海拔高等特点，属于我国光照时间最长的地区之一，是世界葡萄种植的"黄金地带"，是我国最佳酿酒葡萄产区之一。在中国葡萄栽培区划中，乌海市属于中温区，是一个独特的栽培区。在中国农业部编制的《中国葡萄优势区域发展规划》中，乌海市被列为黄河中上游欧亚种葡萄优势栽培区。

2. 资源优势

乌海市地下水补给量主要来源于降水入渗，少量凝结水、回灌入渗和黄河侧向入渗补给。黄河流经乌海市区 105 千米，平均河宽 250~500 米，水深 2.5~11.6 米，多年平均径流量 269 亿立方米。据内蒙古水文总局初步测算，乌海地下水资源稳定开采量为 11200 万立方米，可利用水量为 9500 万立方米，并同黄河形成自然互补系统，能够为发展葡萄生产提供较充足的水资源。

葡萄产业是劳动密集型产业，乌海市处于大陆深处，可以有效利用宁夏、兰州的农村劳动力资源相对丰富的优势，降低葡萄酒及其相关产业的劳动力成本，增强其产业竞争的比较优势。

3. 市政府支持优势

乌海市政府特别重视葡萄酒的产业化发展。乌海市政府出台了葡萄种植的优惠政策，分别对集中连片种植和新植葡萄进行每亩 300 元和 200 元的财政补贴；市政府不

断加强交流合作，引进先进生产技术，扶持葡萄酒加工企业的发展。乌海市政府积极申请国家开发银行的新农村建设贷款，集中财力重点扶持有带动作用的企业和个人发展葡萄生产、加工。实行科技特派员制度，引导科技人员，深入生产第一线为葡萄酒产业各环节服务；政府信息网、农牧业信息网和"96048"科技服务台为葡萄产业各个环节提供及时准确的信息服务。另外，乌海市为提高酿酒葡萄的质量，在酿酒葡萄种植的各个生产环节严格按照《乌海市葡萄规范化技术操作规程》和《原产地域产品乌海市葡萄酒》的标准进行标准化操作，并全面实行规范化栽培。

（二）劣势分析

乌海市葡萄酒业有着悠久的历史和骄人的业绩，但其市场的竞争力较弱。要把乌海市葡萄酒产业做强做大，存在以下不利因素：

1. 葡萄种植与葡萄酒生产分离

乌海市的葡萄酒生产企业按统一标准与果农签订合同，从而规范对酿酒葡萄的种植、管理及收购，但具体的技术操作由果农掌握，这就使得葡萄酒企业缺乏对果农的同步质量管理。果农与葡萄酒生产企业的分离，导致在生产过程中追求目标的不一致。果农追求葡萄高产，关心收购价格；而葡萄酒企业关心的是酿酒葡萄的质量，这样葡萄酒产业中就存在着产量和质量的矛盾。另乌海市葡萄的种植品种多，但名优品种种植面积小、发展缓慢，还没有形成基地效应、规模效应，存在生产供给没保证等问题。

2. 葡萄酒成本过高

葡萄酒成本主要由葡萄种植成本、葡萄酒生产成本、葡萄酒运输成本等组成。葡萄种植成本主要包括：建葡萄园的费用和埋土防寒，在乌海市建造酿酒葡萄园投资至少需 2000~3500 元，管理费平均每年大约为 850 元/亩；乌海市冬季少雪，春季干旱风大，冬季葡萄蔓要下架进行埋土防寒，春季要出土，这笔费用占全年总支出的 30%~35%，这给葡萄生产增加了成本。

另外，由于乌海市的葡萄酒品牌还没有被国内的消费者广泛认可，乌海市葡萄酒产业发展比较分散、集中度不够，这也增加了葡萄酒的生产成本，影响了乌海葡萄酒的市场竞争力。我国葡萄酒消费区域主要集中在沿海地区和北上广等大中城市。乌海市地处我国西部，想要在全国范围内扩大自己品牌的市场占有率，运输距离导致成本增加。

3. 企业规模小，缺乏龙头企业和知名品牌

乌海葡萄酒产业最突出的弱点是产业集中度较低、企业规模小、生产分散、缺乏龙头企业和知名品牌。与国内乃至世界的知名葡萄酒企业相比，都有较大的差距。乌海市最大的汉森葡萄酒业公司的产量 2009 年也只达到了 3800 吨。乌海市的葡萄酒龙头企业还没有发挥出龙头作用。目前，乌海市的大多数葡萄酒企业（除汉森葡萄酒业公司外）缺乏创新、盲目模仿，处于低水平重复，这在很大程度上影响了乌海葡萄酒企业的市场占有率。

4. 产业发展的技术、人才支撑不足

葡萄酒生产是将葡萄中的有用成分通过合理的酿造工艺、设备，经济完美地在葡萄酒的质量和风格中体现出来。而人才是葡萄酒生产技术的核心和关键。乌海市葡萄酒产业及其相关行业专业技术人员非常缺乏，在葡萄的栽培环节上没有针对性和实效性的技术参数，只有乌海市葡萄酒协会组织的专家组对几大基地做技术指导；在葡萄酒的酿造环节上，很多技术水准也只能满足生产上的技术保障，仅能维持质量、口味稳定，没有形成全面、有效的技术服务支撑体系。

二、资源型城市低碳特色产业的外部环境分析

（一）机遇分析

1. 葡萄酒消费需求旺盛

葡萄酒以其"安全无害、营养保健、回归自然"的风格和品质，满足了人们对饮酒健康的需求。葡萄酒作为饮料酒的一种，具有酒精度低、营养高的特点；在功效方面来看，它既可以调节新陈代谢、促进血液循环并控制人身体内的胆固醇水平，还可以利尿、护肝和抗衰老。2010年我国人均年葡萄酒消费量不足0.5升，而世界平均水平为6升多；法国和意大利等葡萄酒生产与消费大国的人均年消费量更是在50升以上，而我国仅为世界平均水平的6%。尽管2011年我国葡萄酒消费量在原有基础上翻倍，达到1.06升，但与世界平均水平相比还存在较大差距，仍然具有较大的需求空间。目前，我国的葡萄酒产业尚处于初级发展阶段，市场发展潜力巨大。

2. 国家制定了有利于葡萄酒产业发展的政策

葡萄酒兼具发酵酒和果酒两大特征，受到了国家产业政策的重点支持。主要体现在"四个转变"方针上，即"普通酒向优质酒转变，高度酒向低度酒转变，蒸馏酒向酿造酒转变，粮食酒向水果酒转变"。发展葡萄酒产业，不仅可以调整农业结构，增加农民和地方财政收入，还能减少水土流失，盘活贫瘠和闲置土地资源，改善生态环境，甚至可以构建新的自然景观，如发展农家乐和农业旅游，从而促进相关产业的发展。所以发展葡萄酒产业具有显著的生态、经济、社会效益。另外，我国加入OIV（国际葡萄与葡萄酒组织）也给乌海市葡萄酒产业带来了良好的发展机遇。

（二）威胁分析

1. 我国葡萄酒市场竞争激烈

据国际葡萄与葡萄酒组织的数据，2005 年全球葡萄酒产量过剩约 20%。而我国葡萄酒市场前景广阔且国内供给不足，我国已成为世界上最后一块未开垦的葡萄酒卖场。海关数据显示，我国 2011 年进口原装葡萄酒 24.14 万千升，同比增长 65%；进口散装葡萄酒 12.02 万千升，同比增长-12.32%，进口数量显著增加。截至 2010 年初，全国拥有 600 多家葡萄酒企业，有 20000 多家从事进口葡萄酒经销与流通的企业，大约有 1386 个在售的进口品牌，国内葡萄酒市场竞争非常激烈。激烈的市场竞争给具有资源优势的乌海葡萄酒产业带来了很大的威胁。

2. 缺乏长远发展规划，企业短视，引发消费者的信任危机

我国葡萄酒产业链中不同企业分属于不同管理部门，没有统一的管理机构且没有相关行业法规，职责归属不清，管理秩序混乱。受葡萄酒高利润的诱惑，很多企业唯利是图，导致我国葡萄酒市场混乱，产品质量参差不齐，各类不利事件层出不穷。凸显出我国葡萄酒市场竞争环境的非理性与不规范。由于葡萄酒具有保健功能，使得消费者趋之若鹜。但国内品牌滥用庄园酒、年份酒、冰酒等诸多概念的营销手法，引起了广大消费者的不满。这些因素对我国葡萄酒产业的长远健康发展构成了很大的威胁。

3. 产品单一，优势产品竞争力削弱

葡萄酒中的三巨头——张裕、中粮长城、王朝，其产品种类多，品种全。近年来国内各葡萄主产区都在大力发展葡萄酒产业，如云南红、宁夏贺兰山、北京丰收、长白山、新疆新天等，已经成为葡萄酒市场的新宠，后劲很足。尽管乌海市葡萄获得了原产地认证标识，部分企业的葡萄酒通过绿色食品和有机食品双认证，但由于乌海市葡萄酒企业产品种类较少，市场辐射范围小，品牌认知度不高，还没有真正形成品牌，使得乌海市葡萄酒企业在竞争中不能发挥其应有的优势。

三、资源型城市低碳特色产业发展的战略选择

乌海市葡萄酒产业要想在激烈的市场竞争中有立足之地并得到长足的发展，就必须从战略的高度出发，选择能够充分发挥优势、弥补劣势、合理应对外部威胁、抓住外部机遇且适合自身发展的竞争战略。下面对乌海市葡萄酒产业竞争的影响因素进行分析，以确定乌海市葡萄酒产业的战略重点。

（1）生产要素。生产要素根据性质与作用划分为初级生产要素和高级生产要素，初级生产要素是高级生产要素的基础，随着科技和经济的发展，在创造产业竞争力方面，技术、人才和文化等高级要素的作用日益显著，反之初级要素的作用有所减弱。特别

是农业，有一定的天然垄断性，是获得比较优势的基础，但这一优势易受农业技术、农业生产方式与资源配置效率的影响。高级要素不易被模仿和转移，是产业竞争优势的核心，在短时间内难以迅速形成和获得，需要长期持续的投资和积累。因此，乌海市应发挥资源优势，优化资源配置，重点发展葡萄酒产业的高级生产要素，以形成独特优势，并将其作为核心战略。

（2）需求条件。结合前文对乌海市葡萄酒产业外部环境的分析可知：我国葡萄酒的需求旺盛、潜在市场非常广阔，但由于市场不规范，可能引发消费者的信任危机。因此乌海市葡萄酒产业要可持续发展，必须在考虑国家产业政策的基础上，重视消费者。葡萄酒企业必须依靠先进技术，生产质优适销产品，用价格和品牌获得消费者的认可。

（3）企业结构。企业结构的落后会影响企业战略的制定，使其在同业竞争中处于劣势，当然就会使产业的竞争力日益下降。乌海市葡萄酒企业产品单一，技术比较落后，产品的技术含量不高，导致了乌海市葡萄酒产业的竞争力不能快速提高，因此要重点调整和优化乌海市葡萄酒产业的企业结构。

（4）相关支持产业。葡萄酒产业的主要支持产业有葡萄种植和机械制造业。目前，这两大产业在乌海市发展都比较落后，葡萄种植还没有实现规模化与基地化，缺乏有效统一的质量管理，保量不保质，自动化程度较低。而机械制造业也没有形成完整的产业结构，产业发展缓慢。从而削弱了乌海市葡萄酒的市场竞争力。

（5）政府政策与机会。产业政策是政府对资源配置结构进行调控的经济政策，可对产业资源进行优化配置。乌海市虽然紧跟国家的酒类产业政策，抓住我国加入国际葡萄与葡萄酒组织的良好机遇，制定了葡萄酒产业的优惠政策，但总体来看，这些政策大都针对葡萄种植方面。因此乌海市应制定鼓励和引导葡萄酒产业相关企业加大研发投入、开发高附加值产品的政策，并在赋税方面给予葡萄酒产业相关企业优惠的政策，以此作为乌海市葡萄酒产业发展的重要支持战略。

借助波特钻石体系对乌海市葡萄酒产业进行分析，可确定该产业发展的战略重点。但若要确定乌海市葡萄酒产业发展的战略，需结合SWOT分析矩阵做进一步的分析。通过前面对乌海市葡萄酒产业的SWOT分析，可以得到SWOT分析矩阵（见表9-12）。

表9-12　乌海市葡萄酒产业SWOT分析矩阵

SO 战略	WO 战略
利用区位优势，结合产业政策的支持以及加入国际葡萄与葡萄酒组织带来良好发展的机遇，发挥乌海市葡萄原产地保护优势、绿色及有机产品优势，发展葡萄酒优质产品	①通过引进资金、技术，降低成本，提高加工水平，提高产品附加值；②发展强势龙头企业，培育产业龙头，增加品牌知名度；③完善技术支撑体系

ST 战略	WT 战略
①利用区位、原产地保护优势、大力发展优质产品，提高产品竞争力； ②弘扬乌海具有民族特色的葡萄酒文化（草原绿色、天然、蒙元文化），增加产品竞争优势； ③发展特色葡萄酒品种，抵御产品竞争力削弱的外部威胁	①增加扶持力度，引导企业创新，增强产业竞争力； ②引入人才、技术，提高劳动生产率，降低产品成本，增强产品竞争力

通过 SWOT 矩阵的分析，乌海市葡萄酒产业可采用以下基本发展战略：

（1）SO 战略：利用区位优势，结合产业政策的支持以及加入国际葡萄与葡萄酒组织带来良好发展的机遇，发挥乌海市葡萄原产地和有机产品的优势，大力发展优质产品。

（2）WO 战略：通过引进资金、设备与技术等优化企业结构，降低生产成本，提高产品质量，提升产品价值及其附加值；大力发展强势龙头企业，增加品牌知名度；完善技术支撑体系。

（3）ST 战略：利用区位与原产地保护优势，生产优质产品来提高产品竞争力；弘扬天然、绿色等民族特色的葡萄酒文化，研发特色葡萄酒品种，抵御外部威胁。

（4）WT 战略：加大对产业的扶持力度，鼓励并引导企业创新，引入人才和技术来提高劳动生产率，降低产品成本，增强产品竞争力。

通过对波特钻石体系中影响产业竞争力的六个因素以及对乌海市葡萄酒产业的 SWOT 分析，乌海市葡萄酒产业要在激烈的市场竞争中获得可持续发展，选择以 SO 战略为基础、以 WO 战略和 TS 战略为核心的战略。即将乌海市独特的自然生态环境造就的天然好品质葡萄以及规范的栽培技术这一生产优势发挥出来，重视培养和引进高级的技术、管理人才，重视技术创新和管理创新，发展葡萄种植规模化与基地化、机械化与自动化，提高劳动生产率，增强竞争优势。调整葡萄酒产品结构和技术结构，重组优化企业组织结构与资本结构，优化企业配置，通过品牌整合等方式，加强乌海市葡萄酒产业知识和文化的积累，为乌海葡萄酒增添热情奔放、醇厚天然的既独具民族特色又不失国际化的文化底蕴，有效利用外部资本发展产业品牌战略。

综上所述，本章在基于内蒙古资源型城市现有产业发展优势的基础上，以包头市为例，运用熵权法分析了内蒙古资源型城市低碳主导产业的选择，结论是：包头市在继续发挥原有产业优势的基础上，可以考虑将汽车制造业，专用设备制造业，电气机械及器材制造业，燃气生产和供应业，有色金属采选业，食品制造业，电力、热力的生产和供应业及黑色金属冶炼及压延加工业产业作为主导产业进行重点发展。

在国家和内蒙古战略性新兴产业发展方针的指引下，在各个资源型城市产业结构、资源禀赋和生态环境的基础上，分析了内蒙古各个资源型城市战略性新兴产业的选择和发展战略，并运用 SWOT 分析法对资源型城市乌海市特色低碳产业——葡萄酒产业的发展战略进行了分析。

第十章 内蒙古资源型城市低碳经济发展的对策建议

第一节 内蒙古资源型城市低碳经济发展的基本原则

内蒙古作为我国重要的能源化工基地，各资源型城市在发展低碳经济过程中，要按照《全国主体功能区规划》在全国范围内设立的优先开发、重点开发、限制开发、禁止开发四类主体功能区，结合所处的功能区，在满足科学发展、可持续发展战略的基础上，在低碳经济发展现实条件和诸多制约的基础上，科学制定符合各资源型城市自身实际的发展原则。

一、服务经济、目标可行原则

低碳经济既是环境问题，也是发展问题，更是社会问题。内蒙古资源型城市正处于加快发展的重要机遇期，低碳经济先要以服务地方经济发展为原则，制定科学的发展目标。科学的发展目标有利于推动经济社会发展。低碳经济目标体系的设置是否符合内蒙古资源型城市发展阶段和状态，关系到产业调整、节能减排、科技研发等一系列具体经济工作的规划布局。

内蒙古资源型城市经济发展面临艰巨的结构调整任务，内蒙古资源型城市减排空间相对大，但减排相对成本高，为防止在发展低碳经济过程中出现本末倒置现象，应切实结合国家对内蒙古资源型城市功能定位和各地区经济社会发展规划，在保障产业增长、群众增收的基础上对未来碳排放进行科学的情景预测，在确保实现经济社会发展目标的前提下，提出低碳经济具体的发展目标。

二、量力而行、收益平衡原则

推进低碳经济发展，在确定发展目标的基础上，最重要的是要通盘考虑成本和收益之间的平衡，尤其是对低碳经济发展最重要的产业转型的成本和收益平衡。内蒙古资源型城市经济还不发达，必须充分考虑不同低碳政策实施的成本和收益，按照"当期可承受、未来可持续"的原则，既积极努力推动低碳经济发展，又能够确保内蒙古资源型城市各地区发展成本基本控制在可以承受的范围之内。

除经济成本外，低碳经济作为一种发展方式的转变，其造成的社会影响也需考虑，在发展低碳经济过程中不能简单地核算经济效益，还需要对巨大的社会效益进行综合考虑，使低碳经济在改善民生方面做出更大的贡献。

三、循序渐进、分步实施原则

低碳经济发展是一个长期的产业结构变更过程，需要综合考虑经济社会发展的内在动力、适应能力、接受推力等各种影响要素，科学降低低碳经济实施过程中的综合成本。新技术的推广和应用，是一个长期的社会实践过程，不可能在一夜之间就得到社会的普遍接受。由于受到社会观念、群众共识和资金保障等多种因素的影响，发展低碳经济不可能一蹴而就，需要循序渐进、分步实施。

四、资源特色、有序推进原则

内蒙古资源型城市与我国东部发达地区在经济、社会、科技、文化等方面存在显著差别，其落后全国平均水平的发展现状决定了内蒙古资源型城市不能走东部发达地区当前的发展道路。内蒙古资源型城市也有自身的优势和特点，特别是丰富的自然资源，作为国家能源化工基地在低碳经济发展中具有广阔的转型空间。

内蒙古资源型城市进行低碳经济实践，在充分发挥自身资源优势的前提下，必须以现有产业为基础，对现有产业进行低碳化升级改造，推进节能减排和增加碳汇的发展之路，推进内蒙古资源型城市发展特色化的低碳经济。

第二节　提升内蒙古资源型城市低碳发展的建议

通过对内蒙古资源型城市低碳经济发展效率、转型能力和主导产业选择的分析，可以看出，内蒙古资源型城市发展的主导产业仍然建立在内蒙古各资源型城市的资源优势上，产业偏向采掘、原料等资源型产业，加工型产业所占的比重很小。因而要优化升级传统产业和积极培育新兴产业并重发展；优化能源消费结构，发展低碳清洁能源；大力发展物流和旅游等低碳产业，使内蒙古资源型城市实现向低碳、循环、绿色和可持续发展的经济模式转变，从而提升我国资源型城市低碳经济发展水平，具体对策如下。

一、优化升级传统产业，大力培育发展战略性新兴产业

内蒙古资源型城市经济发展带有明显的高能耗、高投入和高污染特征，所以要淘汰高投入、高能耗、高污染、低效益产业。要转变目前经济的发展方式，需遵循"一产调精、二产调强、三产调优"和"工业为主，三产业协同带动"的指导思想，大力发展低能耗、低污染、高效益的战略性新兴产业，深挖产业附加值，逐步构建起科学合理的产业结构，通过改变碳生产力来提高低碳经济的发展水平。

首先，要推动传统资源型产业的升级改造，加大技术改造力度，提高装备质量和工艺水平，增强传统主导产业的经济竞争力，形成以资源开发及加工产业为主干、以配套服务产业为辅助、资源型产业和非资源型产业协调发展的主导产业群。在科技型产业为主导的理念指导下，要尽快改变原有的工业模式，向资源替代产业转移，着力于发展煤化工、生物化工和天然气化工等方向的产业项目。提高现代化工产业的科技含量和生产能力，积极向外衍生附属产业，拓宽、拓深化工行业的渠道，形成综合产业链。

其次，是淘汰落后的产能，大力发展新农业。在经济发展中对一些排放不达标的、污染超标的，包括消耗比较高的产业，要制定一些标准，建立一些期限，期限达不到标准的要坚决关闭，这样通过末端治理，推动经济社会的低碳化。在国家大力支持"三农"发展的背景下，内蒙古资源型城市应全面建设新农村，大力发展新农业，不断提高农业发展水平。各资源型城市利用先天自然优势大力发展畜牧养殖业，提高肉产品生产能力；大力推广有机绿色食品，增加果树等经济作物的种植，打造综合一体的农业体系。学习先进发展模式，创新发展创意农业，使得农业发展呈现娱乐性、文化性等多方发展趋势。

再次，要依托高新技术，积极培育战略性新兴产业，加快产业布局的调整。重点发展电子信息与软件、新医药等以新型能源、材料和技术为依托的战略性新兴产业。在推进战略性新兴产业发展的过程中，一要明确战略性新兴产业发展目标、发展重点、产业布局和扶持措施，研究制定新兴产业总体规划，明确各资源型城市战略性新兴产

业发展的方向。选择方式应从实际出发,既要突出重点,瞄准国际国内前沿,又要把涵盖面放宽一些,有利于各个门类产业的发展。二要加大扶持力度,营造优越的发展环境,加大资金投入力度。政府应加大对前沿性技术和关键共性技术研究的支持力度,加大对基础研究和前沿探索的投入力度,把政策聚焦到支持产品研发的前端和推广应用的后端上来。在政府确定重点支持的领域和环节,政府应该发挥更大作用,通过低息贷款、税收减免、财政补助等方式,加大对企业技术开发活动的扶持力度,打消他们的后顾之忧。增强自主创新能力:自主创新能力是培育和发展战略性新兴产业的中心环节,科技创新的核心是人才,要健全完善引进和培养高层次科技领军人才、高级复合型管理人才、高技能型人才的机制,搭建好人才支撑平台,为加快战略性新兴产业的发展提供有力的支撑保障。培养一批具有战略眼光、创新意识、现代经营管理水平和社会责任感的创新型企业家。三要培育市场,市场需求是自主创新最根本的动力,科技创新最终要转化成现实生产力才能体现它的作用。政府在培育和发展战略性新兴产业过程中,要进一步加强对战略性新兴产业项目的服务管理,建立和完善考核机制,努力为战略新兴产业的发展提供一流的服务环境。

最后,要大力发展旅游业。内蒙古资源型城市除拥有大量的矿产能源以外,还拥有丰富的物产资源。内蒙古旅游资源丰富、风情独特、民风淳朴,有着悠久的历史和深厚的民族文化底蕴。内蒙古草原、古迹、沙漠、湖泊、森林、河流、温泉、冰雪、口岸、民俗"十大奇观"构成独特的旅游胜景,其中不乏世界级精品,如成吉思汗陵、五当召、呼伦贝尔草原、克什克腾世界地质公园、阿尔山国家地质公园、胡杨林等,景观独特,价值极高。内蒙古辽阔的大草原,富饶美丽。大兴安岭的莽林风光吸引了无数国内外游客。蒙古族歌舞是世界文化艺术宝库中的灿烂明珠,赛马、摔跤、射箭被视为蒙古族的"男儿三艺"。政府应充分利用内蒙古旅游资源和矿产资源,做好旅游资源的开发,打造低碳旅游业,以带动城市的经济发展。内蒙古资源型城市发展旅游业必须与城市经济产业结构调整有机结合,既改变资源型城市经济结构的单一,又能实现旅游业的发展和壮大。同时,资源型城市发展旅游业时必须突出自己的旅游特色和生态特色,树立自己城市的品牌。另外,资源型城市应加强与其他城市、区域等的合作,共同开发旅游资源,实现区域资源共享,以促进低碳经济的发展和资源型城市的转型。

二、优化能源消费结构,开发利用低碳清洁能源

内蒙古资源型城市以煤炭为主的能源消费结构,已不适应低碳时代的发展要求,内蒙古资源型城市必须优化能源消费结构,逐步实现以低能耗、低污染、低排放为主

的高效率能源结构，减少二氧化碳的排放量，实现经济的可持续发展。内蒙古资源型城市在短期无法脱离煤炭资源的前提下，要继续在提高开采能力、减少环境污染、深挖煤炭附加值等方面下功夫。一要逐步降低煤炭能源消费比重，加强洁净煤技术开发与应用，推进煤炭的清洁利用，优化能源结构，通过提高煤炭转化效率来降低碳的排放量。二要促进节能减排工作，大力推广低碳技术。通过技术创新最大限度地提高资源和能源的利用率，减少能源消耗和污染物的产生，减少碳化材料的消耗，提高能源转换效率和有效利用率，实现企业循环经济改造，建立低碳循环经济体系，促进资源型城市向资源节约型、环境友好型和低碳型城市转变。三要大力发展清洁能源和可再生能源等低碳能源。发挥内蒙古拥有丰富太阳能、风能和生物质能等资源的优势，主要发展天然气、风能、太阳能、生物质能等，以减少煤炭在能源消费结构中的比重，提高新能源在能源结构中的比重。利用大自然的风能、太阳能以及可生物质能等清洁能源来代替不可再生能源是应对全球气候变暖、保护生态环境的有效措施，对实现能源结构优化、推进能源低碳化发展具有重要作用，有力地推动资源型城市能源结构的转型。

三、积极打造生态城市，发挥碳汇潜力

所谓生态城市就是社会、经济、自然协调发展，可有效利用环境资源，可实现可持续发展，适合人类生存和发展的健康、和谐的宜居城市。生态城市在追求经济增长的同时，还要追求资源的综合利用，重视能源节约、提高热能利用率、降低矿物燃料使用率、研发可替代能源等符合低碳经济发展的要求。建立生态城市，加快生态系统的建设，发展绿色经济，有效利用城市森林资源，也是资源型城市发展低碳经济的重要方式之一。资源型城市建设生态城市不仅要做好自身的经济发展，还要实现城市的健康发展，区域内的资源型城市可通过城市合作来建设生态城市活动，共同保护环境，发展低碳经济。

首先，要重视森林碳汇，保护湖泊湿地。森林可有效增大城市绿色空间，具有降温增湿的显著效果，也是陆地生态系统最大的碳库。一个完好的城市防护森林体系可降低能源消耗 10%~15%，吸收 20% 的二氧化碳。而内蒙古森林碳汇、湿地碳汇十分珍贵。因此，内蒙古资源型城市可以通过提高森林覆盖率，不断在地下水丰富的地区植树造林，并严禁在湖泊湿地附近、城市水源等地开办电厂等耗水工业来增加森林碳汇，保护好城市的碳汇生命线，提高资源型城市碳汇功能。还要引导草业和沙漠碳汇发展，提高草原和沙漠碳汇价值。内蒙古有辽阔的草原，约占内蒙古土地总面积的 2/3，可利用的沙漠、荒漠化土地面积为 5.6 亿亩。草原在自然环境的保护和改善中起着重要的作

用，可以净化空气；可以防风固沙、涵养水源；可以保持水土、维护生物多样性；可以缓解气候变暖等问题。草原和沙漠碳汇是相对新兴产业，在内蒙古发展低碳经济中，发展空间、未来潜力以及综合价值十分广阔。

其次，要倡导低碳交通，在节能减排的低碳时代，交通运输势必成为内蒙古资源型城市发展低碳经济的一个重点内容。倡导低碳交通将是解决交通污染的重要方式：交通用能低碳化，交通事业高速发展对社会经济的进步具有重大贡献，但是势必加重环境污染，消耗大量的能源。尽快使用新能源燃料代替化石燃料，推进交通用能早日实现低碳化；推广新能源环保交通工具，主要推广以环保清洁燃料或新能源为主要动力源的混合动力汽车、纯电动汽车和燃料电池汽车等低碳交通工具，新能源汽车具有低能耗、低排放、环境污染少等优势特点，是资源型城市实现低碳交通方式的重要工具；优先发展城市轨道交通系统，城市轨道交通可以节省大量的土地资源，减少城市噪声污染，提高出行的安全度。资源型城市应坚持优先发展公交系统的策略，建设大容量的公交系统，优化公交票价机制，推进城市公交基础设施的建设，不断优化交通网络结构，完善轨道交通与地面交通的衔接，提高公交服务水平，以支持资源型城市发展低碳经济；推广智能化交通技术，智能化交通可有效提高出行效率，减少无用交通能耗，对发展低碳交通体系具有重要的引导作用，有利于提高整体交通服务水平；鼓励低碳出行，积极宣传低碳理念，为实现资源型城市降低碳排放的目标，做好低碳生活、低碳出行等低碳宣传工作，提高城市居民的低碳意识。

最后，要扩大碳汇研究，建立交易和评估机构。内蒙古应该加大对碳循环的科研力度，建立碳汇科研机构，提供专项基金支持，开展基础调研，通过重点研究草原、森林、湿地、沙漠和农田等生态系统来获取碳汇的大量数据。通过生态系统来达到碳排放的目的，最终实现碳汇产业健康发展。

四、推广技术创新，加快低碳经济发展

低碳经济发展的核心部分是低碳技术的开发，在低碳经济发展过程中，必须重视研发低碳技术并加以推广。目前内蒙古资源型城市的低碳技术发展水平很低，完全不能适应低碳经济的发展，那么，加大自主创新来促进自身发展低碳经济十分必要。内蒙古资源型城市低碳经济包括清洁煤和可再生能源的先进低碳技术、低碳能源技术、节能型建筑、环保型农业等低碳技术。只有坚持和加快自主创新，才能在大规模减排的技术研发与应用领域上取得重大性突破。可以采用自主研发、产学研联合平台或者外购等方式来不断提高低碳技术水平。环境问题是人类面临的共同难题，加强国际合作，共享先进的低碳技术，共同提高低碳技术的水平，同心协力解决困扰人类的环境

问题。

五、优化城市布局，促进产业集群发展

优化城市布局，为城市发展低碳化奠定基础。其于产业集群发展理论，依据各资源型城市的优势产业来合理规划其多区域协同发展。

（一）"呼包鄂"地区

位于内蒙古中部的"呼包鄂"地区，是工业积聚区及人口稠密区，同时也是内蒙古主要的碳排放和工业"三废"污染区。

呼和浩特市工业生产具有能源消耗低、环境污染小、就业吸纳多等特点，发展方向是向高新技术产业和现代制造产业转变。包头市是内蒙古的工业核心区，以发展资源和资金技术密集型产业为主。大型企业较多但企业效益不容乐观。因此，包头市发展低碳经济要淘汰高能耗、高物耗、高污染的落后生产工艺，提高资源生产率，重新恢复规模企业的模范作用。鄂尔多斯市以煤炭为主，故要对煤炭行业进行循环经济产业链改造，使原始的煤炭转化为新材料、新能源，优先在该区试验示范煤气化、净化、合成等技术及装备国产化。

（二）"锡赤通"地区

"锡赤通"地区包括锡林郭勒盟、赤峰市和通辽市，"锡赤通"地区地处我国重要的生态屏障地区，其生态质量不仅关系到人民的安居乐业，更牵系着东北、京津冀地区乃至全国的生态安全和粮食安全。"锡赤通"地区要筑牢国家重要生态安全屏障，成为国家主要生态功能区，并通过发展下游产业和配套产业，提升资源利用效率和综合经济效益，把"锡赤通"打造成为新型能源、煤化工产业及有色冶炼加工示范基地。在赤峰市赛罕坝、锡林郭勒盟灰腾锡勒等建设百万千瓦级风电站，使其成为"锡赤通"地区的新能源基地，通过百亿级园区承载和百亿级企业带动，大力发展可再生能源。把通辽市打造成东北地区重要特色装备制造业基地和建材产业基地。

（三）乌海、乌斯太和棋盘井"小三角"地区

该区位于内蒙古西部，盛产焦煤，以发展能源重工为主，生态环境破坏严重。该区要推广"煤—气化—电—热—建材—新能源"多联产技术，全力构建低碳经济发展模式，提高资源综合利用水平。努力改善发电机组的燃煤和用水结构，充分利用煤矸石、焦炉燃气和周边地区的动力煤、中煤发电，提高电厂对矿井疏干水和中水等二次资源的利用率。通过固体废弃物综合模式，可利用电石渣和粉煤灰生产水泥及煤矸石、粉煤灰生产建筑用砖和其他建材产品等项目。

(四) 呼伦贝尔—兴安盟经济带

该地区要先利用东部发达地区的资金和产业转移的机遇,引进一批装备制造、高新技术等非资源型产业,并且扶持现有的非资源型企业改造提升,使其向低能耗、低物耗、低污染方向发展。开发利用有色金属低品位矿、共伴生矿、难选冶矿、尾矿和熔炼渣等,提高资源综合利用水平;制定煤铝共生资源利用专项规划,抓好高铝粉煤灰利用示范工程;推广废渣、赤泥等固体废弃物的应用,实现生产"零排放"。还要建设余热、余能的回收区,提高工业企业对能源的综合利用率。

六、提高资源利用效率,加大污染源控制力度

紧密结合各内蒙古资源型城市的实际情况,以科学发展观为指导,建设以节能节水为核心的资源节约型、环境友好型社会。优先部署可能对内蒙古资源型城市未来可持续发展产生重大影响的资源、环境、生态项目,积极发展低碳、绿色、循环和新能源等新兴产业。

(一) 提高资源综合利用水平,促进循环经济发展

充分利用内蒙古各资源型城市的特色产业建立"循环经济试点城市"和"循环经济试点企业",在借鉴国内外先进经验的基础上,逐步实现循环经济的创新发展。以工业园区为基地,全面进行园区循环经济产业链设计,严格制订园区循环经济准入制度。鼓励企业发展清洁生产,进行循环式生产,合理延长产业链,加强对各类各种废物的循环利用,推进企业废物实现"零排放"。力争重点行业资源利用效率有较大幅度提高,形成一批具有较高资源生产率、较低污染排放率的清洁生产企业。

树立循环经济理念,在园区推广清洁生产,降低能耗,逐步形成上下游相互配套的循环产业链条,不断提高内蒙古资源型城市的资源综合利用水平,促进循环经济的健康发展。

(二) 强化节能减排,发展低碳经济

全面推进节能降耗。在生产、建设、流通和消费等领域节约资源,减少自然资源的消耗,落实节约资源的政策。全面推行清洁生产,从源头减少废物的产生,实现由末端治理向污染预防和生产全过程控制的转变。加快各类企业的科技进步,改变粗放型生产方式,制定和完善科学的工艺流程,提高资源利用效率。

(三) 树立低碳消费理念,推行低碳生活方式

根据内蒙古各资源型城市的自身情况,建设相应的低碳生活方式和低碳消费模式,在消费过程中倡导绿色消费,崇尚节约,引导合理消费,反对过度消费以及强化低碳意识。坚持低碳经济发展理念,坚持人与自然和谐相处,鼓励使用能效标识产品、节

能节水认证产品、环境标志产品和消费绿色有机食品，减少过度包装和一次性用品的使用，逐步形成有利于节约资源和保护环境的消费方式。加大宣传力度，使低碳的意识深入人心，告别不环保、不科学的生活习惯，转变低碳生活方式，树立科学的消费观。大力倡导创建节约型城市、节约型政府、节约型企业、节约型家庭活动，在全社会树立节约意识。

七、大力发展小微企业，为转型提供支撑

小微企业是指包括小型企业、微型企业、家庭作坊式企业和个体工商户在内的产权和经营权高度统一、产品（服务）种类单一、规模和产值较小、从业人员较少的经济组织。小型微型企业作为非公经济的重要组成部分，具有广泛性、灵活性和创新性的特征，在促进资源型城市转型跨越发展中具有不可替代的作用。

小微企业因其本身固有的特征使其能"铺天盖地"地成长，在吸引劳动者、吸纳劳动力方面具有得天独厚的优势，正如李克强总理所讲，小微企业是就业的最大吸纳器，千千万万的小微企业发展好了，就会为增长和转型装上更多的"助推器"，打开更广阔的就业大门，国家将继续从政策上给予支持。资源型城市如何实现从以资源开采及相关加工产业为主向非资源产业转变、从低附加值产业向高附加值产业转变、从高耗能高污染产业向低耗能低污染产业转变、从粗放型产业向集约型产业转变是其产业结构调整的一大难题。由于小微企业绝大多数为第三产业，能够适应市场变换、贴近市场需求，不断拓展市场空间，开拓市场新领域，有助于拉伸产业链条。大力发展小微企业对于加快内蒙古资源型城市转型具有十分重要的意义，既可促进经济的多元化发展，又可推进城乡统筹发展。

（一）加大政策扶持力度，增强小微企业的发展自信

促进小微企业发展，不仅需要调整发展思路，而且需要相应的政策扶持。结合中共十八大精神，认真落实国务院发布的《关于进一步支持小型微型企业健康发展的意见》和内蒙古政府发布的《关于扶持小型微型企业加快发展的若干政策措施》，对各项政策执行现状进行跟踪调研、分析和督导，切实破解制约小微企业发展的各种"潜规则"，同时出台相应的扶持小微企业发展的配套政策，包括财政政策、金融政策、产业规划政策，搭建官、产、学、研相结合的平台，在全社会营造鼓励、支持小微企业发展的良好舆论环境、市场环境和政务政策环境。

（二）培育产业集群，推动小微企业健康发展

利用产业集群模式加快培育接续产业是资源型城市转型发展的必然要求。一是根据产业集群形成和发展的规律对小微企业进行分类整合，形成相应的产业链条，在此

基础上打造区域品牌，提高城市竞争力。二是抓住全球经济结构战略性调整的机遇，充分利用小微企业承接产业转移、形成产业集群，逐步摆脱对资源的依赖。三是根据小微企业的现状建设专业化产业园区，形成资金、技术、信息和人才的相互合作与交流，使园区内企业的生产和经营活动能产生协同共赢的效应。四是促进同业商会或企业协会组织的建设，积极发展中介机构，通过行业协会组织协调产业集群内部企业间的关系，加强企业间的合作，促进行业自律，规范企业行为，实现共同发展。

（三）激发创业活力，为小微企业发展提供不竭动力

创业园和孵化园是小微企业的"成长摇篮"，中共十八大报告提出要引导劳动者转变就业观念，鼓励多渠道多形式就业，促进创业带动就业。一是降低市场主体的创业门槛、扫除人为障碍，建立小微企业"快速登记通道"，为小本创业提供便利条件。二是通过税收减免、小额贷款等措施为小本创业提供资金支持，减轻创业者的压力和负担。三是搭建产学研相结合的平台，为小本创业提供技术支撑，解决创业者对未来发展方向的困惑。四是组织创业者培训班，更新创业理念、提高创业能力。

（四）为小微企业的发展创造优越的环境

一个城市经济的发展离不开良好的环境，这一环境中最重要的当属金融环境了。在所有小微企业的发展历程中，无疑都会遇到资金缺乏期，而这一时期往往成为日后企业发展方向的转折点。这就要求政府机关要高度重视企业的发展，努力为小微企业的融资拓宽渠道，必要的时候由政府牵头，形成担保贷款的良性平台，积极协助小微企业取得银行或其他投资机构的资金扶持，同时，也协调银行等金融机构为企业设立诚信档案，对小微企业进行有效的监督。并且形成奖罚分明的评价激励机制，带动良好的社会风气。除此之外，政府还应该从企业文化、发展环境、工作人员素质入手，尽快完善企业发展的外部和内部环境。

（五）打造知名品牌和城市名片

在国家相关文件和政策的指导下，切实贯彻和落实文件要求，在发展能源产业、环保产业和化工产业，设立经济发展园区和特色产业园区等进程中树立品牌意识，在生产过程中主动维护品牌的形象，以品牌带动整体的发展，积极参与"内蒙古地区最满意品牌"、"中国驰名商标"等活动的评选，提高品牌的知名度。同时，要珍惜来之不易的品牌效应，要树立"建品牌难、毁品牌易"的理念，除自己保护和维护品牌之外，还要不断加强维权观念，联合执法部门对假冒伪劣进行打击。

八、提升自主创新能力，建设创新型城市

（一）实施人才强市战略，构建科技创新体系

首先，要建设一支内蒙古资源型城市经济社会实现跨越式发展急需的专业人才、经营管理人才等人才队伍，保证高端人才、实用人才、复合型人才数量有较大增加，素质和能力有显著提升，基本形成总量适合需求、结构趋向合理、分布相对平衡、整体素质良好的人才队伍格局。遵循市场经济规律和人才发展规律，营造良好的人才使用环境。

其次，要坚持技术创新和体制创新相结合、市场导向和政府调控相结合，进一步建设和完善科技创新体系，提高自主创新能力，要把自主创新作为内蒙古资源型城市调整经济结构和转变发展方式的重要环节，以科技服务地方经济发展为主线，进一步解放思想，推进体制机制创新，加快科技成果向现实生产力转化，形成科技创新与科技成果产业化链条，强化核心竞争力，增强发展能力和水平，推动经济社会平稳较快发展。提高科技进步对经济增长的贡献率，力争进入"全国科技进步示范城市"行列。实施品牌战略，创造国内知名品牌。大力开发专利技术和产品，强化具有自主知识产权的技术创新活动，推进专利技术产业化。

最后，要建立和完善以企业为主体的技术创新体系。以打造能源化工基地和能源化工技术服务基地为中心目标，积极构建以企业为主体、市场为导向、产学研相结合的技术创新体系。实行激励企业自主创新政策，实施企业技术创新能力专项工程，支持企业建立技术开发中心、工程研究中心、增强企业开发实力；鼓励高新技术企业或大型企业与国外跨国公司联合协作。

（二）加大研发投入，优化创新环境

首先，要完善科技投入机制。增加财政对社会公益性技术和产业共性技术攻关的投入，重点扶持关系发展大局的重大科研项目的研究、开发和转化；通过完善财政、投融资等政策措施，充分利用市场机制，提高企业技术开发投入的积极性；创造良好的社会环境，吸引国内外大公司、高科技企业、风险投资机构到内蒙古投资创业。进一步提高全社会知识产权保护意识，完善知识产权保护政策和法规，加强对知识产权的管理和保护。坚持自主创新与引进、消化、吸收相结合，抓好先进技术的消化、吸收，促进技术升级和再创新。

其次，要健全知识产权保护体系。提高知识产权保护的法治化、规范化水平，实现从以保护为主转向鼓励创造、强化保护和促进转化并重。支持企业申请国际发明专利，加强对支柱产业和优势行业的专利信息研究，帮助企业提高对专利信息的利用能

力，加快专利技术的产业化进程。推动企业参与国内外有关技术标准的制定和修订工作，实施知识产权保护战略，营造发展和保护知识产权的良好环境。坚持以先进文化引领城市文化，进一步提升城市文化品位和城市形象，增强现代化城市的凝聚力和个性魅力。

（三）加快体制机制创新，提升城市综合竞争力

首先，要合理界定政府职责范围。继续推进政企分开、政资分开，减少和规范行政审批，强化社会管理和公共服务职能。深化政府机构改革，精兵简政，优化组织结构，减少行政层级，理顺职责分工，实现政府职责、机构和编制的科学化、规范化、法定化。完善政府社会管理机制，健全政府调控同社会协调机制互联、政府行政功能同社会自治功能互补、政府管理同社会调节互动的社会治理结构。

其次，要深化投资体制改革。落实企业投资自主权，进一步缩小企业投资项目核准范围，健全投资项目核准制和备案制。科学界定政府投资范围，合理划分投资事权，改进政府投资项目决策规则和程序，建立健全政府投资项目决策责任追究制度。健全以规划为依据，以土地和环保为约束，与金融、财政、税收等密切配合的投资调控体系。

最后，要深化财政金融管理体制改革。调整和优化财政支出结构，加快公共财政体系建设；完善转移支付制度，积极争取国家、内蒙古的转移支付力度；落实各项税收改革政策，促进经济加快发展；深化城市商业银行和城乡信用社改革，完善金融机构的公司治理结构，加强内控机制建设，提高金融企业的资产质量、盈利能力和服务水平。

九、大力发展现代服务业

现代服务业有利于工业结构优化升级，促进其向产业链高端发展，实现由低附加值向高附加值、由单一生产向综合服务和全球运营方向转型升级。

首先，要加快推进生产性服务业的发展，在提高社会化配置能力、专业化发展水平，促进资源整合的基础上，加快推进钢铁、煤炭、建材、重大装备汽车、液态化工等大型专业物流园区和物流基地建设，规划引导蔬菜、小商品仓储、批发及其他物流市场健康发展，扩大生产性物流覆盖面；推动地方商业银行发展，争取更多股份制银行入驻，开发新型信贷产品，形成银行业有序竞争的局面。发展证券、保险、信托、期货、租赁等各类金融机构，完善村镇银行、资金互助社、信贷担保等新型农牧区金融机构，扩大企业债券、公司债券等融资规模，构建完善的现代金融服务体系，拓宽城乡融资渠道，优化金融业发展布局；健全科技服务体系，加快组建技术开发及转让、

科技信息及咨询、知识产权及认证等公共服务平台，加强区域性和行业性生产力，促进机构及科技创业服务机构建设，鼓励发展专业化研发设计、信息咨询、科技培训、技术推广、节能减排等服务业，实现科技服务产业化；依托中央商务区，构建包括投资管理、工程咨询、法律服务等种类齐全、运作规范的中介服务体系，引进国内外大型企业设立地区总部、结算中心、研发中心等，加快发展总部经济，培育电子商务交易平台，推广移动电子商务，实施区域电子商务示范工程，培育发展会展经济。

其次，要加快发展生活性服务业，构建适应居民消费结构升级需求的生活性服务体系。①加快老商业街区、商业网点的改造升级，完善服务功能，鼓励连锁经营、特许加盟等新型业态，培育钢材、汽车、日用品等专业市场，打造地区影响力较强的商圈，开发具有民族和地方风味的特色餐饮，做大做强小肥羊、小尾羊等名优"草原火锅"品牌；②加快旅游资源开发，完善旅游基础设施，打造核心景区和精品线路，积极开发都市休闲旅游，提升旅游集散功能，增强综合接待能力，打造草原休闲之都；③加强建设规划和宏观调控，合理引导住房需求，增加中小户型、中低价位普通商品房用地供应，重点发展普通商品房转变发展模式，拓展综合开发内涵，提升非住宅房地产集群开发能力，增强区域性辐射能力，培育壮大房地产龙头企业，鼓励信誉好、实力强的房地产开发企业通过兼并重组等方式做大做强；④完善社区商业网点和服务功能，形成家政服务、养老托幼、社区卫生、物业管理、文化体育、再生资源回收等服务网络，实现社区服务业向产业化、规范化、网络化方向发展。

十、完善相关法律法规体系，明确政府目标责任制

低碳经济的发展是一项系统且复杂的工作，应当成立专门的政府机构，带头研究、规划、协调和领导低碳经济发展规划，明确责任目标、任务分配和操作措施，建立各级政府发展低碳经济5年或任期目标责任制，将能耗、环境保护等指标纳入考核体系，考核结果作为领导干部的升职、奖励和惩罚的参照标准，为发展低碳经济提供制度机制保障。

第一，建立应对气候变化的法律法规，形成低碳发展的长效机制。走低碳发展之路，制度创新和技术创新是关键。因此，我国应开展"应对气候变化法"立法可行性研究。在相关法规修订中，增加应对气候变化的有关条款，逐步建立应对气候变化的法规体系。应加强管理能力建设，提高各级政府、企业及公众适应和减缓气候变化的能力。探索建立有利于应对气候变化的长效机制与政策措施，从政府、企业和公众参与等方面推动低碳转型。

第二，建设低碳城市和基础设施，为未来的低碳发展创造条件。将低碳理念引入

设计规范，合理规划城市功能区布局。在建筑物的建设中，推广利用太阳能，尽可能利用自然通风采光，选用节能型取暖和制冷系统；选用保温材料，倡导适宜装饰，杜绝毛坯房；在家庭推广使用节能灯和节能电器，在不影响生活质量的同时有效降低日常生活中的碳排放量。

第三，加强国际合作，形成低碳研发技术体系。走低碳发展道路，技术创新是核心。应采取综合措施，为企业发展低碳经济创造政策和市场环境。应研究并提出各资源型城市低碳技术发展的路线图，促进生产和消费领域高能效、低排放技术的研发和推广，逐步建立起洁净煤和清洁能源、可再生能源和新能源以及森林碳汇等多元化的低碳技术体系，为低碳转型和增长方式转变提供强有力的技术支撑。应进一步加强国际合作，引进、消化、吸收先进技术，开展自愿或强制性标杆管理，使重点行业、重点领域的低碳技术、设备和产品达到国际先进乃至领先水平。

第四，提高认识，鼓励利益相关方参与。低碳发展不但是政府主管部门或企业关注的事情，还需要各利益相关方乃至全社会的广泛参与。由于气候变化涉及面广、影响大，因此，应对气候变化需要各政府部门的参与，还需要不同领域不同学科专家共同参与，加强研究、集思广益、发挥集体智慧。同时，应加强相关的舆论宣传。

总之，发展低碳经济，就是要转变发展观念、创新发展模式、破解发展难题、提高发展质量的重要途径。应通过产业结构以及能源结构的调整、科学技术的创新、消费方式的改变和优化、政策法规的完善等措施，大力发展循环经济和低碳经济，努力建设资源节约型、环境友好型、低碳导向型社会，实现我国经济社会又好又快发展。

第三节　内蒙古资源型城市战略性新兴产业发展的对策建议

一、依托现有经济基础，培育优势战略性新兴产业

内蒙古资源型城市已形成了相当规模的工业基础，构建了以煤资源为主的能源重化工产业体系；商品粮和农畜产品加工基地稳步发展壮大；初步形成了生物制药产业体系。这些都为发展战略性新兴产业奠定了良好的工业产业基础，各资源型城市要根据细分产业优势，将其培育成战略性新兴产业，即在原有产业结构优势、竞争力优势、技术优势的基础上，利用新兴技术提升产业价值量，提升产业技术水平，促进产业链条逐渐完整。

二、加强技术创新，提升产业核心竞争力

由于战略性新兴产业仍然处于起步发展阶段，增强自主创新能力是培育和发展战略性新兴产业的中心环节，自主创新包括原始创新、集成创新和引进技术再创新三个方面。加快构建以企业为主体、以市场为导向、产学研相结合的高新技术创新体系，以重大科技项目为载体，突破关键核心技术，加强产业创新成果产业化，内蒙古资源型城市要着力在各自的优势产业、重点领域引进一批高新技术项目，培育形成一批具有示范带动作用的创新型企业，提升全市战略性新兴产业的核心竞争力。

三、充分利用科技创新资源，加强城际间的合作

内蒙古资源型城市在战略性新兴产业领域需要进一步加强城际间的合作，整合资源，着力引进区外高层次人才和团队，同时支持企业或科研单位与外地研发机构和企业建立合作关系，利用全国的科技资源，与顶尖的高校进行基础学科的交叉、融合研究，通过合作吸收在更高的起点上进行技术创新，为战略性新兴产业发展创造更多的有利条件。不可能每个资源型城市都发展战略性新兴产业，而是要形成具有互补性的区域协作结构，这就要求各资源型城市之间能够有比较好的协调机制和信息沟通机制，包括能源、原材料、人力等以及相关配套的产业形成，为战略性主导产业提供良好的支撑。

四、建设创新人才队伍，提高人才保障水平

优秀的人才储备和合理的人才结构是战略性新兴产业健康发展的保证，要建立健全适应战略性新兴产业发展需要的人才培养机制和人才资源配置体系。积极引进中青年学术技术带头人、技术创新人才、两院院士、享受政府特殊津贴专家、国家"新世纪百千万人才工程"、国家和内蒙古有突出贡献的中青年专家，加大高技能人才队伍建设力度；积极改革分配激励制度和评价制度，营造有利于创新型人才脱颖而出和充分展示才能的制度环境，鼓励科研机构和高校科技人员积极从事发明创造；加大对具有重大社会效益创新型成果的奖励力度。

五、培育龙头企业，打造战略产业集群

利用龙头企业优势地位，实现企业规模集聚，培育战略性新兴产业的产业集群，从而实现上下游企业的联动发展，实现产业链的优化延伸。内蒙古资源型城市充分利用高新技术区、新兴开发区和专业产业园等创新型区域来培育战略性新兴产业。充分

发挥国家级、省级高新区在引领战略性新兴产业发展中的集聚、辐射和带动作用，加快推进战略性新兴产业基地建设，使战略性新兴产业形成集群式发展。

六、市场培育与政府引导有机结合的发展路径

区域战略性新兴产业的合理发展和产业结构的调整主要依赖市场自发模式，充分发挥市场机制的作用，对于存在市场问题且不能依靠自身调节的产业，政府要加以引导。市场自发模式的速度缓慢，产业发展具有盲目性、波动性；政府引导模式会使产业素质较低、抵御风险和可持续发展能力较低。市场自发和政府培育相结合的发展路径，克服了两者的不足，又把两者长处结合起来，建立以企业为主体、以市场为主导、以政府为引导的发展路径，才是内蒙古资源型城市战略性新兴产业发展的正确抉择。

七、积极推进企业创新能力，奠定战略性新兴产业发展微观基础

企业是培育和发展战略性新兴产业的微观基础，承载着技术创新及研发应用的重要任务。鼓励和支持企业建立企业技术研发中心、工程技术研究中心、重点实验室等技术创新平台。适应战略性新兴产业发展需要，积极争取国家级、自治区级研发机构、重点实验室在内蒙古资源型城市设立分支机构，争取建成装备制造业信息化、生物质能、太阳能、风能等领域的国家级工程技术研究中心。加强高校和科研院所与企业的联系，提升技术转换能力，使企业成为拥有自主知识产权和特色优势产品的市场微观基础。

八、完善金融和政策支撑体系

内蒙古及内蒙古资源型城市应在国家发展和改革委《加快培育战略性新兴产业的决定》的指导上尽快出台培育发展战略性新兴产业的贯彻落实意见，政府需要进一步完善政策体系，建设市场化融资体系，继续鼓励促进自主创新，在财税、产学研结合、科技成果转化、知识产权、引进消化吸收再创新、科技基础设施、政府采购、加强对重点领域和技术的扶持和引导等方面提供良好的政策环境和融资环境。

参 考 文 献

[1] 艾尔肯江·阿布力提甫，肖俊华. 生态足迹模型在资源型城市可持续发展动态评估中的应用——基于新疆巴州 2000~2011 年数据 [J]. 新疆社会科学，2015（2）.

[2] 白雪洁，汪海凤，闫文凯. 资源衰退、科教支持与城市转型——基于坏产出动态 SBM 模型的资源型城市转型效率研究 [J]. 中国工业经济，2014（11）.

[3] 包头市统计局. 包头市统计年鉴 [M]. 北京：中国统计出版社，2001-2013.

[4] 卜春燕. 内蒙古经济增长因素分析及对策研究 [J]. 科学管理研究，2001（4）.

[5] 曹彩虹. 现代循环经济研究理论述评 [J]. 管理世界，2014（12）.

[6] 曹芳萍，丛艳，秦涛. 基于生态城市建设的资源型城市产业转型研究综述 [J]. 管理科学文摘，2007（9）.

[7] 曹斐，刘学敏. 资源型城市转型中禀赋条件约束与突破机制探析 [J]. 城市发展研究，2012（2）.

[8] 曹兰芳. 我国资源型城市发展战略分析 [J]. 中国林业经济，2007（1）.

[9] 曹颖轶. 内蒙古经济空间结构演变及特点 [J]. 干旱区资源与环境，2012（6）.

[10] 查冬兰，周德群. 地区能源效率与二氧化碳排放的差异性——基于 Kaya 因素分解 [J]. 中国人口·资源与环境，2006（6）.

[11] 陈才. 东北地区资源安全与社会经济发展 [J]. 东北亚论坛，2003（4）.

[12] 陈晨，夏显力. 基于生态足迹模型的西部资源型城市可持续发展评价 [J]. 水土保持研究，2012（1）.

[13] 陈端计，杭丽. 低碳经济理论研究的文献回顾与展望 [J]. 生态经济，2010（11）.

[14] 陈刚. 区域主导产业选择的含义、原则与基准 [J]. 理论探索，2004（2）.

[15] 陈浩，陈平，罗艳. 基于超效率 DEA 模型的中国资源型城市生态效率评价 [J]. 大连理工大学学报（社会科学版），2015（2）.

[16] 陈红霞. 资源枯竭型城市的经济发展路径——以枣庄市为例 [J]. 城市问题，2011（8）.

[17] 陈华, 张岐山. 基于灰关联分析的加权 TOPSIS 法及其应用 [J]. 福州大学学报 (哲学社会科学版), 2010 (6).

[18] 陈丽娜, 张华. 低碳经济背景下地区主导产业选择——以四川省为例 [J]. 经济体制改革, 2012 (5).

[19] 陈林, 罗莉娅. 低碳经济理论及其应用: 一个前沿的综合性学科 [J]. 华东经济管理, 2014 (4).

[20] 陈胜可. SPSS 统计分析: 从入门到精通 [M]. 北京: 清华大学出版社, 2010.

[21] 陈素琴. 低碳经济的理论基础及其经济学价值 [J]. 商业时代, 2014 (15).

[22] 陈万龙, 侯军岐. 基于 Kaya 模型的中国低碳经济策略研讨 [J]. 价值工程, 2010 (22).

[23] 谌伟, 李荷华. LMDI 分解方法在碳排放领域用法探讨 [J]. 生态经济, 2015 (8).

[24] 程覃思, 徐小杰. 对西部资源型城市煤基产业可持续发展的分析——宁夏石嘴山煤炭产业调研的启示 [J]. 中国能源, 2015 (8).

[25] 戴宾, 秦薇. 区域主导产业选择的社会标准及其应用 [J]. 社会科学研究, 2001 (3).

[26] 单海平. 矿产资源产业与可持续发展 [J]. 中国国土资源经济, 2005 (12).

[27] 邓聚龙. 灰理论基础 [M]. 武汉: 华中科技大学出版社, 2002.

[28] 狄让丽, 沙景华. 鄂尔多斯盆地城市全要素生产率的动态实证分析——基于 DEA 模型的 Malmquist 指数方法 [J]. 经济研究, 2013 (3).

[29] 丁四保, 王荣成等. 区域经济学 [M]. 北京: 高等教育出版社, 2003.

[30] 董锋, 龙如银, 李晓晖. 考虑环境因素的资源型城市转型效率分析——基于 DEA 方法和面板数据 [J]. 长江流域资源与环境, 2012 (5).

[31] 董锋, 谭清美, 周德群, 龙如银, 朱佳翔. 资源型城市可持续发展水平评价——以黑龙江省大庆市为例 [J]. 资源科学, 2010 (8).

[32] 窦宗军, 宋辉. 区域主导产业选择与结构优化 [J]. 统计与决策, 2006 (24).

[33] 杜春丽, 胡晓. 资源枯竭型城市转型主导产业选择研究 [J]. 科技管理研究, 2013 (8).

[34] 杜栋, 庞庆华, 吴炎. 现代综合评价方法与案例精选 (第二版) [M]. 北京: 清华大学出版社, 2008.

[35] 段金廒, 张伯礼, 宿树兰, 郭盛, 刘培, 钱大玮, 朱华旭, 唐于平, 吴启南. 基于循环经济理论的中药资源循环利用策略与模式探讨 [J]. 中草药, 2015 (12).

[36] 段永峰，罗海霞. 基于 DEA 的资源型城市低碳经济发展的效率评价——以内蒙古地级资源型城市为例 [J]. 科技管理研究，2014（1）.

[37] 段永峰，罗海霞. 资源型城市发展特色产业的战略选择——以乌海为例 [J]. 开发研究，2012（6）.

[38] 鄂尔多斯市统计局. 鄂尔多斯市统计年鉴 [M]. 北京：中国统计出版社，2001-2013.

[39] 范荣华. 资源型城市可持续发展能力分析——以平顶山市为例 [J]. 资源与产业，2011（4）.

[40] 范宪伟，高峰，韩金雨，王学定. 基于低碳经济视角分析资源型城市产业转型——以白银市为例 [J]. 城市发展研究，2012（1）.

[41] 方大春，张敏新. 低碳经济的理论基础及其经济学价值 [J]. 中国人口·资源与环境，2011（7）.

[42] 冯群，陈红. 资源型城市转型研究——基于资源与经济及环境的面板数据分析 [J]. 管理现代化，2012（6）.

[43] 高峰，范宪伟，王学定，韩金雨. 资源型城市经济转型绩效评价分析 [J]. 商业研究，2012（8）.

[44] 高洪深. 产业经济学 [M]. 北京：中国人民大学出版社，2002.

[45] 高洁，徐凯，肖荣阁. 从"资源诅咒"看资源型城市可持续发展 [J]. 资源与产业，2011（3）.

[46] 高南林. 低碳经济理论基础及经济学价值解析 [J]. 商业时代，2013（16）.

[47] 高永，王玖，石德文. 加权 TOPSIS 法综合评价在 Excel 中的实现 [J]. 中国卫生统计，2007（4）.

[48] 高志刚. 低碳背景下资源型城市能源效率与节能潜力分析——以克拉玛依为例 [J]. 城市发展研究，2013（5）.

[49] 戈银庆. 中国西部资源型城市反锁定安排与接续产业的发展 [J]. 兰州大学学报，2004（1）.

[50] 龚俊朋. 路径依赖理论下我国发展低碳经济的制度创新与政策选择 [J]. 商业时代，2012（15）.

[51] 龚晓菊，张震. 资源型城市转型中先导产业选择：流通产业视角 [J]. 中国矿业，2012（8）.

[52] 关玉春，李忠元. 灰关联分析及其应用 [J]. 哈尔滨建筑大学学报，1995（4）.

[53] 郭存芝，罗琳琳，叶明. 资源型城市可持续发展影响因素的实证分析 [J]. 中

国人口·资源与环境，2014（8）．

[54] 郭海涛，于琳琳，李经涛．我国资源型城市效率的 DEA 方法评价［J］．中国矿业，2007（7）．

[55] 郭镭．基于核心竞争力的资源型城市可持续发展研究——以攀枝花市为例［J］．产业与科技论坛，2013（6）．

[56] 国家统计局．中国城市统计年鉴［M］．北京：中国统计出版社，2001-2014．

[57] 韩静，宋雅晴，杨力．基于聚类分析的资源型城市可持续发展评价［J］．统计与决策，2011（20）．

[58] 韩松，魏权龄．网络 DEA 模型的生产理论背景［J］．经济理论与经济管理，2012（4）．

[59] 郝戊，王卉平，张璞．内蒙古区域产业内部竞争力分析［J］．科学管理研究，2009（27）．

[60] 何建东．矿产资源型城市循环经济可持续发展战略［J］．社会科学家，2013（8）．

[61] 何强，徐绍琛．资源型城市低碳产业构建的理论与产业选择——以云南红河州为例［J］．学术探索，2013（1）．

[62] 何悦，王莉．我国低碳经济发展效率分析［J］．统计与决策，2012（4）．

[63] 赫希曼．经济发展战略［M］．曹征海，潘照东译．北京：经济科学出版社，1991．

[64] 侯景新，尹卫红．区域经济分析方法［M］．北京：商务印书馆，2009．

[65] 侯明，张友祥．资源型城市可持续发展研究综述［J］．当代经济研究，2012（8）．

[66] 侯翔，马占新，赵春英．数据包络分析模型评述与分类［J］．内蒙古大学学报（自然科学版），2010（5）．

[67] 胡鞍钢，郑京海，高宇宁等．考虑环境因素的省级技术效率排名（1999~2005）［J］．经济学（季刊），2008（7）．

[68] 胡碧玉，刘诗白，宋小军．西部资源型城市产业结构调整与潜导产业的培育［J］．四川师范大学学报（社会科学版），2005（5）．

[69] 胡春生，莫秀蓉．资源型城市产业转型的新结构经济学分析框架［J］．经济问题探索，2015（7）．

[70] 胡建绩，张锦．基于产业发展的主导产业选择研究［J］．产业经济研究，2009（4）．

[71] 胡礼梅. 国内资源型城市转型研究综述 [J]. 资源与产业，2011（6）.

[72] 胡林林，贾俊松，毛端谦，刘春燕. 基于 FAHP-TOPSIS 法的我国省域低碳发展水平评价 [J]. 生态学报，2013（20）.

[73] 胡庆红，王应明. 基于信息熵的 DEA 交叉效率综合评价 [J]. 科技管理研究，2014（6）.

[74] 胡晓晶，喻继军，李江风. 资源型城市发展循环型旅游业的模式及对策 [J]. 安徽农业科学，2007（12）.

[75] 胡焱，郑江绥. 区域主导产业选择理论：基于演化的视角 [J]. 前沿，2009（6）.

[76] 胡永宏. 对 TOPSIS 法用于综合评价的改进 [J]. 数学的实践与认识，2002（4）.

[77] 黄芳，江可申，卢愿清，吴优. 中国碳强度的影响因素解析——基于 LMDI 分解方法 [J]. 数学的实践与认识，2012（6）.

[78] 黄宗盛，刘盾，胡培. 基于粗糙集和 DEA 方法的低碳经济评价模型 [J]. 软科学，2014（3）.

[79] 贾立江，鲁光迪. 基于非合意产出 DEA 的区域低碳经济发展评价研究 [J]. 工业技术经济，2012（6）.

[80] 简晓彬，刘宁宁，胡小莉. 我国发展低碳经济的理论基础述评 [J]. 资源与产业，2011（5）.

[81] 姜春海，于立. 资源枯竭型城市产业转型研究 [J]. 南大商学评论，2007（1）.

[82] 蒋金荷，吴滨. 低碳经济模型现状和几个理论问题探讨 [J]. 资源科学，2010（2）.

[83] 康彦彦，张寿庭. 基于生态足迹的资源型城市可持续发展分析——以山东省东营市为例 [J]. 山东社会科学，2013（2）.

[84] 雷明，虞晓雯. 我国低碳经济增长的测度和动态作用机制——基于非期望 DEA 和面板 VAR 模型的分析 [J]. 经济科学，2015（2）.

[85] 李飞. 区域主导产业选择研究综述 [J]. 河南社会科学，2007（2）.

[86] 李国璋，王双. 中国能源强度变动的区域因素分解分析——基于 LMDI 分解方法 [J]. 财经研究，2008（8）.

[87] 李宏勋，兰致，王明丽，李宁. 基于超效率 DEA-Tobit 模型的环渤海经济区全要素能源效率研究 [J]. 科技管理研究，2014（20）.

[88] 李洪娟. 资源型城市产业转型的障碍分析与路径选择 [J]. 煤炭工程，2008（2）.

[89] 李惠娟, 龙如银. 城市转型能力与产业动态优势耦合研究——以资源型城市徐州为例 [J]. 科技进步与对策, 2012 (21).

[90] 李景杰. 资源型城市发展的现状与面临的挑战——以内蒙古鄂尔多斯市为例 [J]. 知识经济, 2014 (1).

[91] 李瑞茜. 资源枯竭型城市经济转型及其主导产业选择实证研究 [J]. 商业时代, 2012 (7).

[92] 李相合, 范彦君. 内蒙古经济增长中技术效率 (TE) 分析 [J]. 内蒙古大学学报 (人文社会科学版), 2006 (6).

[93] 李新, 王敏晰. 区域主导产业选择方法研究述评 [J]. 技术经济与管理研究, 2008 (5).

[94] 李新, 王敏晰. 区域主导产业选择理论研究述评 [J]. 工业技术经济, 2007 (7).

[95] 李旭红, 安树伟. 东北煤炭资源枯竭型城市产业转型的科技支撑 [J]. 中国科技论坛, 2005 (4).

[96] 梁樑, 吴杰. 数据包络分析 (DEA) 的交叉效率研究进展与展望 [J]. 中国科学技术大学学报, 2013 (11).

[97] 刘蓓琳, 苏卉. 城市低碳经济评价理论模型构建研究 [J]. 商业时代, 2012 (19).

[98] 刘丹, 鲁永恒. 资源型城市技术、制度与产业演化研究综述 [J]. 资源开发与市场, 2013 (2).

[99] 刘佳刚, 袁宇心. 我国战略性新兴产业发展环境的灰关联分析 [J]. 经济问题探索, 2015 (6).

[100] 刘剑平, 陈松岭, 易龙生. 资源型城市转型主导产业的选择与培育 [J]. 中国矿业大学学报 (社会科学版), 2007 (1).

[101] 刘吕红. 中国资源型城市的历史发展与转型 [J]. 西南民族大学学报 (人文社会科学版), 2014 (10).

[102] 刘庆华, 陈桂芝, 李巍巍. 基于 DEA-Malmquist 的资源型城市创新效率分析 [J]. 资源开发与市场, 2012 (10).

[103] 刘思华. 发展低碳经济与创新低碳经济理论的几个问题 [J]. 当代经济研究, 2010 (11).

[104] 刘晓荣, 马燕玲, 王士军等. 西北干旱区资源型城市可持续发展综合评价: 以白银市为例 [J]. 安徽农业科学, 2008 (12).

［105］刘学敏. 关于资源型城市转型的几个问题［J］. 宏观经济研究，2009（10）.

［106］刘艳，温翠青，赵欣. 内蒙古经济发展与城乡居民收入水平实证分析［J］. 农业经济，2014（8）.

［107］刘云刚. 新时期东北区资源型城市的发展与转型——伊春市的个案研究［J］. 经济地理，2002（5）.

［108］刘再起，陈春. 全球视野下的低碳经济理论与实践［J］. 武汉大学学报（哲学社会科学版），2010（5）.

［109］刘正华. 我国资源型城市低碳转型途径探讨［J］. 商业经济研究，2015（17）.

［110］柳泽，周文生，姚涵. 国外资源型城市发展与转型研究综述［J］. 中国人口·资源与环境，2011（11）.

［111］龙如银，董秀荣. 面向循环经济的资源型城市技术创新的路径选择［J］. 能源技术与管理，2007（5）.

［112］卢艳丽，丁四保，王昱. 资源型城市可持续发展的生态补偿机制研究［J］. 资源开发与市场，2011（6）.

［113］陆学，陈兴鹏. 循环经济理论研究综述［J］. 中国人口·资源与环境，2014（S2）.

［114］栾华贺，王六芳. 我国资源型城市产业转型问题初探［J］. 技术经济与管理研究，2000（6）.

［115］罗海霞，段永峰. 内蒙古资源型城市经济发展效率评价及其聚类分析［J］. 商业时代，2014（36）.

［116］罗友花. 基于比较优势理论的低碳经济发展模式创新研究［J］. 改革与战略，2011（4）.

［117］马军. 基于 DEA 法的内蒙古发展低碳经济的效率评价［J］. 科学管理研究，2011（3）.

［118］马旭东. 低碳经济视角下的新兴战略性产业选择研究［J］. 内蒙古财经学院学报，2012（3）.

［119］马艳，吴莲. 低碳技术对低碳经济作用机制的理论与实证分析——基于马克思社会总产品价值构成理论的视角［J］. 财经研究，2013（11）.

［120］马占新，唐焕文. DEA 有效单元的特征及 SEA 方法［J］. 大连理工大学学报，1999（4）.

［121］马占新. 数据包络分析方法的研究进展［J］. 系统工程与电子技术，2002（3）.

［122］马占新. 数据包络分析及其应用案例［M］. 北京：科学出版社，2013.

［123］马占新.样本数据包络面的研究与应用［J］.系统工程理论与实践，2003 （12）.

［124］迈克尔·波特.国家竞争优势［M］.北京：华夏出版社，2002.

［125］孟文.资源枯竭型城市经济转型问题研究［J］.山东社会科学，2012（3）.

［126］内蒙古自治区统计局.内蒙古自治区统计年鉴［M］.北京：中国统计出版社，2001–2014.

［127］倪前龙，倪波.区域主导产业选择的原则和指标［J］.西南民族学院学报（哲学社会科学版），1993（3）.

［128］牛菲，付允.资源型城市可持续发展系统评价方法分析［J］.科学与管理，2007（6）.

［129］潘竟虎，冯翠芹，杜怀玉.干旱区资源型城市可持续发展研究：以嘉峪关市为例［J］.干旱区研究，2007（12）.

［130］齐义军.能源视阈下内蒙古经济增长动力研究［J］.干旱区资源与环境，2011（3）.

［131］钱凯.资源型城市可持续发展的研究综述［J］.经济研究参考，2009（24）.

［132］钱勇，于左.东北资源型城市产业转型难题与破解［J］.东北财经大学学报，2008（1）.

［133］钱勇.资源型城市产业转型的区域创新系统［J］.辽宁工程技术大学学报（社会科学版），2005（5）.

［134］秦军，唐慕尧.基于Kaya恒等式的江苏省碳排放影响因素研究［J］.生态经济，2014（11）.

［135］秦耀辰，张丽君.区域主导产业选择方法研究进展［J］.地理科学进展，2009（1）.

［136］仁锦鸾，郭雯等.资源型城市创新战略研究：以唐山市为例［J］.中国软科学，2006（12）.

［137］任军.关于内蒙古经济增长的动力与可持续性研究［J］.社会科学战线，2013（3）.

［138］申笑颜.中国碳排放的影响因素的分析与预测［J］.统计与决策，2010（19）.

［139］沈镭，万会.试论资源型城市的再城市化与转型［J］.资源·产业，2003（6）.

［140］沈珍瑶，杨志峰.灰关联分析方法用于指标体系的筛选［J］.数学的实践与认识，2002（5）.

［141］史晋娜.论资源型城市的特色化转型及可持续发展［J］.商业时代，2011（34）.

[142] 史彦虎,郭莉文,朱先奇.基于改进的 TOPSIS 法的山西省市域经济综合实力评价 [J].经济问题,2013 (3).

[143] 宋冬林,姚毓春.资源枯竭型地区综合承载力与经济转型研究 [J].吉林大学社会科学学报,2012 (3).

[144] 宋冬林.制约东北老工业基地创新创业的主要因素及建议 [J].经济纵横,2015 (7).

[145] 宋宇辰,王贺,闫昱洁,薛建春.基于熵值—TOPSIS 法的包头市可持续发展评价研究 [J].国土资源科技管理,2015 (4).

[146] 孙浩进.我国资源型城市产业转型的效果、瓶颈与路径创新 [J].经济管理,2014 (10).

[147] 孙久文,叶裕民.区域经济学教程 [M].北京:中国人民大学出版社,2003.

[148] 孙淼,丁四保.我国资源型城市衰退的体制原因分析 [J].经济地理,2005 (2).

[149] 孙娜,马占新.样本评价 DEA 模型的灵敏度分析 [J].数学的实践与认识,2010 (1).

[150] 孙威,董冠鹏.基于 DEA 模型的中国资源型城市效率及其变化 [J].地理研究,2010 (12).

[151] 孙亚南.长三角城市群综合竞争力评价及发展定位研究 [J].南京社会科学,2015 (4).

[152] 唐德才,刘昊,汤杰新.长三角地区能源消耗与碳排放的实证研究——基于系统动力学模型 [J].华东经济管理,2015 (9).

[153] 唐啸.绿色经济理论最新发展述评 [J].国外理论动态,2014 (1).

[154] 陶文达.发展经济学 [M].成都:四川人民出版社,1992.

[155] 田家林,黄涛珍.DEA 和 TOBIT 模型的生产性服务业效率研究 [J].求索,2010 (11).

[156] 佟海鹏,刘晓静,马延明.基于灰关联分析的目标分级排序模型 [J].火力与指挥控制,2010 (12).

[157] 万婷,张家奇,董君.低碳经济背景下煤炭枯竭城市转型的思考——以抚顺市城市转型为例 [J].煤炭技术,2011 (5).

[158] 汪克亮,严慧斌,孟祥瑞.煤炭资源型城市可持续发展能力评价研究——基于熵权因子分析法 [J].工业技术经济,2013 (12).

[159] 汪晓文,潘剑虹,杨光宇.资源枯竭型城市转型的路径选择——基于经济、

社会、资源环境承载力视角的研究 [J]. 河北学刊，2012（5）.

[160] 汪晓文，万劭琨，赵梦园. 资源枯竭型城市经济转型中接续产业发展研究——以甘肃玉门市为例 [J]. 经济视角（下），2012（12）.

[161] 王诚. 资源型城市快速发展与生态环境保护的思考 [J]. 资源·产业，2005（3）.

[162] 王春杨，李青淼. 资源型城市经济转型路径研究——以山东省枣庄市为例 [J]. 城市发展研究，2012（2）.

[163] 王锋正，郭晓川. 资源型产业集群与内蒙古经济发展 [J]. 工业技术经济，2007（1）.

[164] 王海飞，孔维新，蔡定昆. 国内外资源型城市发展对甘肃资源型城市的启示——兼论庆阳城市发展战略 [J]. 甘肃社会科学，2013（3）.

[165] 王卉. 论甘肃资源型城市转型对区域经济发展的主导作用 [J]. 煤炭技术，2013（9）.

[166] 王慧霞. 县域经济竞争力及其 TOPSIS 评价模型研究 [J]. 生产力研究，2007（5）.

[167] 王稼琼，李卫东. 城市主导产业选择的基准与方法再分析 [J]. 数量经济技术经济研究，1999（5）.

[168] 王金祥. 基于超效率 DEA 模型的交叉效率评价方法 [J]. 系统工程，2009（6）.

[169] 王科，魏法杰. 三参数区间交叉效率 DEA 评价方法 [J]. 工业工程，2010（2）.

[170] 王莉，李杰. 基于 DEA 的资源型城市转型效率评价研究——以山西省为例 [J]. 资源与产业，2014（6）.

[171] 王立平，许蕊. 低碳经济发展的基础理论和趋势研究综述 [J]. 商业时代，2012（13）.

[172] 王梦夏. 低碳经济理论研究综述 [J]. 首都经济贸易大学学报，2013（2）.

[173] 王秋红，裴斐斐. 基于低碳经济视角的甘肃工业主导产业选择 [J]. 开发研究，2012（6）.

[174] 王珊，周春生. 资源型城市可持续发展研究——以鄂尔多斯市为例 [J]. 经济论坛，2012（1）.

[175] 王仕军. 低碳经济研究综述 [J]. 开放导报，2009（5）.

[176] 王素立. 世界低碳经济发展态势分析：理论与实践 [J]. 贵州财经大学学报，

2013（3）.

　　［177］王文胜，董会忠，王学东.资源型城市主导产业选择决策模型构建与实现[J].计算机仿真，2014（3）.

　　［178］王小平.资源型城市可持续发展与接续产业选择国内研究综述[J].商场现代化，2007（9）.

　　［179］王亚萍，周德群，章玲.能源型城市主导产业选择的理论模型及其实证研究[J].系统工程，2007（2）.

　　［180］王岩，李武.低碳经济研究综述[J].内蒙古大学学报（哲学社会科学版），2010（3）.

　　［181］王艳秋，胡乃联，苏以权.我国资源型城市绿色转型能力评价[J].技术经济，2012（5）.

　　［182］王中亚.灰关联分析的资源型城市可持续发展能力实证研究[J].西北农林科技大学学报（社会科学版），2011（4）.

　　［183］魏权龄.评价相对效率的数据包络分析模型——DEA 和网络 DEA [M].北京：中国人民大学出版社，2012.

　　［184］温艳.发展低碳经济的理论内涵研究[J].生产力研究，2011（8）.

　　［185］吴殿久.区域经济学[M].北京：科学出版社，2003.

　　［186］吴冠岑，刘友兆，付光辉.可持续发展理念下的资源型城市转型评价体系[J].资源开发与市场，2007（12）.

　　［187］吴战勇.基于 DEA 的河南省发展低碳经济的效率评价[J].统计与决策，2015（5）.

　　［188］吴振信，石佳，王书平.基于 LMDI 分解方法的北京地区碳排放驱动因素分析[J].中国科技论坛，2014（2）.

　　［189］吴宗杰，王景新，桑金琰.低碳经济视阈下我国资源型城市的产业转型研究[J].东岳论丛，2010（11）.

　　［190］武春友，叶瑛.资源型城市产业转型问题初探[J].大连理工大学学报（社会科学版），2009（3）.

　　［191］夏永祥，沈滨.我国资源开发性企业和城市可持续发展的问题与对策[J].中国软科学，1998（7）.

　　［192］夏永祥，沈滨.中西部地区的资源优势及其脱贫之路[J].中国工业经济，1998（6）.

　　［193］向小东，范秀丽.基于网络 DEA 交叉效率的环境效率评价研究[J].福州大

学学报（哲学社会科学版），2015（3）.

[194] 谢海军，翟印礼，王巍. 区域经济发展中主导产业选择比较 [J]. 商业时代，2008（6）.

[195] 徐国泉，刘则渊，姜照华. 中国碳排放的因素分解模型及实证分析 1995~2004 [J]. 中国人口·资源与环境，2006（16）.

[196] 徐建中，王莉静，赵忠伟. 基于灰色关联分析的区域主导产业选择研究 [J]. 科技进步与对策，2010（9）.

[197] 徐建中，袁小量. 中国工业低碳经济演进特征及发展趋势研究 [J]. 统计与决策，2012（5）.

[198] 徐君，高厚宾，王育红. 生态文明视域下资源型城市低碳转型战略框架及路径设计 [J]. 管理世界，2014（6）.

[199] 徐君，李贵芳，王育红. 国内外资源型城市脆弱性研究综述与展望 [J]. 资源科学，2015（6）.

[200] 徐周舟. 国内外资源型城市产业转型升级的相关研究综述 [J]. 中国市场，2011（41）.

[201] 许萍，张立军，陈菲菲. TOPSIS 评价模型的稳健性分析及参数选择 [J]. 统计与决策，2013（17）.

[202] 杨波，赵黎明. 资源"诅咒"破解、锁定效应消除与转型空间建构——"中国金都"招远市资源型城市转型模式探索 [J]. 现代财经（天津财经大学学报），2013（11）.

[203] 杨波. 资源型城市转型系统评价探析——以我国黄金生产大市招远为例 [J]. 东岳论丛，2013（12）.

[204] 杨国梁，刘文斌，郑海军. 数据包络分析方法（DEA）综述 [J]. 系统工程学报，2013（6）.

[205] 杨眉. 低碳经济背景下资源型城市发展模式研究 [J]. 商业时代，2012（3）.

[206] 杨眉. 资源型城市的区域创新体系研究综述 [J]. 资源与产业，2012（6）.

[207] 杨玉文. 内蒙古经济与环境协调发展评价 [J]. 统计与决策，2014（24）.

[208] 姚毓春，宋笑扬，牟大鹏，张嘉昕. 资源型城市发展接续产业的分类模式及对策 [J]. 经济与管理研究，2005（11）.

[209] 叶蔓. 基于因子分析的资源型城市主导产业选择研究 [J]. 中国人口·资源与环境，2011（6）.

[210] 尹希果，霍婷. 国外低碳经济研究综述 [J]. 中国人口·资源与环境，2010

（9）.

[211] 于丽英，郭洪晶. 长江三角洲地区城市综合竞争力的评价研究 [J]. 上海大学学报（社会科学版），2011（1）.

[212] 于丽英，郭洪晶. 城市协作框架下的长三角城市综合竞争力评价指标体系研究 [J]. 科技管理研究，2010（11）.

[213] 于美玲，周德田，张辉. 基于因子分析的山东省主导产业选择研究 [J]. 工业技术经济，2011（9）.

[214] 于言良. 资源型城市经济转型的形象重塑论略 [J]. 辽宁大学学报（哲学社会科学版），2006（2）.

[215] 于言良. 资源型城市经济转型和谐重构析略 [J]. 辽宁工学院学报（社会科学版），2005（6）.

[216] 于言良. 资源型城市主导产业转型策略 [J]. 辽宁工程技术大学学报（社会科学版），2006（2）.

[217] 余建辉，张文忠，王岱. 中国资源枯竭城市的转型效果评价 [J]. 自然资源学报，2011（1）.

[218] 余学林. 数据包络分析（DEA）的理论、方法与应用 [J]. 科学学与科学技术管理，1992（9）.

[219] 袁路，潘家华. Kaya 恒等式的碳排放驱动因素分解及其政策含义的局限性 [J]. 气候变化研究进展，2013（3）.

[220] 袁庆明. 资源枯竭型公地悲剧的原因及对策研究 [J]. 中南财经政法大学学报，2007（5）.

[221] 张宝成，王万乐，林卫峰，杜纲，吴育华. 含非阿基米德无穷小量 DEA 模型的研究综述 [J]. 系统工程学报，2010（3）.

[222] 张程，敬莉. 基于区位商的资源型城市产业转型研究——以新疆克拉玛依为例 [J]. 新疆财经，2013（3）.

[223] 张根明，刘韬. 基于 DEA 模型的高新区主导产业选择分析 [J]. 技术经济与管理研究，2008（2）.

[224] 张宏军. 我国发展低碳经济的政策选择与制度创新——一个基于路径依赖理论的分析框架 [J]. 科技与经济，2011（3）.

[225] 张华见，张智光. 矿产资源枯竭型城市剩余劳动力转移模式选择研究——以徐州为例 [J]. 资源与产业，2013（2）.

[226] 张华见，张智光. 资源枯竭型城市生态经济建设分析——以徐州为例 [J]. 生

态经济, 2011 (12).

[227] 张家友, 胡剑波. 资源枯竭城市向低碳经济转型之路: 旅游资源开发——以个旧市为例 [J]. 安徽农业科学, 2011 (9).

[228] 张可, 朱建. 动态城市竞争力理论及其指标体系构建 [J]. 中国发展, 2010 (10).

[229] 张丽华, 赵利广. 资源型经济转型效率测度与比较分析——基于 DEA 交叉效率模型 [J]. 经济问题, 2014 (11).

[230] 张米尔, 孔令伟. 资源型城市产业转型的模式选择 [J]. 西安交通大学学报 (社会科学版), 2003 (1).

[231] 张米尔, 武春友. 资源型城市产业转型障碍与对策研究 [J]. 经济理论与经济管理, 2001 (2).

[232] 张米尔. 市场化进程中的资源型城市产业转型 [M]. 北京: 机械工业出版社, 2005.

[233] 张米尔. 西部资源型城市的产业转型研究 [J]. 中国软科学, 2001 (8).

[234] 张璞, 张北. 供需视角下的内蒙古经济增长分析 [J]. 经济研究参考, 2010 (40).

[235] 张群. 从两型社会视角探讨资源型城市向低碳城市的转型 [J]. 商业时代, 2012 (15).

[236] 张思锋, 沈志江. 资源型城市能源产业可持续发展评价模型构建及应用 [J]. 兰州大学学报 (社会科学版), 2011 (6).

[237] 张团结, 王志宏, 从少平. 基于产业契合度的资源型城市产业转型效果评价模型研究 [J]. 资源与产业, 2008 (10).

[238] 张巍, 王立群. 林业资源型城市可持续发展研究综述 [J]. 森林工程, 2007 (4).

[239] 张巍. 新兴资源型城市低碳化转型的模式选择 [J]. 城市发展研究, 2012 (6).

[240] 张文举, 刘嗣明, 郑永丹. 国内资源型城市经济转型文献综述 [J]. 资源与产业, 2015 (3).

[241] 张秀生, 陈先勇. 论中国资源型城市产业发展的现状、困境与对策 [J]. 经济评论, 2001 (6).

[242] 张秀生, 陈先勇. 中国资源型城市可持续发展现状及对策分析 [J]. 华中师范大学学报 (人文社会科学版), 2002 (2).

[243] 张燕, 霍露萍. 武汉 "1+8" 城市圈城市化效率及其影响因素实证分析——

基于 DEA 方法和 Tobit 模型的运用 [J]. 哈尔滨商业大学学报（社会科学版），2015（3）.

[244] 张以诚. 我国矿业城市现状和可持续发展对策 [J]. 中国矿业大学学报（社会科学版），1999（1）.

[245] 张永凯，陈润羊. 循环经济发展评价的指标体系构建与实证分析——以甘肃省为例 [J]. 工业技术经济，2012（6）.

[246] 张永凯，马国霞. 西北干旱区资源型城市发展与转型研究 [J]. 资源科学，2008（7）.

[247] 张永凯. 西北资源型城市产业转型模式分析 [J]. 资源开发与市场，2012（4）.

[248] 张征华，柳华，彭迪云. 低碳城市主导产业选择研究——以江西南昌为例 [J]. 江西社会科学，2013（2）.

[249] 赵冰，牛东晓，刘金朋，王宁. 内蒙古主导产业选择模型的建立及其实证研究 [J]. 技术经济与管理研究，2010（2）.

[250] 赵海. 我国资源型城市产业转型研究 [J]. 经济纵横，2004（5）.

[251] 赵景海. 我国资源型城市发展研究进展综述 [J]. 城市发展研究，2006（3）.

[252] 赵静，焦华富，宣国富. 基于集群视角的煤炭城市产业转型研究——以安徽淮南市为例 [J]. 地域研究与开发，2006（5）.

[253] 赵静，王婷，牛东晓. 用于评价的改进熵权 TOPSIS 法 [J]. 华北电力大学学报，2004（3）.

[254] 赵蕊芬，王书琴，李浩舰. 资源型城市绿色转型研究综述 [J]. 现代工业经济和信息化，2015（4）.

[255] 赵西三，王中亚. 我国资源型城市经济转型与发展研究综述 [J]. 中国国土资源经济，2011（9）.

[256] 赵欣. 煤炭资源型城市发展低碳经济的路径研究——以鄂尔多斯市的低碳发展为例 [J]. 生态经济，2015（4）.

[257] 赵秀峰. 论资源型城市的产业延伸与扩展 [J]. 世界有色金属，2001（4）.

[258] 赵忠玲，武滨滨，王琳，靳昌田. 低碳经济下的资源型城市转型瓶颈研究 [J]. 资源与产业，2011（3）.

[259] 甄苓. DEA 中连续 C^2R 模型理论的研究 [J]. 数学的实践与认识，2008（18）.

[260] 郑伯红，廖荣华. 资源型城市可持续发展能力的演变与调控 [J]. 中国人口·资源与环境，2003（2）.

[261] 郑伯红. 资源型城市的可持续发展优化及案例研究 [J]. 云南地理环境研究，1999（1）.

[262] 支大林. 我国资源型城市转型与可持续发展的困境及破解对策 [J]. 福建论坛 (人文社会科学版)，2015（4）.

[263] 中国国务院. 全国资源型城市可持续发展规划（2013~2020 年）[Z]. 2013-11-12.

[264] 周华林，李雪松. Tobit 模型估计方法与应用 [J]. 经济学动态，2012（5）.

[265] 周健. 省际碳排放经济效率的 TOPSIS 评价分析 [J]. 统计与决策，2011（21）.

[266] 周朗生，卢石英. 中国低碳经济非均衡发展研究——基于概念内涵、理论演进和路径选择的分析 [J]. 经济问题探索，2011（2）.

[267] 周先波，潘哲文. 第三类 Tobit 模型的半参数估计方法 [J]. 统计研究，2015（5）.

[268] 周玉波，姚铮. 城市综合竞争力模型与评价指标体系构建及实证研究——以长沙市为例 [J]. 系统工程，2009（4）.

[269] 朱建春，赵楠. 近十年国内资源枯竭型城市研究的文献综述 [J]. 商场现代化，2011（32）.

[270] 朱婧，刘学敏，初钊鹏. 低碳城市能源需求与碳排放情景分析 [J]. 中国人口·资源与环境，2015（7）.

[271] B. W. Ang, F. Q. Zhang, K. H. Choi. Factorizing Canges in Energy and Environmental Indicators through Decomposition [J]. Energy, 1998, 23 (6).

[272] B. W. Ang. Decomposition Analysis for the Policymaking in Energy: Which is the Preferred Method [J]. Energy Policy, 2004 (32).

[273] Christian H. M. Ketels. The Development of the Cluster Concept-present Experiences and Further Developments [Z]. Prepared for NRW Conference on Clusters, Duisburg, Germany, 2003 (12).

[274] Ernst D., Ganiatsos T., Mytleka L.Technological Capabilities and Export Performance: Lessons from East Asia [M]. Cambridge: Cambridge Univercity Press, 1998.

[275] Ernst Worrell, Lynn Price. Carbon Dioxide Emissions from the Global Cement Industry [J]. Energy Environ, 2001 (26).

[276] Green C. Potential Scal-related Problems in Estimating the Cost of CO_2 Mitigation Policies [J]. Climatic Change, 2000 (44).

[277] Ho Chin Siong, Fong Wee Kean. Planning for Low Carbon Cities-the Case of Iskandar Development Region [J], Energy Policy, 2007 (11).

[278] Hoekstra R., Vander Bergh. Comparing Structural and Index Decomposition Analysis [J]. Energy Economics, 2003 (25).

[279] Knorringa P., Meyer-Stamer J. New Dimensions in Local Enterprise Co-operation and Development: From Clusters to Industrial Districts [EB/OL]. http: //www-meyer-stamer.de//ocal.html, 2008-09-25.

[280] Libo Wu, Shinji Kaneko, Shunji Matsuoka. Dynamics of Energy-related CO_2 Emissions in China during 1980 to 2002: The Relative Importance of Energy Supply-side of Energy Supply-side and Demand-side Effects [J]. Energy Policy, 2006.

[281] Lynn Price, Nan Zhou, David Fridley. Development of a Low-carbon Indicator System for China [J]. Elsevier, 2011, 12 (9).

[282] Maria Da Graca Carvalho, Matteo Bonifacio, Pierre Dechamps. Building a Low Carbon Society [J]. Energy, 2011, 36 (4).

[283] Mattias Ankarhem. A Dual Assessment of the Environmental Kuznets Curve: The Case of Sweden [J]. Economic Studies, 2005.

[284] Michael Allbu. Technological Leaning and Innovation in Industrial Clusters in the South SPRU [R]. Electronic Working Papers Series, Paper No.7, 1997.

[285] Michael Dalton, Brian O'Neill, Alexia Prskawetz, Leiwen Jiang, John Pitkin. Population Aging and Future Carbon Emissions in the Unitied States [J]. Energy Economics, 2008 (30).

[286] Muhammad Ery Wijaya, Bundit Limmeechokchai. The Hidden Costs of Fossil Power Generation in Indonesia: A Reduction Approach through Low Carbon Society [J]. Songklanakarin J. Sci. Technol, 2010 (32).

[287] Paul B. Stretesky, Michael J. Lynch. A Cross-national Study of the Association between Per Capita Carbon Dioxide Emission and Exports to the United States [J]. Social Science Research, 2009 (38).

[288] Poon T. Beyond the Global Production Networks: a Case of Further Upgrading of Taiwan's Information Technology Industry [J]. International Journal of Technology and Globalisation, 2004 (1).

[289] Ramakrishnan Ramanathan.A Multifactor Efficiency Perspective to the Relationships among World GDP, Energy Consumption and Carbon Dioxide Emissions [J]. Technological Forecastiong & Social Change, 2006 (73).

[290] Salvador Enrique Puliafito, Jose Luis Puliafito, Mariana Conte Grand. Modeling

Population Dynamics and Economic Growth as Competing Species: An Application to CO_2 Global Emissions [J]. Ecological Economics, 2008 (65).

[291] Shretha R., Timilsinag R. Factors Affecting CO_2 Intensities of Power Sector in Asia: A Divisia Decomposition Analysis [J]. Energy Economics, 1996, 18 (4).

[292] Stem Nicolas. The Economies of Climate Change: The Stem Review [M]. Cambridge: Cambridge University Press, 2006.

[293] Ugur Soytas, Ramazan Sari, Bradley T. Ewing. Enery Consumption, Income, and Carbon Emission in the United States [J]. Ecological Economics, 2007 (62).

[294] Zhang Xingping, Cheng Xiaomei. Engergy Consumption, Carbon Emission, and Economic Growth in China [J]. Ecological Economics, 2009 (68).